F.C. Hansa Rostock

Gegen den Wind

HERZBLUT & LEIDENSCHAFT

Björn Achenbach

Mit Fotografien von
Steffen Kammler
und einem Gastbeitrag von
Rainer Jarohs

HINSTORFF

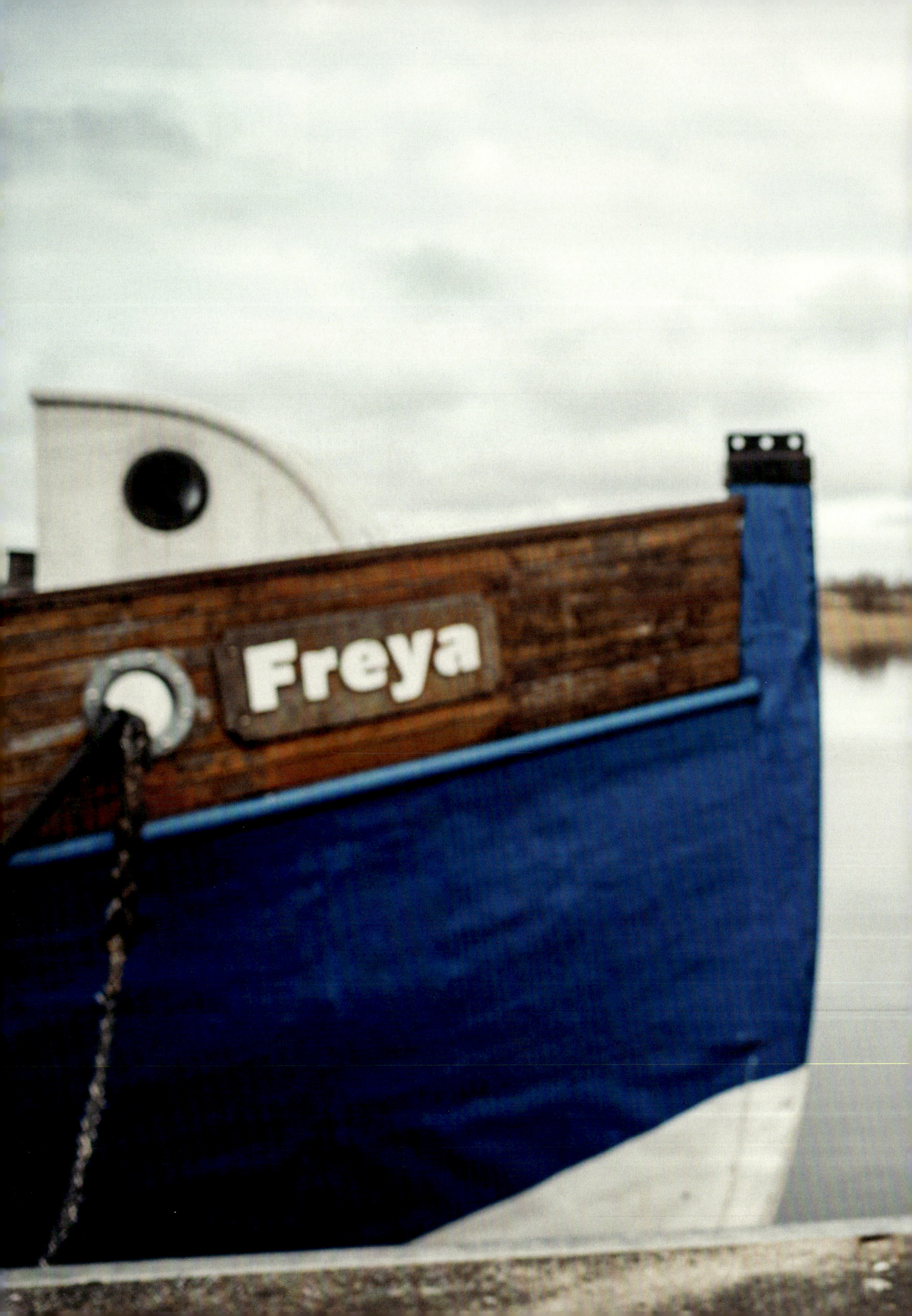
Freya

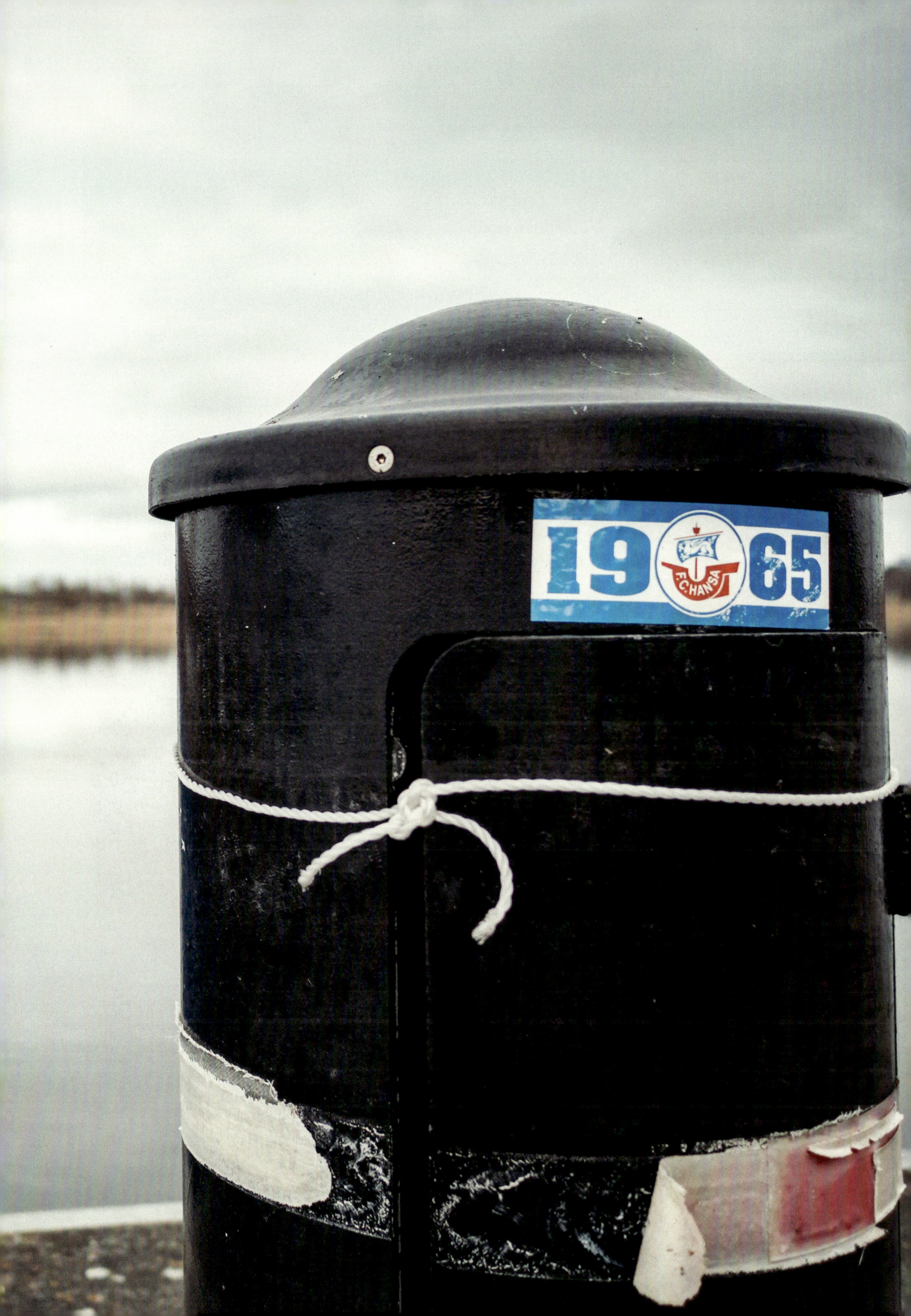
1965
F.C. HANSA

Inhalt

Seite

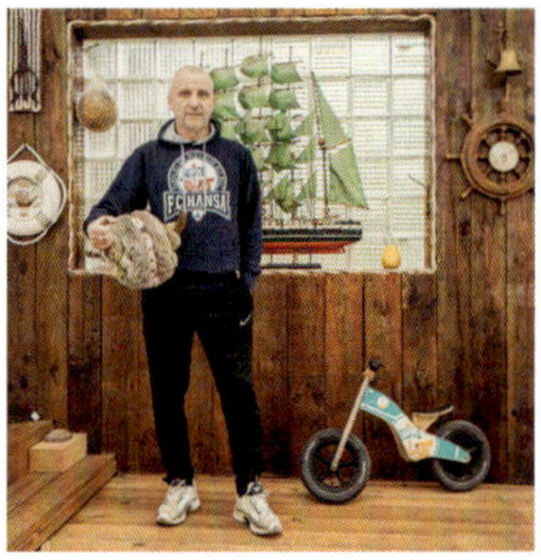

Joachim Fischer, von allen nur „Schuppe" genannt, hat mehrere Fan-Leben. Sein Markenzeichen: der Wikingerhelm. Sein Stammplatz: oben aufm Zaun. Hier erzählt er die ganze Geschichte. **Seite 12**

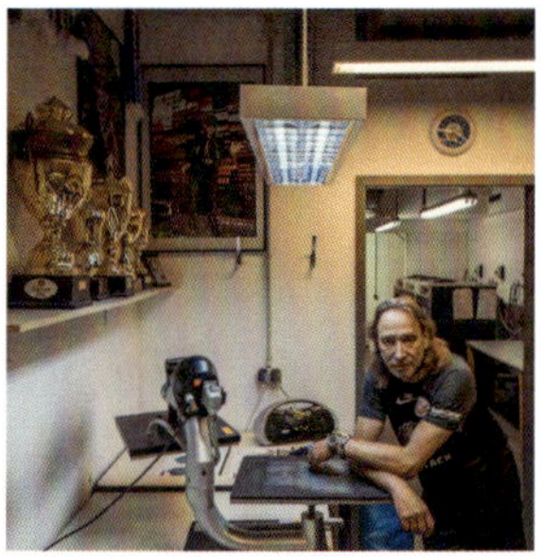

Seit mehr als drei Jahrzehnten kümmert sich Zeugwart Andy Thiem um die Ausrüstung der Hansa-Teams und beflockt jedes einzelne Trikot persönlich. Bei den Fans hat er längst Kultstatus erlangt. **Seite 38**

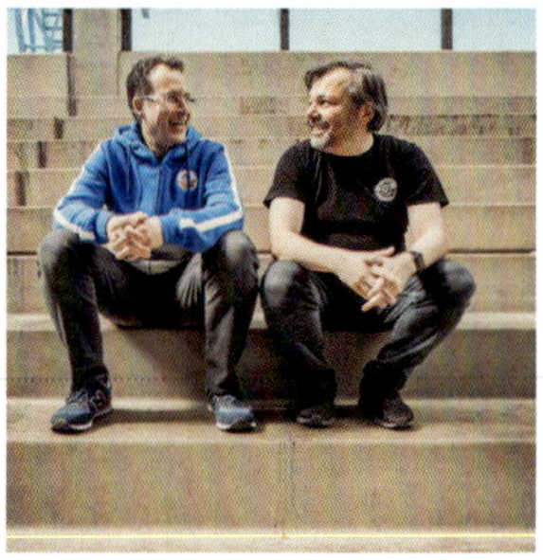

Seit 2011 überträgt das Hansa-Fanradio alle Spiele der Kogge live im Internet. Das Moderatoren-Duo Arvid & Helmar hat einen eigenen Stil entwickelt – informativ, humorvoll und extrem emotional. **Seite 42**

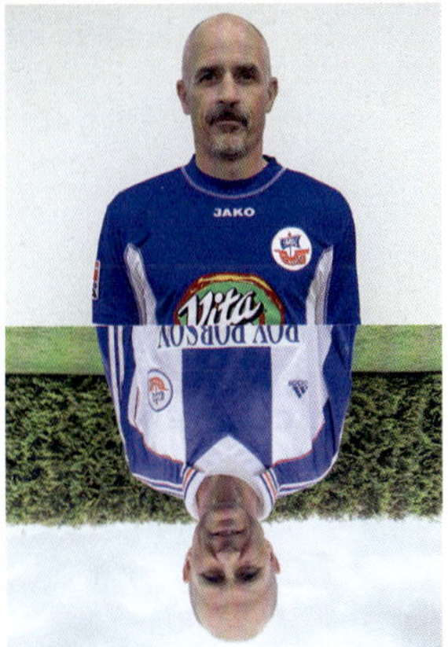

Die Schweden-Ära des F.C. Hansa währte von 1998 bis 2006. Magnus Arvidsson und Peter Wibrån haben sie maßgeblich mitgeprägt. Im Doppel-Interview blicken beide zurück auf ihre Rostocker Jahre. **Seite 88**

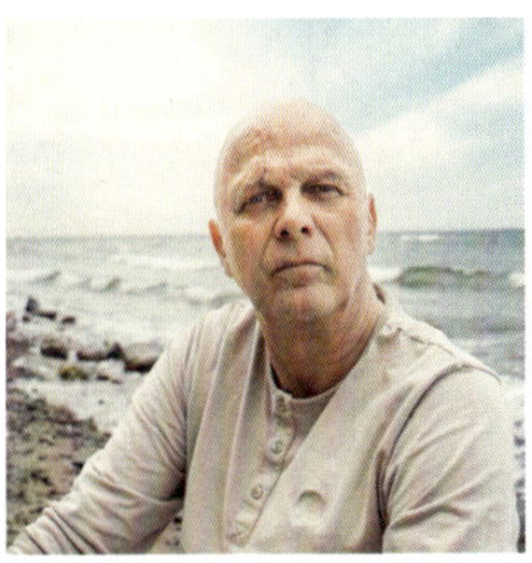

Seit über 30 Jahren sorgt Frank Bartel für die Gesundheit der Hansa-Profis. Am Spielfeldrand hat der erfahrene Mannschaftsarzt und bekennende Fan fast alles erlebt – Platzverweise inklusive. **Seite 98**

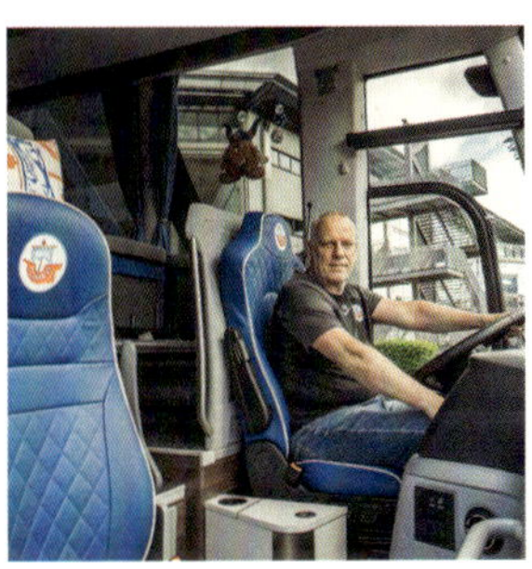

Axel Rietentit erfüllte sich einen Traum, indem er den Trainerstuhl der Hansa-Amateure gegen den Fahrersitz im Mannschaftsbus der Profis eintauschte – sein ganz persönlicher Aufstieg in die 2. Bundesliga. **Seite 106**

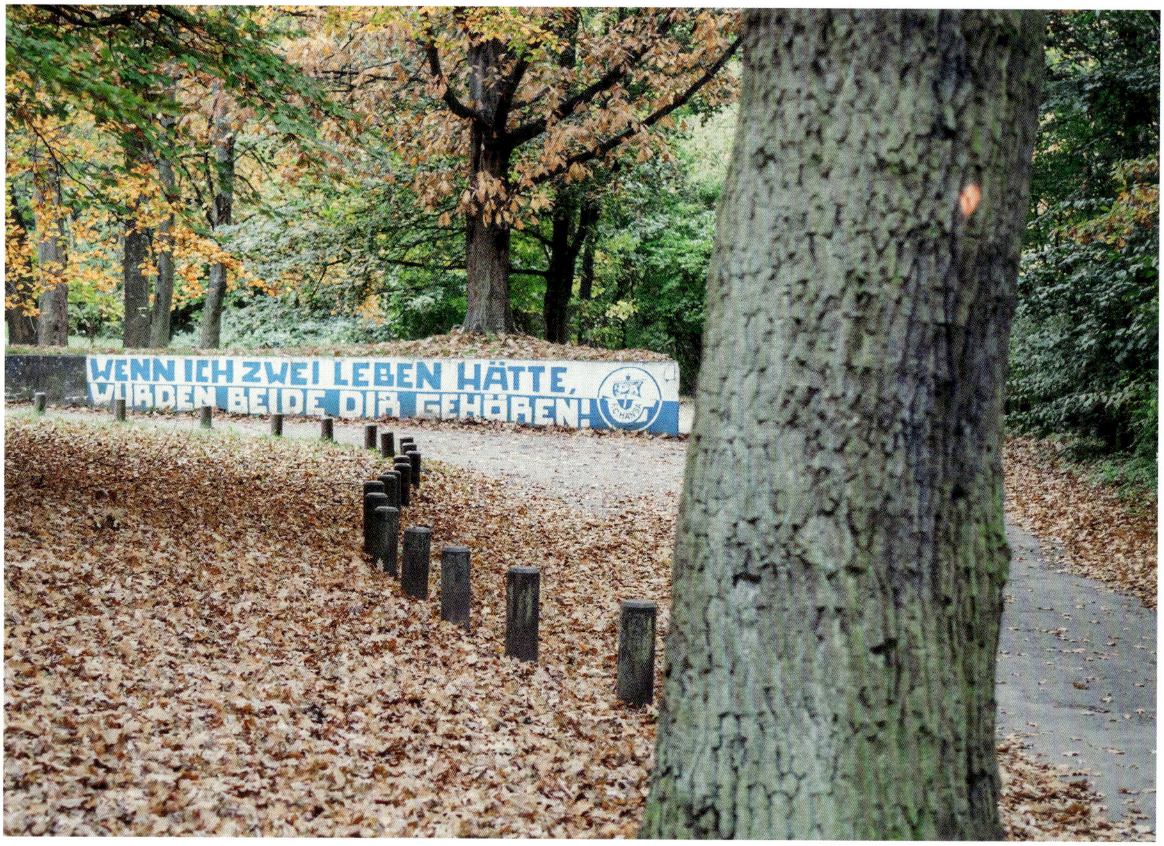

Vorwort

Mit Hansa *gegen den Wind* zu ziehen, *dem Morgengrauen entgegen* – das ist ein starkes Bild. Darin schwingt ein Hauch Rebellion mit, aber auch das Ritual des Aufbrechens in entlegene Gefilde, wie es für Hansa-Fans so typisch ist. Es steht ebenso für Sturmfestigkeit, Zusammenhalt und das Überwinden von Widerständen – und damit sinnbildlich für die jüngere Entwicklung der Kogge.

Als ich gefragt wurde, ob ich sieben Jahre nach dem Erscheinen von „Hansa ist mein Leben“ Lust auf ein neues Hansa-Buch hätte, musste ich nicht lange überlegen. Klar wollte ich! Offen war nur, worum es diesmal gehen würde. Die Geschichte des F.C. Hansa ist ja mehr oder weniger auserzählt, das fußballerische Tagesgeschäft viel zu schnelllebig für eine vertiefende Betrachtung. In Gesprächen mit Verlag und Verein schälte sich bald heraus, worauf sich der Fokus richten könnte: auf die Menschen, die den Verein ausmachen, die ihn leben und mit jeder Faser verkörpern – sei es als (ehemaliger) Spieler, Mitarbeiter, Fan oder Funktionär. Entstanden sind 20 Texte, die von Herzblut und Leidenschaft handeln, in Form von Porträts, Interviews oder O-Ton-Protokollen. Die Auswahl der Protagonisten war naturgemäß subjektiv: Ich hatte meine Favoriten und bin darüber hinaus Empfehlungen gefolgt. Dabei liegt es in der Natur der Sache, dass sie alle nicht mehr die Jüngsten sind. Jahrzehntelange Verbundenheit mit dem Verein war gewissermaßen Bedingung. Einzige – gewiss nachvollziehbare – Ausnahme: Jens Härtel.

Ich selbst bin seit nunmehr 45 Jahren Hanseat mit Leib und Seele. In jungen Jahren habe ich zeitweise als Sportjournalist gearbeitet und dabei auch über Hansa berichtet. Zehn persönliche Episoden aus meinem Fan- und Reporterleben garnieren die Hauptgeschichten. Sie erinnern nebenbei an manche längst vergessenen und andere zu Recht unvergessliche Spiele.

Die Porträts für dieses Buch stammen von Steffen Kammler. Der Rostocker Fotograf nimmt sich Zeit für seine Protagonisten und kommt ihnen so bemerkenswert nahe. Darüber hinaus hat er die allgegenwärtige Präsenz des F.C. Hansa im öffentlichen Raum mit der Kamera erkundet – diese Bilder erzählen ihre eigene Geschichte.

Im besten Fall ist es uns gelungen, etwas Bleibendes zu schaffen. Denn die Fußballprofis von heute kommen und gehen, nur wenige sind länger an Bord. Saison um Saison zieht vorüber. Das Hansa-Herz in der Brust aber schlägt ein Leben lang.

Björn Achenbach

Fallrückziemer

Ein Tor für die Ewigkeit, das für vieles entschädigte: Am 22. Oktober 2016 traf Marcel Ziemer beim MSV Duisburg kurz vor Schluss artistisch ins Netz. Die Geschichte eines wilden Auswärtsritts

Samstagmorgen kurz vor halb neun in sleepy Hannover. Es klingelt. Das müssen Krischan und Jette sein. Der Besuch aus Rostock hat auf dem Weg in den Pott einen Umweg in Kauf genommen. Mittags wollen wir in Duisburg sein, um das Auswärtsspiel unserer Kogge beim MSV zu verfolgen. Es wird ein wilder Ritt werden, hin wie zurück, und ohne Jette am Steuer hätten wir ihn vermutlich nicht heil überstanden.

Duisburg, da war doch was. Meine West-Oma hat dort gelebt, Oma Walsum, wie wir sie nannten, weil sie im Stadtteil Walsum wohnte, den ich erst Jahre nach der Wiedervereinigung endlich mal gegoogelt habe. Sie schickte uns Westpakete nach Bad Doberan, an denen mich vor allem die Sprengel-Bilder interessierten, frühe Fußball-Sammelkärtchen mit Motiven vergangener WM-Turniere. Laut Familienlegende schaute Oma Walsum noch im hohen Alter die „Sportschau", obwohl sie da schon längst nichts mehr sehen konnte. Dann saß sie mit dem Rücken zum Fernseher

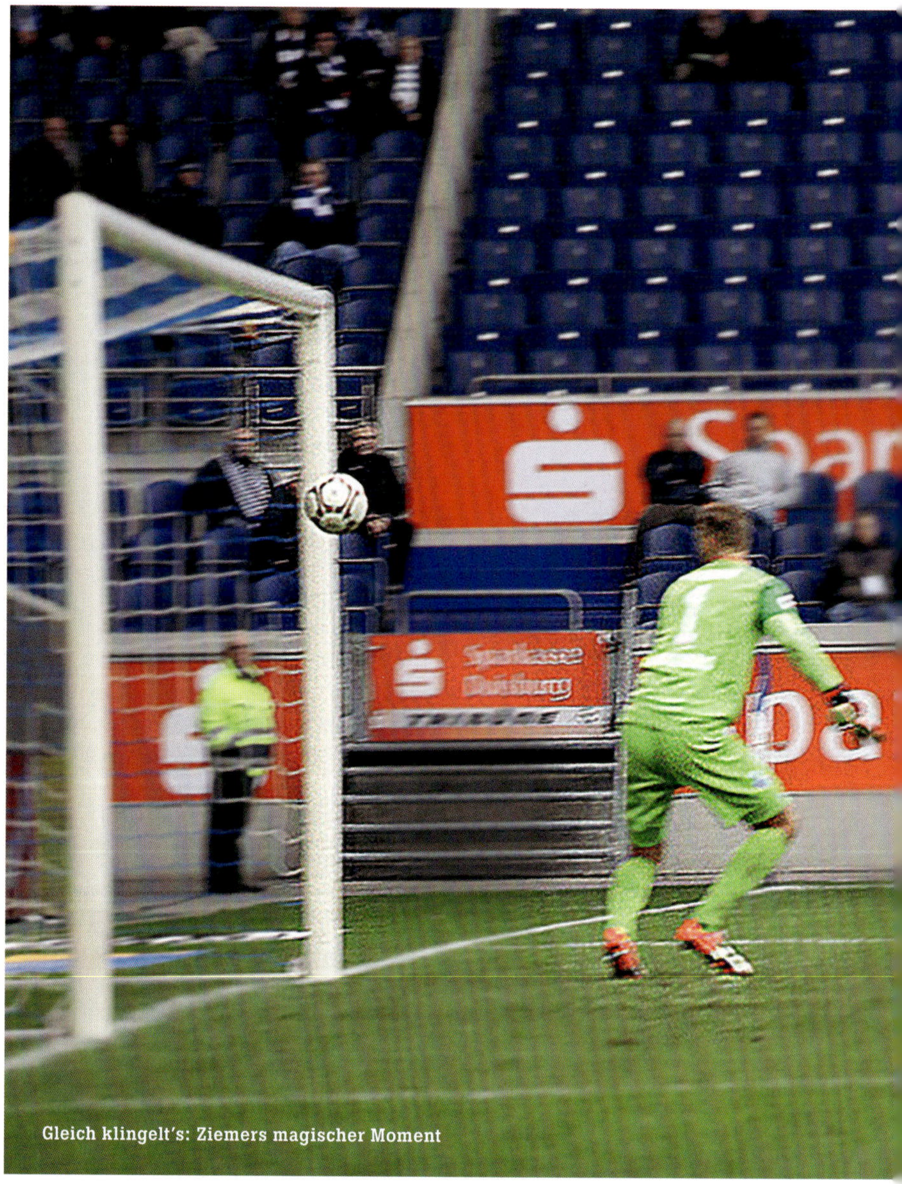

Gleich klingelt's: Ziemers magischer Moment

und lauschte gespannt den Spielberichten. Den Ton hatte sie dabei voll aufgedreht …

Noch in Hannover gönnen wir uns ein erstes Erfrischungsgetränk, um uns für das Gastspiel beim aktuellen Spitzenreiter der 3. Liga Mut zuzusprechen. Krischan ist diesbezüglich immer bestens ausgestattet. Selbst im Ostseestadion auf der Nord kann man eigentlich keine Spielszene in Ruhe verfolgen, ohne dass er wie aus dem Nichts dem Bauch der Arena entsteigt und mit einem neuen Sixpack Lübzer herumwedelt. Was ja im Prinzip ein paradiesischer Zustand ist, Fußballfans im mittleren Alter wie mich jedoch mitunter vor Probleme stellt. Aber unter uns: Auf der Hinfahrt war noch alles okay.

Der MSV, das war zu Ost-Zeiten mein West-Verein – wegen Oma Walsum. Zwar hätte ich viel lieber einen HSV-Aufnäher auf meiner ledernen Weste gehabt. In Wahrheit prangte aber nur ein eher trostloser Aufbügler von den Offenbacher Kickers zwischen Dynamo Dresden, Wismut Aue, Stahl Riesa & Co., weil die wackeren Offenbacher leider die Einzigen waren, die tatsächlich auf meinen kindlichen Wunsch an alle 18 Bundesliga-Vereine, mir doch bitte, bitte einen Aufnäher in die

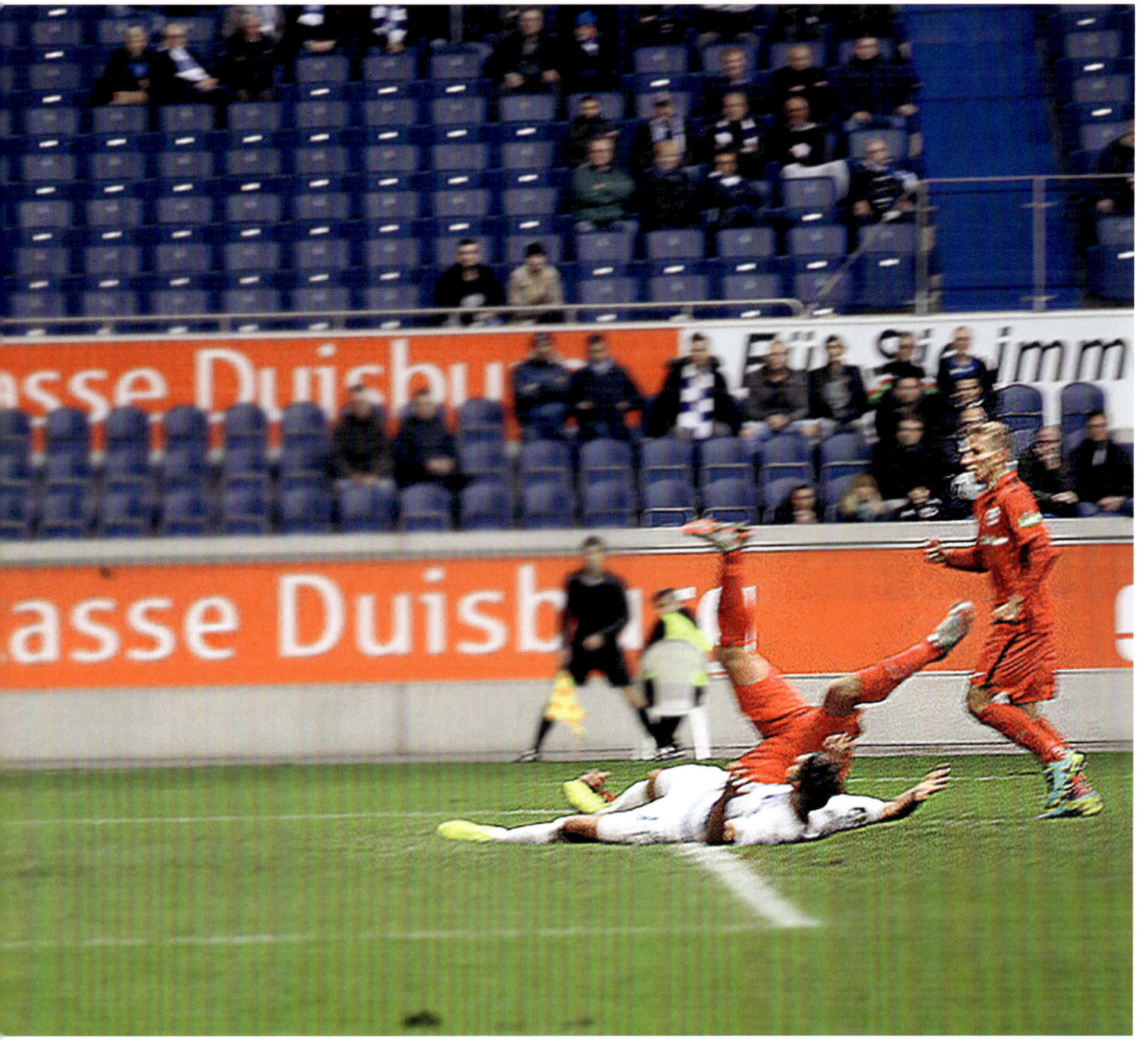

DDR-Provinz zu senden, reagiert hatten. Dann doch lieber die Zebras, deren traditionelle Underdog-Rolle ohnehin besser zum F.C. Hansa passte.

So viele Biere wie an diesem Vormittag im Wagen von Krischan und Jette habe ich nie zuvor (und nie danach) in nur drei Stunden gezischt, obwohl ich wahrlich kein Kostverächter bin, solange es sich nur um Sorten wie Rostocker Pils, Budweiser Budvar oder Pilsner Urquell handelt. Aber so what, der Zweck heiligt die Mittel, und als wir etwa anderthalb Stunden vor Anpfiff im ultraentspannten Duisburg ankommen, sind wir gefühlt: nüchtern. Eigentlich ein Ding der Unmöglichkeit angesichts unserer hanseatischen Trinkfrequenz, aber so ist es. Wir sind Wikinger und entsteigen sowohl aufrecht als auch friedfertig unserem flinken Gefährt. Jeder Hansa-Fan kennt dieses berauschende Gefühl bei der Ankunft am Zielort: „Hurra, hurra, die Rostocker sind da!"

Und dann geschieht ein kleines Wunder. Auf dem Weg zum Stadion nehmen wir einen Umweg durch eine parkähnliche Brache und entdecken: einen Kiosk. Letzte Gelegenheit für eine kleine Stärkung vor dem Spiel! Ich biete mich an, Würstchen und Bier für uns drei zu holen und reihe mich in die Schlange ein, die unverkennbar von Hansa-Fans dominiert wird. Vor mir ein älterer Herr, gutgelaunt und gesprächig, den ich auf der Stelle erkenne: Dieter Schneider! Der legendäre Hansa-Torwart der siebziger und achtziger Jahre, dessen Heldentaten ich quasi mit der Muttermilch aufgesogen habe, steht vor mir. Das ist unglaublich und zugleich irgendwie total normal. Wir schnacken kurz, prosten uns zu, Dieter hat rein zufällig Autogrammkarten von früher dabei, die er mir generös zusteckt, dann gehen wir beide unserer Wege. Aber ich bin happy. Und mir schwant: Heute geht was.

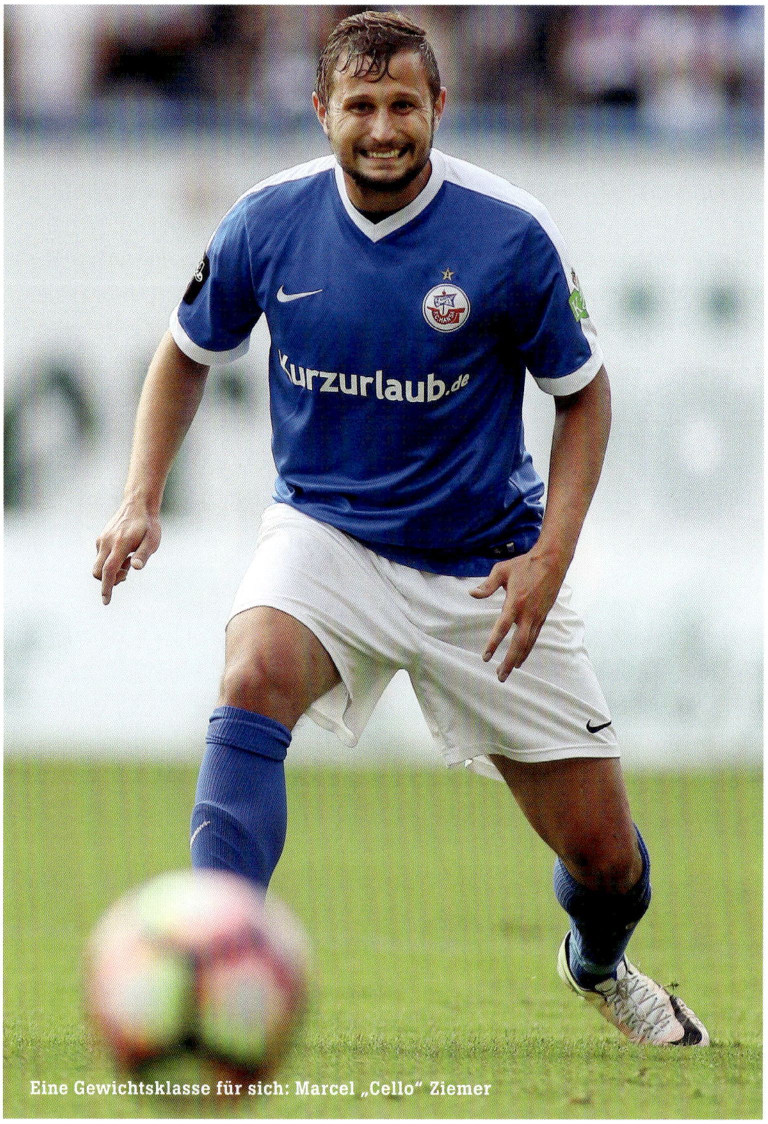

Eine Gewichtsklasse für sich: Marcel „Cello" Ziemer

Der Gästeblock ist pickepackevoll, so dass wir nur noch ganz oben auf der Stadionkrone Platz finden. Halbrechts hinterm Tor, um genau zu sein. Wir werden uns 90 Minuten lang die Seele aus dem Leib schreien und sind mächtig aufgekratzt dank des mutigen Auftritts der Kogge. Hansa steht hinten sicher, fährt pfeilschnelle Konter, hat die besseren Chancen. Unser Team ist vom Anpfiff weg auf Augenhöhe mit dem Ligaprimus, der etwas düpiert wirkt ob der frechen Spielweise der Gäste. Wir reiben uns die Augen, die schon genug damit zu tun haben, sich an die doch eher hässlichen roten Auswärtstrikots zu gewöhnen.

Die Uhr tickt herunter, schon ist die zweite Halbzeit fast vorbei. Wir bejubeln jede gelungene Aktion, denn diesen Auswärtspunkt beim Topteam der Liga, den nähmen wir zu gern mit.

Aber sie kommen nochmal. 86. Minute, Bülbül tanzt rechts außen einen Gegenspieler aus, schwenkt nach innen, wartet … slow motion … das Spiel steht für eine Sekunde still, Bülbül schaut und flankt in den Strafraum, provozierend langsam senkt sich der Ball auf Erdmann herab, der ihn … slow motion … vors Tor köpft, wo Ziemer lauert, Marcel Ziemer, der Sturmtank mit dem Riecher, den alle nur „Cello" nennen. Ziemer fällt, mit seiner ganzen Körpermasse kippt er nach hinten, zieht einen Duisburger Verteidiger mit runter, trifft aber die Kugel im Fallen perfekt, die ins Netz rauscht – TOR!!!

Direkt vor unseren Augen zappelt der Ball in den Maschen. Der Gästeblock explodiert. Da kann Duisburgs Keeper noch so sehr lamentieren, weil er ein Foul gesehen haben will. Von wegen. Schon Goethe hat 1779 eine ähnliche Szene beschrieben: „Halb zog sie ihn, halb sank er hin", heißt es in seiner Ballade „Der Fischer". Ziemer in der Rolle der Nixe, die den Fischer solange lockt, bis er es auch will. Reinste Poesie. Nicht mal Babak Rafati, Schiri-Guru der 3. Liga, hätte hier nachträglich eine Regelwidrigkeit erkennen können. Es war, ist und bleibt: ein Fallrückzieher für die Ewigkeit!

Die Rückfahrt verschwimmt in der Erinnerung, so ein Auswärtssieg fordert halt seinen Tribut. Heiser bis glückstrunken rasen wir gen Norden und feiern unsere Helden, besonders den einen, der sein vielkritisiertes Lebendgewicht heute derart gewinnbringend einzusetzen wusste und der großen Hansa-Fangemeinde so einen unvergesslichen Moment beschert hat. Wir zechen weiter, als gäbe es kein Morgen. Zwischen Beifahrersitz und Rückbank eskaliert die Euphorie, unterbrochen nur von kurzen Phasen der Ermattung und dramatischen Pinkelpausen auf der Autobahn, für die unsere Fahrerin immer wieder halsbrecherische Manöver riskieren muss, ohne dabei jedoch auch nur eine Miene zu verziehen. Jette ist aber auch sowas von cool.

Und dann erreichen wir Hannover. Es ist kurz nach viertel acht, gleich beginnt im Schauspielhaus der niedersächsischen Landeshauptstadt eine Theaterpremiere, die ich nicht verpassen möchte. Noch schnell ein letztes Sturzbier mit Krischan, dann hält Jette direkt am roten Teppich, über den gerade ein paar verspätete Honoratioren eilen. Ich springe aus dem Wagen, stürme durchs Foyer zum Einlass, wo mir meine Kollegin Natalie mit verschwörerischer Miene mein Ticket zusteckt. Eine Minute später sitze ich im Parkett und verschwinde mit einem breiten Grinsen in einer anderen Welt.

HANNOVER 96 – F.C. HANSA 0:3

Hannover, 2021

Jeder Hansa-Fan im Exil kennt das: Wenn das eigene Team in der Stadt antritt, in der man selbst gerade lebt, gerät man in Hochstimmung. 2009 war ich nach Hannover gezogen und hatte zwölf lange Jahre darauf warten müssen: Am 31. Juli 2021 enterte die Kogge als frischgebackener Zweitligist das Niedersachsenstadion (na gut: die HDI Arena). Für diesen Fall war seit langem ein gemeinsamer Stadionbesuch mit Frank und Mark, Freunde und 96-Fans, verabredet. Weil es die Tickets coronabedingt nur im Zweierpack gab, wurde noch ein „vierter Mann" gesucht, den wir schließlich in Gestalt meiner Tochter Jonna fanden. Bald rieben wir uns verblüfft die Augen, denn die Blau-Weißen da unten auf dem Rasen kauften den favorisierten „Roten" den Schneid ab. Die Tore fielen wie reife Früchte (Behrens! Verhoek! Omladic!), und während meine männlichen Begleiter immer wortkarger wurden, freundete sich Jonna spontan mit zwei hinter uns sitzenden Hannoveranern an, die uns nach dem Schlusspfiff fast überschwänglich zum verdienten Sieg gratulierten. Dass Hansa ausgerechnet hier einen solchen Sahnetag erwischte, war wie Ostern und Weihnachten zusammen – mitten im Sommer.

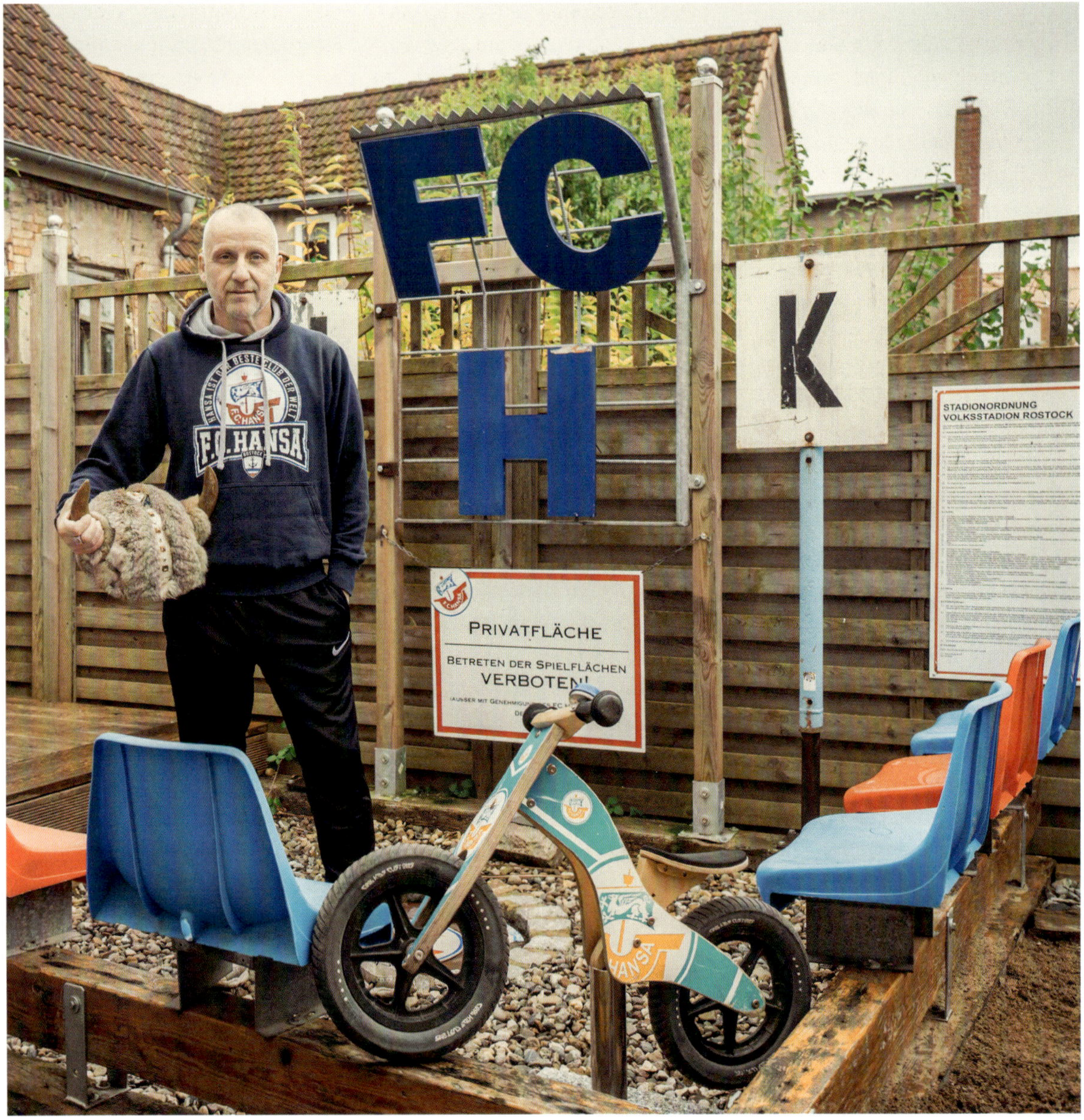

Der Wikinger

In jedem Stadion lauert eine gute Geschichte. Joachim „Schuppe“ Fischer trägt Hansa im Herzen, auf der Zunge - und manchmal auch auf dem Kopf.

Alle Wege führen zu Schuppe. Wo man sich auch umhört im Umfeld der Kogge – sein Name fällt immer. Kein Wunder, denn Joachim Fischer, von allen nur „Schuppe" genannt, lebt Hansa wie wohl kein Zweiter. Aufgewachsen auf der Insel Usedom, machte er eine Lehre zum Tiefbauer in Rostock, bis es ihn 1984 nach Berlin zog. Dort jobbte er zunächst als Hausmeister an der Musikhochschule „Hanns Eisler". 1999 übernahm er eine Kneipe, die schnell zum Anlaufpunkt für alle Norddeutschen in der Hauptstadt und zum Sitz des Hansa-Fanclubs Berliner Fischköppe wurde. In Schuppes Sport-Klause ging es hoch her. Hier verkehrten Berliner und Hanseaten, es wurden zahllose Hansa-Spiele geschaut, aber auch mal Champions League oder die Fußball-WM. Bis eine private Tragödie alles veränderte: Schuppes Frau erkrankte an Krebs und starb nach monatelangem Leiden. Sein Leben geriet daraufhin aus der Bahn, er verschuldete sich, wurde wohnungslos, floh aus Berlin in den Schwarzwald. Freunde aus der Fanszene lotsten ihn schließlich nach Rostock zurück, wo er sich ein neues Leben aufbaute. An der Seite des legendären Fanbeauftragten Axel „Boulette" Klingbeil arbeitete Schuppe jahrelang als ehrenamtlicher Fanbetreuer und trat 2010 nach Boulettes Tod dessen Nachfolge an. Es waren raue Zeiten damals. Den Tiefpunkt markierte die Schließung der Südtribüne 2011. Irgendwann stand Schuppe zwischen allen Fronten und rieb sich immer mehr auf. Letztlich vergeblich: Nach einem Zerwürfnis mit der Fanszene legte er das Amt 2013 schweren Herzens nieder. Mittlerweile engagiert er sich wieder für den Verein – als 1. Vorsitzender des Ältestenrates.

Zum Gespräch empfängt Schuppe in seinem Haus in Kröpelin, wo er mit Freundin Kati – auch sie leidenschaftlicher Hansa-Fan – und den Kindern lebt. Die Kogge ist hier omnipräsent: Im Hof steht ein Stück Zaun des alten Ostseestadions, auf dem die Buchstaben „FCH" prangen. Das Laufrad des gemeinsamen Sohnes ist blau-weiß-rot. Wir reden über die alten Zeiten, und es ist eine wahre Freude, seinem norddeutschen Idiom zu lauschen. Mich interessiert vor allem eine Sache: der Wikingerhelm. Er hat den frühen Schuppe populär gemacht – und birgt Stoff für einen Sack voll Geschichten.

DIE VORGESCHICHTE

Schuppe: *Jedes Jahr im Frühjahr und im Herbst feierten wir am Stettiner Haff auf der Insel Usedom eine Haff-Fete – eine Clique von 20 bis 30 Leuten mit Frauen und Kindern. Wir kamen immer aus Berlin, in den ersten Jahren noch mit Zelten, später mit Wohnwagen. Eines Tages stieß auch F. aus Koserow zu uns, ein Arbeiter von der Peenewerft. Ich kannte den gar nicht. Er öffnete den Kofferraum seines Trabi, und da lagen lauter nachgebaute historische Waffen drin. Die hatte er auf der Werft gemacht. Mittendrin ein Wikingerhelm. Ich sag: „Was ist denn das für 'ne Mütze? Die ist ja geil. Zeig mal!" Und hab das Ding aufgesetzt. Unsere Frauen schauten schon komisch. Wir haben dann ein Lagerfeuer angezündet, ein Handtuch hochgehalten und Bullenkämpfe veranstaltet. Später bin ich mit dem Helm baden gegangen – das volle Programm. Ich hatte ihn das ganze Wochenende auf. Am letzten Abend musste ich ihn leider wieder abgeben. F. sagte: „Schuppe, den Helm her!"*
Ein paar Wochen später wurde ich 30. Auf dem Geburtstagstisch stand ein Karton, ich öffnete ihn – und da lag der Helm drin. „Schuppe, wir schenken ihn dir. Du fandest ihn ja so gut." Das Teil war blank, die Schrauben guckten raus. Ich pflanzte das Inlet eines Bauhelms hinein, damit ich wenigstens ein bisschen Halt hatte, und baute vorn noch eine Fahrradlampe dran. Fell drum herum – fertig. Damit sah ich wahrscheinlich aus wie ein Idiot. Jedenfalls hatte Hansa am nächsten Tag ein Heimspiel, und ich sagte: „Wisst ihr wat? Ich setz den Helm jetzt auf!" Ich glaube, wir haben sogar gewonnen. Direkt nach dem Abpfiff kletterte ich auf den Zaun im Mittelblock und zündete mir 'ne Zigarre an. Und dann immer mal wieder. Es war so ein schräger Zaun, da konnte man sich noch so richtig schön draufsetzen. Einmal kam ein Ordner an: „Ey, komm da runter!" Und alle im Block: „Lass den Wikinger in Ruhe! Der darf dat!" Dann zog er an meiner Jeans, immer wieder, zwei, drei Minuten lang. Und ich mit meiner Fat Lady da oben drehe mich bloß kurz um und sage: „Digger, da kannste ziehen, wie du willst. Das is 'ne Diesel." Da hat er aufgegeben. Beim Verein haben sie dann auch irgendwann entschieden, ach kommt, lasst den Wikinger …

STUTTGART

Der Wikingerhelm hat mir viele Türen geöffnet. Aber auch, weil ich nie respektlos bin, sondern immer höflich, nett, ich hab die Leute immer ein bisschen vollgequatscht, Späßchen gemacht. Und da hat mich dann der eine oder andere Ordner auch mal durchgelassen. In Stuttgart war das auch so. Der Gästeblock befand sich mitten im Heimbereich, wie eine umzäunte Insel. Man kam sich vor wie … es hätte nur noch ein Schild gefehlt: „Bitte nicht füttern!" Ich sag zu meiner Tochter: „Melanie, bleib bei meinen Kumpels! Papa kommt gleich wieder." Und dann bin ich raus, vorbei am ersten Ordner und am zweiten. Wir waren in der Kurve, und ich bin rüber auf die Gegengerade. Es war kurz vor Schluss, und ich wollte nah an die Mannschaft ran. Im Ostseestadion haben die Spieler zu der Zeit nach dem Abpfiff alle den Helm abgeklatscht. Ich hielt ihn immer über'n Zaun rüber, und die Spieler berührten das eine Holzhorn, so als Glücksbringer. Im Innenraum saß eine Ordnerin auf einem Plastikstuhl. „Ja, wo willst du hin? Du gehörst doch gar nicht hierher." – „Doch", sagte ich, „es ist wegen der Mannschaft … in Rostock darf ich das auch!" – „Naja", meinte sie, „wenn das so ist" – und drehte sich um. Ich bin sofort auf den Zaun rauf und hab ganz laut geschrien, denn die Mannschaft war gerade drüben in der Kurve. Als mich die Spieler sahen, kamen sie alle angelaufen. Auf einmal zieht mich jemand an der Hose. Ich dreh mich um – es ist meine Tochter. Ich: „Wie kommst du denn hierher?" Und sie: „Ich bin dir hinterhergegangen und hab immer gesagt: Mein Papa, der Wikinger, ist hier auch gerade durch …"

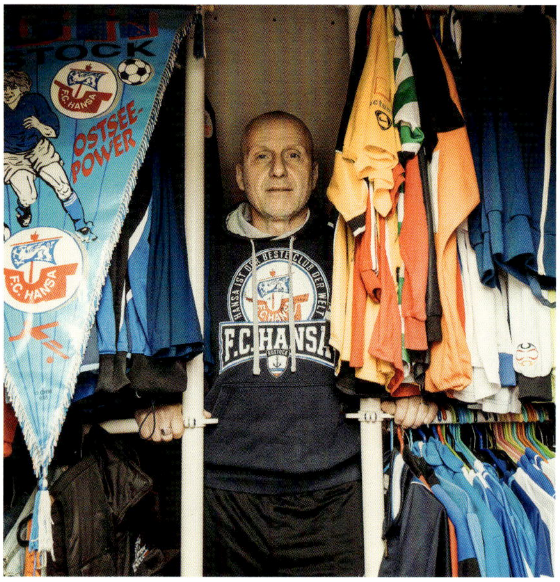

KAISERSLAUTERN

In Kaiserslautern wollte ich mal eine junge Ordnerin bequatschen. Da gibt es Katakomben, und da war 'ne Einfahrt, aus der lauter Schlipsträger rauskamen. Und ich dachte mir, Mensch, das wär doch auch mal interessant! Ich hab immer überall so rumgeschmökert, einfach mal gucken, ich hatte für alles Interesse. Doch die Ordnerin blieb kühl: „Nein, ich darf dich hier nicht reinlassen." Sie war wirklich eisern, ließ sich nicht beeinflussen. In dem Moment kam ein Anzugträger zu uns hoch und fragte: „Gibt's hier ein Problem?" – „Nee", sagte ich, „also die Ordnerin – ihr habt hier echt gute Leute. Die lässt sich nicht überreden. Ich wollte hier mal rein und gucken – macht sie nicht." – „Ach", entgegnete er, „Wikinger, man hat dich ja hier schon öfter gesehen, komm mal rein, ich zeig dir das mal." Dann sind wir runtergegangen. Dort war alles voller Lauterer, lauter Buden und Fernseher, sowas kannte ich nicht aus dem Ostseestadion. Ich sagte: „Ist das geil hier!" Und der Typ: „Gebt dem Rostocker mal ein Bier!" Sofort kamen ein paar Lauterer, und ruck-zuck hatte ich zwei, drei Bier in der Hand. Plötzlich stand ein kleiner Junge vor mir und gab mir einen Lautern-Schal. Ich sagte: „Komm, wir tauschen!" Und er voller Stolz: „Ich möchte nicht tauschen. Ich schenk dir den." Solche Erlebnisse hatte ich viele, und deswegen bin ich auch nicht so auf Kriegsfuß mit anderen Vereinen. Ich bin kein Fan von denen, aber ich respektiere sie alle."

SCHALKE

Als ich noch Kneiper war, hab ich einmal Schalke angeschrieben, ob ich mir mal ihre Bierzapfanlage angucken kann, wie sie das alles organisieren. Hab auch 'ne Antwort bekommen: Ich solle mich im Gästeblock einfinden, der Braumeister käme dorthin. Der erschien wirklich und nahm mich mit rein. Ich musste mir einen weißen Kittel anziehen. Da sind riesige Tanks, es kommen LKW vorbei, und dann werden die Dinger aufgefüllt. Und er zählte auf: „Wenn der Verein X da ist, dann haben wir zwei volle

Tanks. Bei Verein Y sind es drei. Und bei Verein Z ist es leider nur einer. Heute sind alle sieben voll – weil Hansa spielt. Und guck mal, zwei sind schon leer." Da war es noch eine halbe Stunde bis zum Anpfiff.

DER ÜBERLEBENS-KÜNSTLER

Einmal trieben wir uns die ganze Nacht in Kaiserslautern herum. Ich hatte meine Leute verloren, irrte allein durch die Stadt und bemerkte plötzlich, wie mich zwei Typen verfolgten. Ich weiß es noch wie heute. Ich hatte meinen Helm auf, die Lampe war an. Die zwei wurden immer schneller, und ich dachte schon: „Oh Scheiße!" Zum Glück war da eine Tankstelle.
Ich nichts wie hin und klopfe am Nachtschalter. Der Verkäufer erscheint hinter der Scheibe, guckt mich an – und zieht die Jalousien runter. Als ich mich umdrehe, sind die beiden abgehauen. Puh, nochmal Glück gehabt. Dann ging's weiter zum Bahnhof. Den hatten sie zugeschlossen, so dass alle Hansa-Fans raus mussten. Und ich als alter Kämpfer und Überlebenskünstler sagte: „Guck mal, da steht 'ne Papiertonne!" Wir schauten rein: halb voll Pappe. „Du", sagte ich, „ganz ehrlich, die Obdachlosen haben immer ein Stück Pappe dabei, wenn sie irgendwo pennen." Ja, dann haben wir uns zu zweit reingesetzt, Pappe oben drüber, Deckel zu, und haben da drin gepennt.

Am nächsten Morgen, kurz bevor der Zug abfuhr, suchten die anderen nach uns. Einer von den Jungs öffnete den Deckel – und meine Lampe leuchtete ihm entgegen.
Er rief laut: „Ich habe Schuppe gefunden!"

STAHL RIESA – F.C. HANSA 3:2

Riesa, 1987

Am 12. Dezember 1987 gastierte Hansa bei der BSG Stahl Riesa. Damals studierte ich Journalistik in Leipzig, schrieb aber noch immer für den *Demokrat* in Rostock, dessen Sportredaktion ich später einmal übernehmen sollte. Ich fuhr also mit der Deutschen Reichsbahn nach Riesa und kehrte mit der Schlagzeile zurück: „In fünf Minuten zuviel verspielt". Hansa hatte sich von den braven Stahlwerkern in kürzester Zeit drei Gegentore einschenken lassen (15., 17., 20.) und diesem Rückstand nur noch zwei Treffer von März und Wahl entgegenzusetzen gehabt. 2:3, aus die Maus. Damit könnte man das Spiel zu den Akten legen, wäre da nicht noch mein aktueller Bericht für den *Demokrat* gewesen. Es gab damals weder Laptop noch Handy, und da ich auf eigene Faust unterwegs war, musste ich bei der Textübermittlung an die Ostseeküste improvisieren: Ich klingelte in Riesa bei wildfremden Leuten, bat darum, „mal kurz" telefonieren zu dürfen, und gab dann seelenruhig meine Reportage aus dem Ernst-Grube-Stadion in die Redaktion durch – Mission erfüllt.

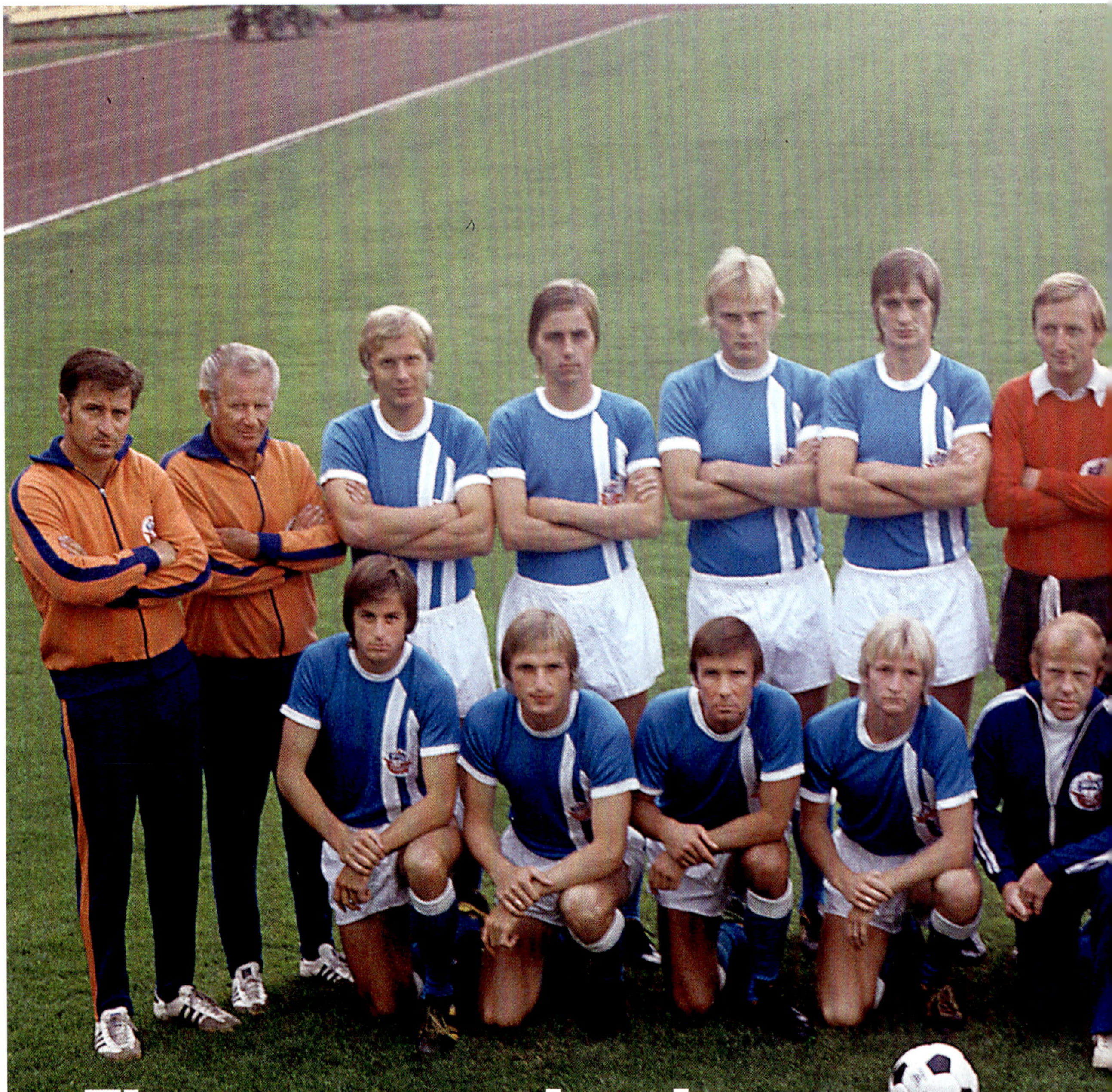

Those were the days

Mit diesen Jungs fing es an: Der F.C. Hansa der späten Siebziger und frühen Achtziger besaß einen Zauber, der bis heute fortwirkt. An guten Tagen wussten die Blau-Weißen ihre Anhänger zu begeistern, besonders im heimischen Ostseestadion. Mischinger, Schulz (und später Schlünz) wirbelten im Mittelfeld, vorn traf Jarohs, hinten räumte Kische ab. Trotz mehrerer Abstiege blieben die Fans der Mannschaft treu – und sind es bis heute.

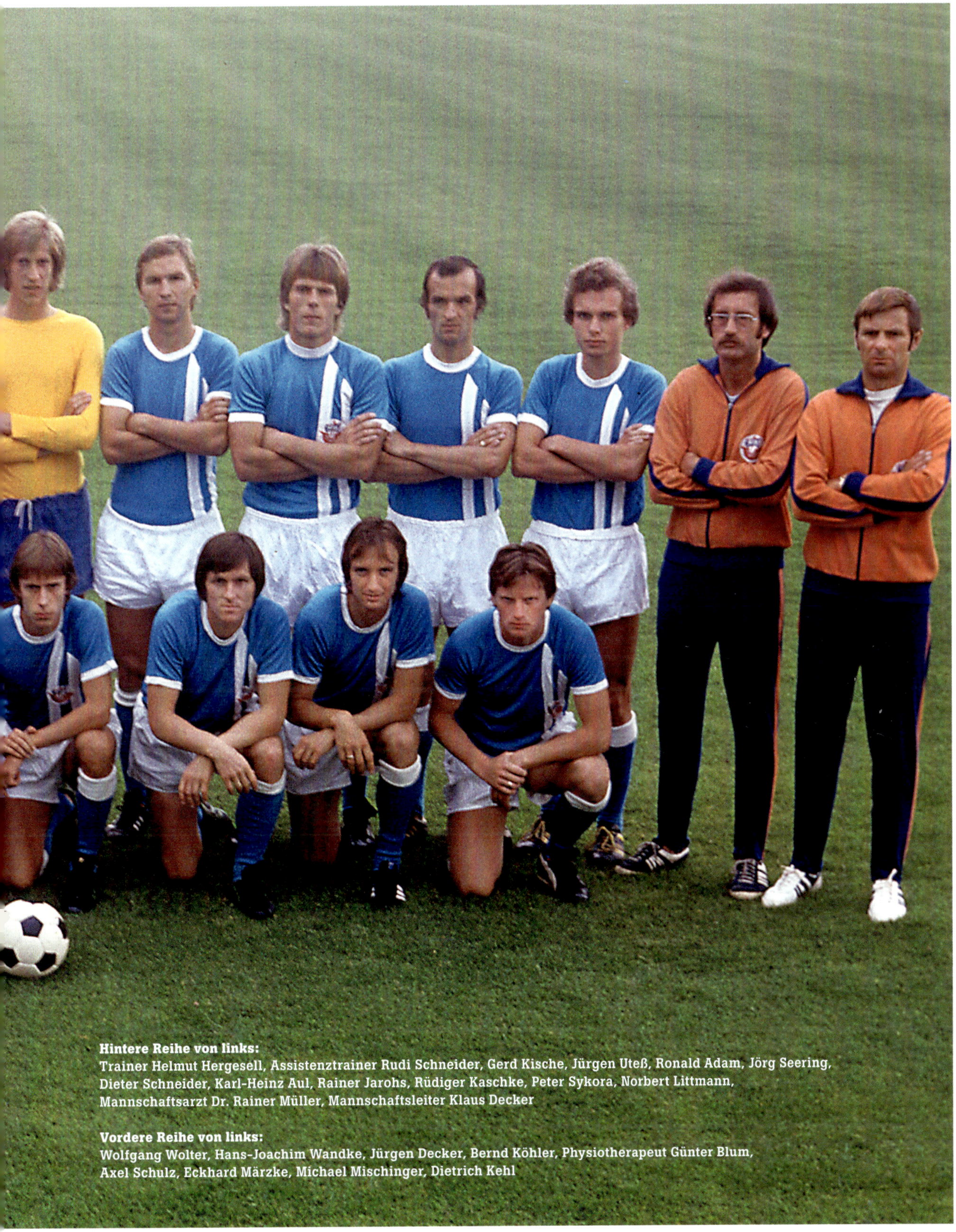

Hintere Reihe von links:
Trainer Helmut Hergesell, Assistenztrainer Rudi Schneider, Gerd Kische, Jürgen Uteß, Ronald Adam, Jörg Seering, Dieter Schneider, Karl-Heinz Aul, Rainer Jarohs, Rüdiger Kaschke, Peter Sykora, Norbert Littmann, Mannschaftsarzt Dr. Rainer Müller, Mannschaftsleiter Klaus Decker

Vordere Reihe von links:
Wolfgang Wolter, Hans-Joachim Wandke, Jürgen Decker, Bernd Köhler, Physiotherapeut Günter Blum, Axel Schulz, Eckhard Märzke, Michael Mischinger, Dietrich Kehl

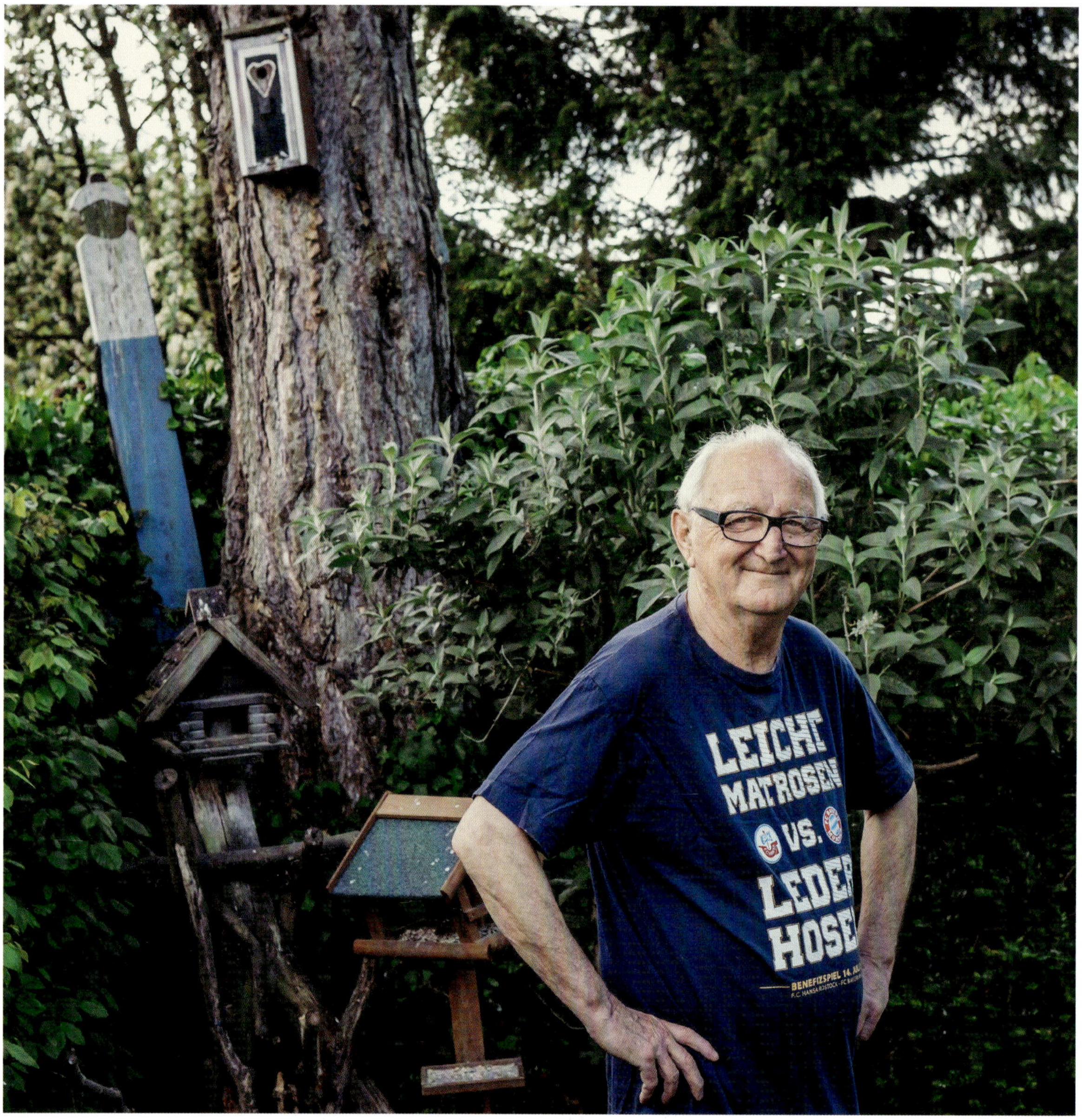

„Wo is'n Schnarz sei Gung?“

Torwartlegende Dieter Schneider über den Umzug von Lauter nach Rostock, seinen geplatzten Wechsel zu einem DDR-Spitzenclub und einen heimlichen Trikotwunsch

Dieter Schneider stand von 1968 bis 1986 im Hansa-Tor, länger als Helmut Kohl und Angela Merkel Bundeskanzler waren. Er ist der Inbegriff eines Urgesteins, denn seine Wurzeln reichen buchstäblich bis an die Wiege des F.C. Hansa zurück: Er wurde 1949 im erzgebirgischen Lauter geboren und ist der letzte lebende Zeuge jener klammheimlichen Zugfahrt, mit der 1954 ein Großteil der Mannschaft von Empor Lauter über Nacht an die Ostseeküste verfrachtet wurde, um fortan als Empor Rostock (und ab 1965 schließlich als Hansa Rostock) in der Oberliga zu spielen. Wir treffen uns in Dieters Haus am Strand von Warnemünde. Hier, in einem kleinen Schuppen, hat er sein ganz persönliches Traditionskabinett eingerichtet: Biergläser, Fotos und Wimpel schmücken die dunklen Wände – es fehlt nur noch ein ganz bestimmtes Trikot, aber dazu später …

Dieter, du wurdest am 20. Oktober 1949 direkt neben dem Sportplatz von Empor Lauter, der Keimzelle des heutigen F.C. Hansa, geboren. Das ist eigentlich eine schier unglaubliche Tatsache.
Dieter Schneider: Es war eine Hausgeburt, wir wohnten nun mal direkt am Sportplatz. Dort bin ich groß geworden. An Fußball hab ich damals allerdings überhaupt noch nicht gedacht. Wenn sie mir einen Ball hingeworfen hätten, den hätte ich gar nicht angeguckt. Ich bin lieber im Steinbruch herumgeklettert oder war im Wald Pilze suchen.

Als 1954 ein Großteil der Mannschaft von Empor Lauter – darunter dein Vater Rudi Schneider – über Nacht nach Norden versetzt wurde, um dort als Empor Rostock neu zu starten, warst du gerade mal fünf Jahre alt. Gibt es noch ein Bild oder ein Gefühl, an das du dich dunkel erinnern kannst? Wie hast du diese Reise erlebt?
Solange mein Vater in Lauter gespielt hat, sind wir in den Ferien immer an die Ostsee gefahren, da die Mannschaft im Trainingslager in Zinnowitz war. Meine Eltern haben mir 1954 gesagt: Wir fahren an die Ostsee. Oh schön, hab ich gedacht. Und das war's eigentlich. Dass es diesmal ein bisschen länger dauern würde oder – besser gesagt – für immer war, das ist mir damals nicht bewusst gewesen.

Was weißt du heute darüber, wie die ganze Sache damals abgelaufen ist?
Es wurde ja viel über diese Lauter-Geschichte geschrieben. Ich habe mich da bisher relativ rausgehalten.

Man hat ja immer diesen Bus vor Augen, im Netz kursiert sogar eine kurze Filmsequenz, die zeigt, wie er losfährt …
Es war so: Dieser Bus war für die Familienangehörigen gedacht, die Mannschaft sollte mit dem Zug fahren. Aber die Lauterer haben die Gleise blockiert! Sie haben fürchterlich gegen diesen Umzug demonstriert. Da wurde dann kurzfristig umdisponiert, und alle sind in den Bus eingestiegen.

Aber er ist nie in Rostock angekommen …
Nein. Der Bus fuhr nach Zwickau. Von dort ging es mit dem Zug weiter nach Leipzig. Dort sind wir umgestiegen, und dann von Leipzig hier hoch. Ich weiß das von meinen Eltern und habe mich aus Interesse auch bei anderen erkundigt, zum Beispiel bei Walter Espig, einem der Lauterer Spieler, die nicht mit nach Rostock gegangen sind. Mit seinem Sohn Frank habe ich in der DDR-Juniorenauswahl zusammengespielt. Er spielte bei Wismut Aue und wohnt heute noch dort.

Stimmt es, dass du der letzte lebende Lauterer aus dem Kreis derjenigen bist, die im Herbst 1954 bei Nacht und Nebel die Reise nach Rostock antraten?
Der letzte männliche. Es gibt noch eine ehemalige Spielerfrau. Jahrelang haben wir uns immer wieder getroffen, wenn es gegen Aue ging. Meine Frau und die Tochter von Kurt Zapf waren auch jedes Mal mit dabei.

Was hat es eigentlich mit diesem offenbar erzgebirgischen Wort „Schnarz" auf sich, das immer wieder im Zusammenhang mit dir auftaucht. Ist das ein Spitzname?
Nein. Das ist wirklich erzgebirgisch, und das kam so: Wir waren mit Hansa im Trainingslager in Bermsgrün, das liegt so zehn Minuten von Lauter weg. Wir sind Ski gefahren und haben nach der Konditionseinheit ein kleines Freundschaftsspiel gegen Bermsgrün gemacht. Auf einmal kam ein Bekannter meines Vaters in die Kabine – heutzutage wäre das unmöglich – und sagte im schönsten Erzgebirgisch: „Wo is'n Schnarz sei

Gung?" Schnarz heißt Schneider, also: Wo ist Schneiders Junge? Seitdem trage ich diesen Namen, den ja später sogar René Schneider von mir geerbt hat …

Nochmal zurück in die Fünfziger: Dein Vater stand damals ja nur noch kurze Zeit auf dem Platz.

Er war schon relativ alt und hat noch drei Jahre im Mittelfeld gespielt. Dann wurde er Trainer im Nachwuchsbereich beim SC Empor. Er hat viele Spieler betreut, die später Oberliga- oder Nationalspieler wurden. Der Einzige, mit dem er Schwierigkeiten hatte, war ich.

Warum das denn?

Naja, wenn man den Vater als Trainer hat … Der Dieter sollte eigentlich immer Vorbild sein, das war aber nicht so mein Ding. Dann gab es Zoff zu Hause. Ich bin sogar mal ein paar Tage ausgebüxt. Ich sagte mir: Nu reicht's aber! Denn Jugendliche wollten auch zu DDR-Zeiten mal ein bisschen Spaß haben.

1958 wurde dein Vater Nachwuchstrainer, und bald darauf warst du Torwart der Kindermannschaft von Empor Rostock …

… das stimmt nicht. Ich habe Linksaußen gespielt! Im Tor stand ich erst ab 1963/64. Damals bereitete sich die Bezirksauswahl auf die erste Kinder- und Jugendspartakiade 1965 vor. Unser Torwart verletzte sich, und der Trainer sagte zu mir: Du gehst ins Tor! Dann bin ich im Tor gewesen, und wir holten Gold. Besser ging es nicht. Dann kam der absolute Hammer: Ich bekam eine Einladung zum Lehrgang der DDR-Juniorenauswahl. Ich habe 1967 die UEFA-Turniere in der Türkei und Frankreich mitgemacht. Damals ging es eigentlich nur bergauf. Und dann wurde ich sogar zur Nationalmannschaft eingeladen.

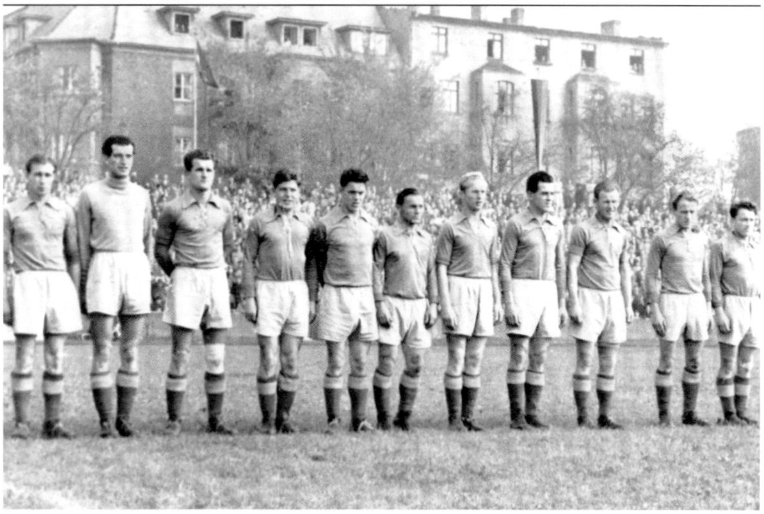

BSG Empor Lauter vor dem Umzug (mit Kapitän Walter Espig, links): „Die Lauterer haben die Gleise blockiert"

Da musst du ja damals bei der Spartakiade ein starkes Turnier gespielt haben …

Ja, das ging ganz automatisch. Ich selbst tat nichts dazu – außer dass ich ein paar Bälle gehalten habe.

Das hört sich fast so an, als wärest du selbst erstaunt gewesen, wie gut du plötzlich im Tor warst.

Das hat mich schon überrascht. Andererseits: Wir waren mit Empor Rostock 1966 immerhin DDR-Juniorenmeister!

Du hast deine gesamte Laufbahn beim F.C. Hansa verbracht. Wie blickst du von heute aus auf dein Fußballerleben zurück?

Die Entwicklung war kontinuierlich, es war insgesamt eine sehr schöne Sache. Aber es war nicht immer einfach. Die DDR-Oberliga war sehr anstrengend. Es gab noch keine Autobahnen. Diese langen Reisen – manchmal war man erst nachts zu Hause. Und sonst? Es gab Höhen und Tiefen. Ein richtiger Tiefpunkt war der Abstieg 1975 …

… als Hansa sich am letzten Spieltag in Stralsund mit einem Sieg hätte retten können, aber nur 1:1 spielte, wobei Achim Streich auch noch einen Elfmeter verschoss.

Ja, dadurch ist Aue dringeblieben. Die haben sich gefragt, ob wir ein bisschen blöd sind. Ich glaube, der Schönig, der damals bei Stralsund im Tor stand, kriegt immer noch Präsentkörbe *(lacht)*. Der Abstieg war eigentlich unnötig. Es hieß ja immer: Fahrstuhlmannschaft. Man muss aber auch sehen: Ich habe weit über 300 Spiele gemacht und hatte in dieser Zeit zwölf Trainer! Immer rein in die Kartoffeln, raus aus den Kartoffeln. Die SED-Bezirksleitung hat viel reingeredet, dann kam dieser Fußballbeschluss, in dessen Folge die Schwerpunktclubs gegründet wurden. Rostock zählte nicht dazu. Andere konnten sich Spieler holen. Achim Streich ist weggegangen, das tat weh. Es gab aber auch einen anderen Weg: Gerd Kische ist geblieben. Ich muss dazu sagen, auch ich hatte eigentlich den Möbelwagen schon gepackt. Die Wohnung war bereits ausgesucht.

Wie bitte?
Ich stand kurz vor einem Wechsel zu Dynamo Dresden. Die hatten damals Walter Fritzsch als Trainer. Ich war schon auf dem Absprung, und dann kam die Bezirksleitung, und es hieß: Stopp, Dieter, du bleibst hier! Bernd Jakubowski geht. Deswegen ist Jakubowski damals nach Dresden gegangen. Ich sollte hin, durfte aber nicht. Ich hatte danach auch ein bisschen Ärger hier in Rostock.

Wie war dein Verhältnis zu Jakubowski?
Wir hatten ein Bombenverhältnis, schon in der Rostocker Zeit. Es gab einen sportlich-fairen Wettkampf zwischen uns, aber wir waren Freunde. Ich denke oft an Jaku. Leider gibt es ihn nicht mehr.

Warum wolltest du weg?
Dresden war Schwerpunktclub, sie haben Europapokal gespielt. Dort nicht hingehen zu dürfen, war schade. Aber sonst war ich eigentlich sehr zufrieden. Ich hatte hier ja auch das Glück, gegen Florenz zu spielen und wenigstens mal am Europapokal zu schnuppern. Ich habe fast alles richtig gemacht, abgesehen von einer Entscheidung, die nicht so klug war.

Welche?
Ich habe mich mit Georg Buschner angelegt. Vor einem Länderspiel war Jürgen Croy verletzt. Schorsch Buschner kam zu mir und sagte: Morgen spielst du! Doch dann stand auf einmal Blochwitz im Tor. Danach war ich bockig, und das hat mich die WM 74 gekostet. An meiner Stelle ist Werner Friese von Lok Leipzig mitgefahren.

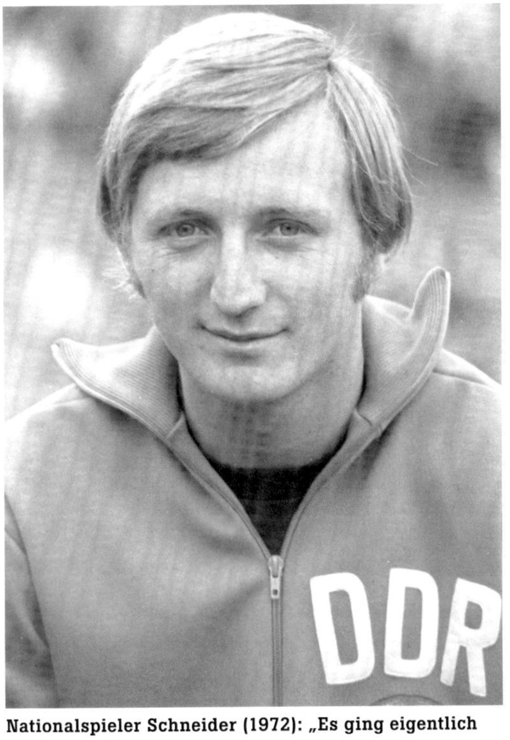

Nationalspieler Schneider (1972): „Es ging eigentlich nur bergauf"

Du hast mit wenigen Unterbrechungen von 1968 bis 1986 im Hansa-Tor gestanden …
… mit einer ganz langen! Ich war ein Jahr total raus, 1985, ich hatte ja schon aufgehört. Aber dann lief es nicht so bei Hansa. Die damaligen Torhüter Teuber und Kunath haben nicht so glücklich gehalten. Ich saß abends im Linden-Eck, meiner Stammkneipe. Auf einmal fährt ein Auto vor. Einer kommt rein, ich denke, den kennst du doch – es war der Fahrer des 2. Sekretärs der Bezirksleitung. Er sagt zu mir: Komm mit, wir fahren ins Haus Stolteraa. Ich erkläre ihm, dass ich vorher gern noch meiner Frau Bescheid sagen würde. Darauf er: Brauchst du nicht, sie ist schon dort. Ich frage: Worum geht's? – Das werden sie dir schon erzählen. Dort angekommen, treffe ich meine Frau, sie heult. Ich: Was'n los? – Und sie: Du sollst wieder spielen! Nach einem Jahr Pause …

Wie hast du darauf reagiert?
Ich sagte: Wie jetzt? Damals war ich bei der Seereederei in der Abteilung Sport und Kultur beschäftigt. Dann hieß es: Wo arbeitest du? Du willst doch sicher gern weiter dort tätig sein, oder? Und so kam es, dass ich am nächsten Tag wieder beim Training aufkreuzte. Ich hatte nix mehr, keine Fußballschuhe, keine Torwarthandschuhe – ich hatte ja abgeschlossen. Also wurde ich neu eingekleidet. Das nächste Spiel war gegen den BFC, auswärts. Als die Aufstellung angesagt wurde, haben sie alle geguckt. Wir verloren 1:2 und fuhren mit dem Bus zurück. Alle so 'ne Flappe. Ich sagte zu Klaus Decker, dem Mannschaftsleiter: „Klaus, gib mal

Torwart Schneiders Glanzparaden sorgten für Sicherheit

Im Endeffekt scheiterten die Zeiss-Städter an der größeren Kampfbereitschaft Hansas, am besseren Nutzen der Chancen durch den Kontrahenten und schließlich an einem Dieter Schneider, der an diesem Tag wohl eine seiner bisher besten Leistungen bot. Schneider vereitelte nicht weniger als vier klare Möglichkeiten der Gäste, er beherrschte den Strafraum bei Flankenbällen und erwies sich in direkten Zweikämpfen mit Vogel, Scheitler und Rock überlegen. Seine Glanzform strahlte jene Ruhe aus, die Hansa brauchte, um schließlich durch drei Treffer des jungen Dietrich Kehl die Sensation perfekt zu machen.

Rolf Herzer in *Die Neue Fußballwoche* vom 5. Dezember 1972

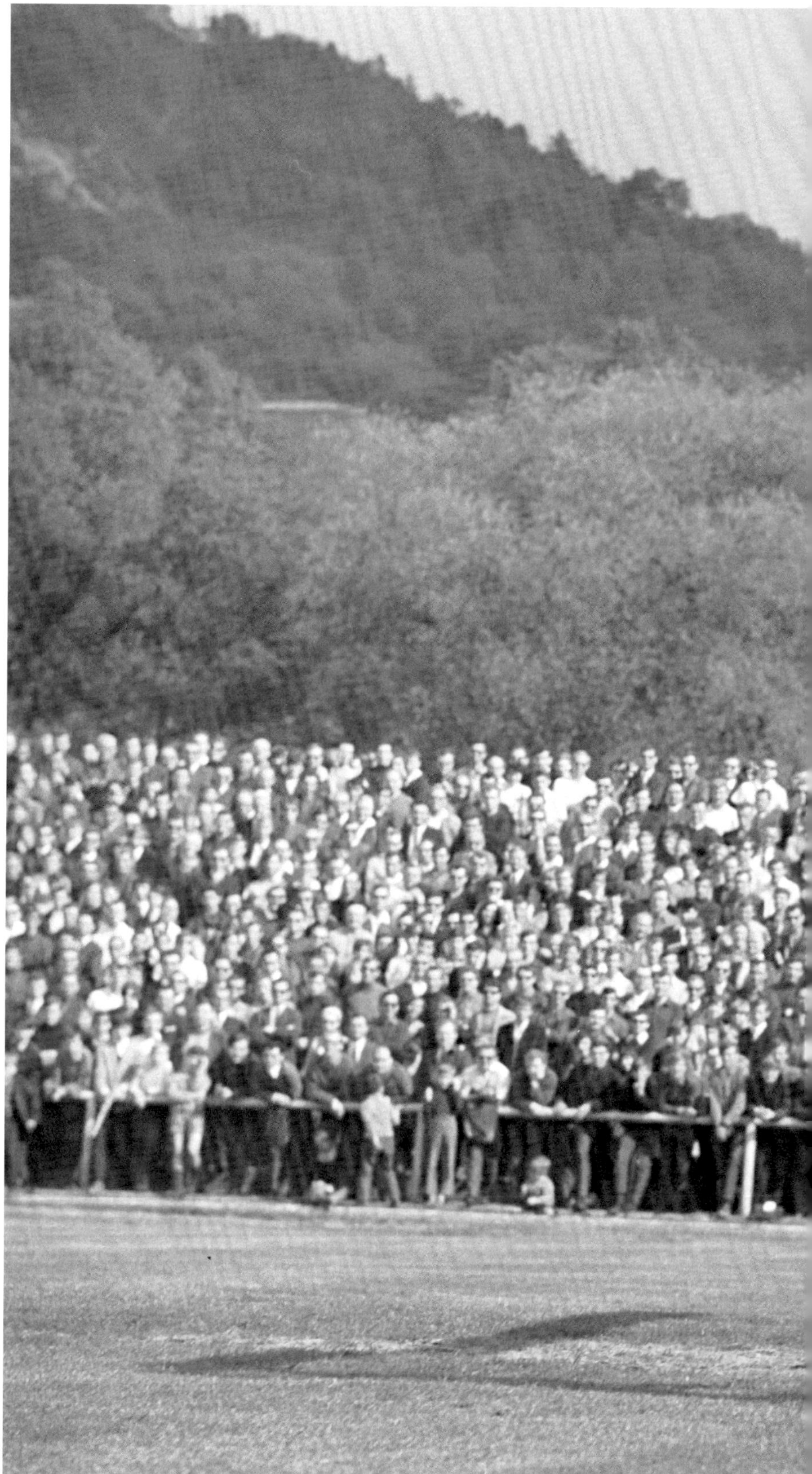

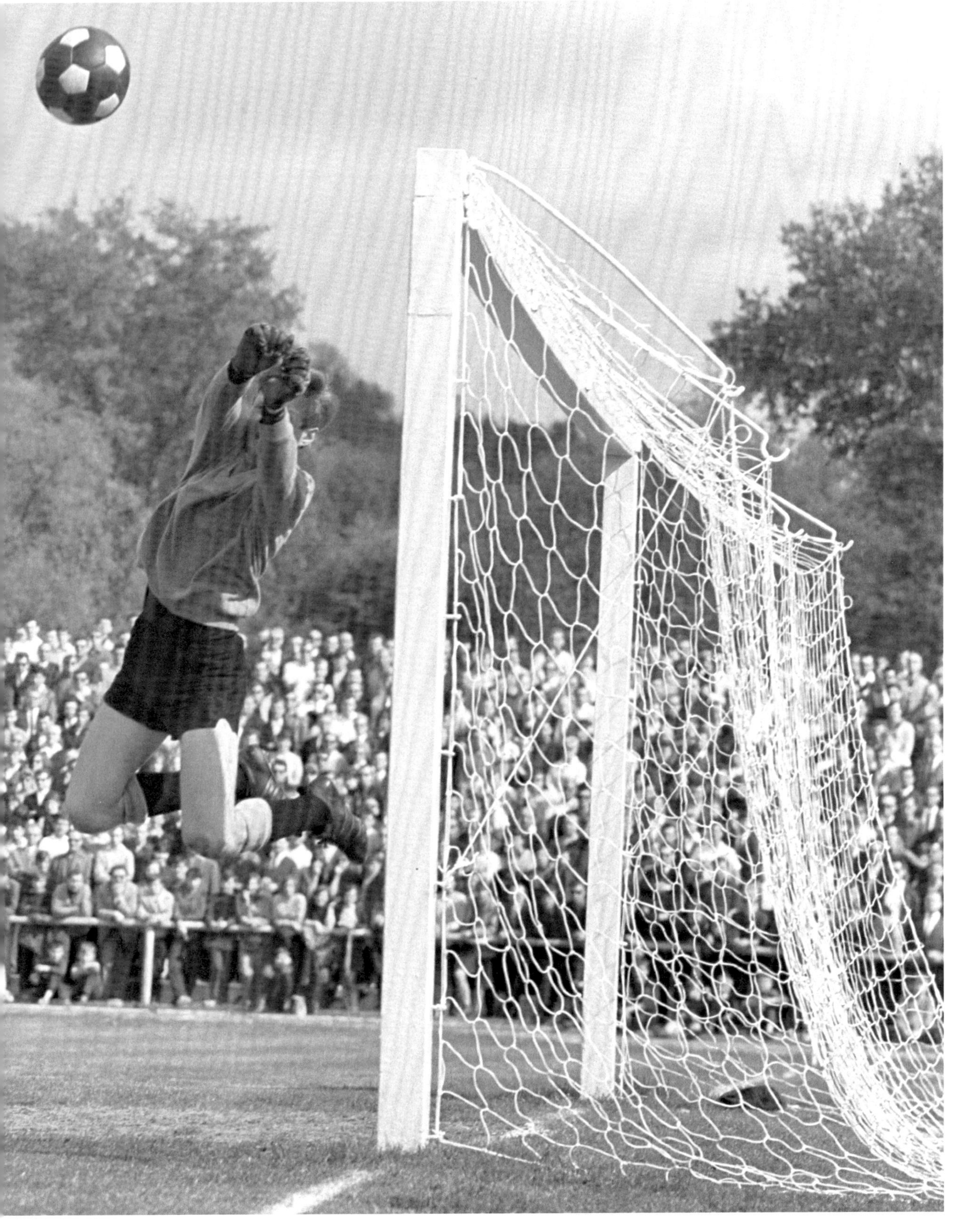

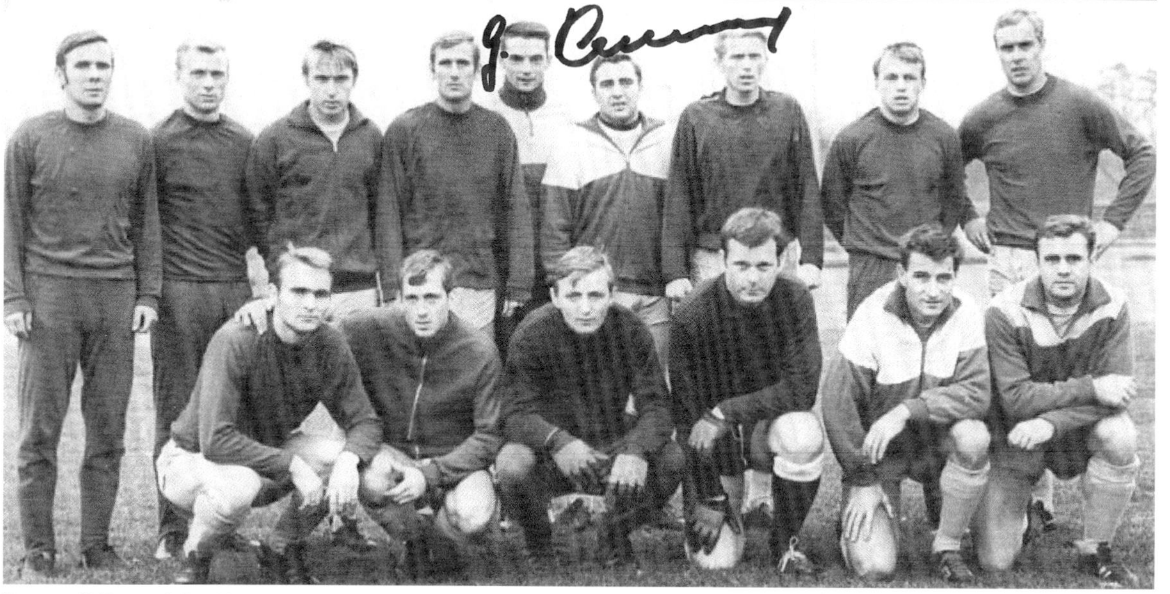

Torwart-Kollegen Schneider, Heinsch (vorn, 3. und 4. von links): „Hansa hatte nur zwei gute Torhüter – der andere warst du"

ein Bier!" Und er: „Gibt's nicht." Da bin ich zum Trainer, Claus Kreul: „Du, was ist hier los? Nach dem Spiel kann man ja wohl mal ein Bier trinken!" Nächste Tankstelle rangefahren, Kasten Bier geholt, weiter nach Rostock. Und dann hab ich da meine letzten Spiele gemacht.

Aus heutiger Sicht eine absurde Rückholaktion ...

Rein sportlich betrachtet war das totaler Blödsinn. Ich habe die Saison zu Ende gespielt, und wir sind trotzdem abgestiegen.

Was, würdest du sagen, hat dich als Torwart ausgezeichnet?

Ich habe meine Abwehr relativ gut – manchmal lautstark – organisiert. Und da ich mal Feldspieler gewesen war, konnte ich etwas mit dem Ball umgehen und das Spiel lesen. Was zu meiner Zeit nur wenige beherrschten. Wenn ich da an Bodo Rudwaleit denke, wenn der heute im Tor stehen würde – das möchte ich lieber nicht sehen. Es gab früher natürlich auch ein paar sehr gute Fußballer im Tor: René Müller in Leipzig zählte dazu, auch Perry Bräutigam in Jena und natürlich Jürgen Croy in Zwickau.

Für einen Torwart warst du nicht besonders groß, oder?

Eins dreiundachtzig.

Das war kein Nachteil?

Zur damaligen Zeit nicht. Aber seien wir mal ehrlich: Es ist ja heute ein ganz anderes Torwartspiel. Man muss Fußball spielen können. Diese ganzen Abseitsregeln, das passive Abseits – das gab's ja zu meiner Zeit alles nicht. Man konnte auch mal einen Ball zurückspielen. Den hast du aufgenommen und erstmal Ruhe reingebracht. Das Spiel ist viel schneller geworden. Es ist so extrem schwer. Ich möchte heutzutage nicht mehr im Tor stehen.

Gibt es ein Spiel in deiner Laufbahn, das du niemals vergessen wirst?

Ich kann mich erinnern, dass wir mal in einem Pokal-Rückspiel gegen Jena einen Rückstand aufgeholt haben. Ich habe einen Elfmeter gehalten, und Dietrich Kehl macht drei Tore. Wir gewinnen 3:0. Im Hinspiel hatten wir 'ne richtige Klatsche gekriegt, 1:4.

Du hast einen Elfmeter gehalten?

Ja, hier in Rostock gegen Matz Vogel.

Bist du sicher? Im Spielbericht der FuWo vom 5. Dezember 1972 wirst du zwar sehr gelobt, aber von einem Elfmeter ist da keine Rede.

Stimmt, jetzt fällt es mir wieder ein: Das war zwei Monate früher, im Oberliga-Spiel, das 2:2 ausging.

Und was war der absolute Höhepunkt?

Natürlich die Bronzemedaille mit der DDR bei den Olympischen Spielen 1972, obwohl ich da nicht gespielt habe. Dann noch meine drei Südamerika-Reisen mit der

Nationalmannschaft. Argentinien, Peru, Kolumbien, Chile – ich habe Allende persönlich kennengelernt! Ich kann mich aber auch an schlechte Zeiten erinnern.

Zum Beispiel?
Ich habe auch mal einen Elfer verschossen im Pokal gegen Karl-Marx-Stadt. Im Elfmeterschießen hielt ich erst einen gegen Bähringer und trat dann als letzter Schütze an. Ich musste ihn nur verwandeln, dann wären wir weiter gewesen. Aber ich schoss gegen die Latte, und wir schieden am Ende aus. Das ist eben Fußball.

Torwartfehler werden sofort bestraft.
Jawoll, leider. Wenn ich Fernsehen gucke oder im Stadion bin, dann sage ich auch: Mensch, den muss er halten! Macht ein Torwart einen Fehler, dann ist es meist ein Tor. Schießt ein Stürmer zwanzigmal drüber, sagt kein Mensch was. Das ist das Bittere und Schwere am Torwartspiel.

Wie bist du persönlich mit Torwartfehlern umgegangen?
Es kommt immer drauf an. Es gibt katastrophale Fehler, das ist leider so, und es gibt andere, wenn der Boden nass ist und du mal einen Ball prallen lässt oder so. Diese Dinger passieren jedem, da wird man hinterher von der Mannschaft aufgebaut, und die schüttelt man auch ganz schnell ab. Aber wenn du so einen richtigen Bock schießt … Ich werd es nie vergessen, es war ein Auswärtsspiel bei Union Berlin. Damals gab's noch eckige Pfosten. Da kam ein Schuss, ich dachte, der geht vorbei und laufe schon los, um den Ball zu holen – und auf einmal ist der drin! Das sind natürlich Dinger, da kommst du ins Grübeln, und die anderen lästern bis zum Geht-nicht-mehr.

Ein Spiel, von dem ich nicht so richtig loskomme, ist das 4:4 gegen den BFC 1981. Der Ausgleich durch Sträßer in der 84. Minute. Ein Torwartfehler?
Was soll ich dazu sagen? Dieses Ding nehm ich nicht auf meine Kappe. Vielleicht hätte ich Foul spielen sollen oder die Knie anziehen. Das war ja dieser Kopfball, den Sträßer dann macht. Es gibt solche Spiele. Aber die gegen den BFC hab ich sowieso von Anfang an abgehakt.

Gefühlt ging es ja immer 0:4 aus …
Die erste Zeit haben wir auch in Berlin gegen sie gewonnen. Aber nach diesem Fußballbeschluss war es gegen den BFC besonders schwer, eigentlich gegen alle Schwerpunktclubs, weil Druck auf die Schiedsrichter ausgeübt wurde. Du kannst letztlich keinem Spieler einen Vorwurf machen, ob das Frank Terletzki ist oder auch Bodo. Du kannst nur dem System einen Vorwurf machen, weil es unter den Schiedsrichtern gewisse Leute gab, die eben bei der „Firma" waren und ihre Befehle kriegten.

Welchen Stellenwert haben deine drei Länderspiele für die DDR?
Einen sehr hohen. Als ich in Leipzig vor Hunderttausend gegen die Sowjetunion reinkam, das war schon imponierend. In Island muss man auch erstmal gewinnen. Und dass ich ein Länderspiel hier in Rostock machen durfte gegen die Vereinigten Arabischen Emirate, war auch schön. Heute kann ich sagen: Als Nationaltorwart bin ich ungeschlagen.

Wenn du heutzutage in der Stadt unterwegs bist: Kennt man Dieter Schneider noch in Rostock?
Mehr als mir manchmal lieb ist. Aber klar, die Zwölfjährigen natürlich nicht mehr.

Markus Kolke, dein aktueller Nachfolger im Tor, macht seine Sache ganz ordentlich, oder?
Nicht ordentlich, sondern überragend! Wenn ich mit Jürgen Heinsch oben im VIP-Raum saß, dann machten wir immer einen Witz: „Jürgen", sagte ich, „Hansa hatte nur zwei gute Torhüter – der andere warst du." Dann lachten wir. Aber im Ernst: Hansa Rostock hatte mit wenigen Ausnahmen immer gute Torleute. Kolke zählt für mich zu den ganz Großen. Was der für eine Ruhe und Konstanz ausstrahlt. Ich bewundere ihn. Ich behaupte sogar, ohne Kolke wären wir nicht in die 2. Bundesliga aufgestiegen. Ich hoffe, dass ich bald ein Trikot von ihm kriege. Das bekommt dann hier einen Ehrenplatz – und den haben nur wenige.

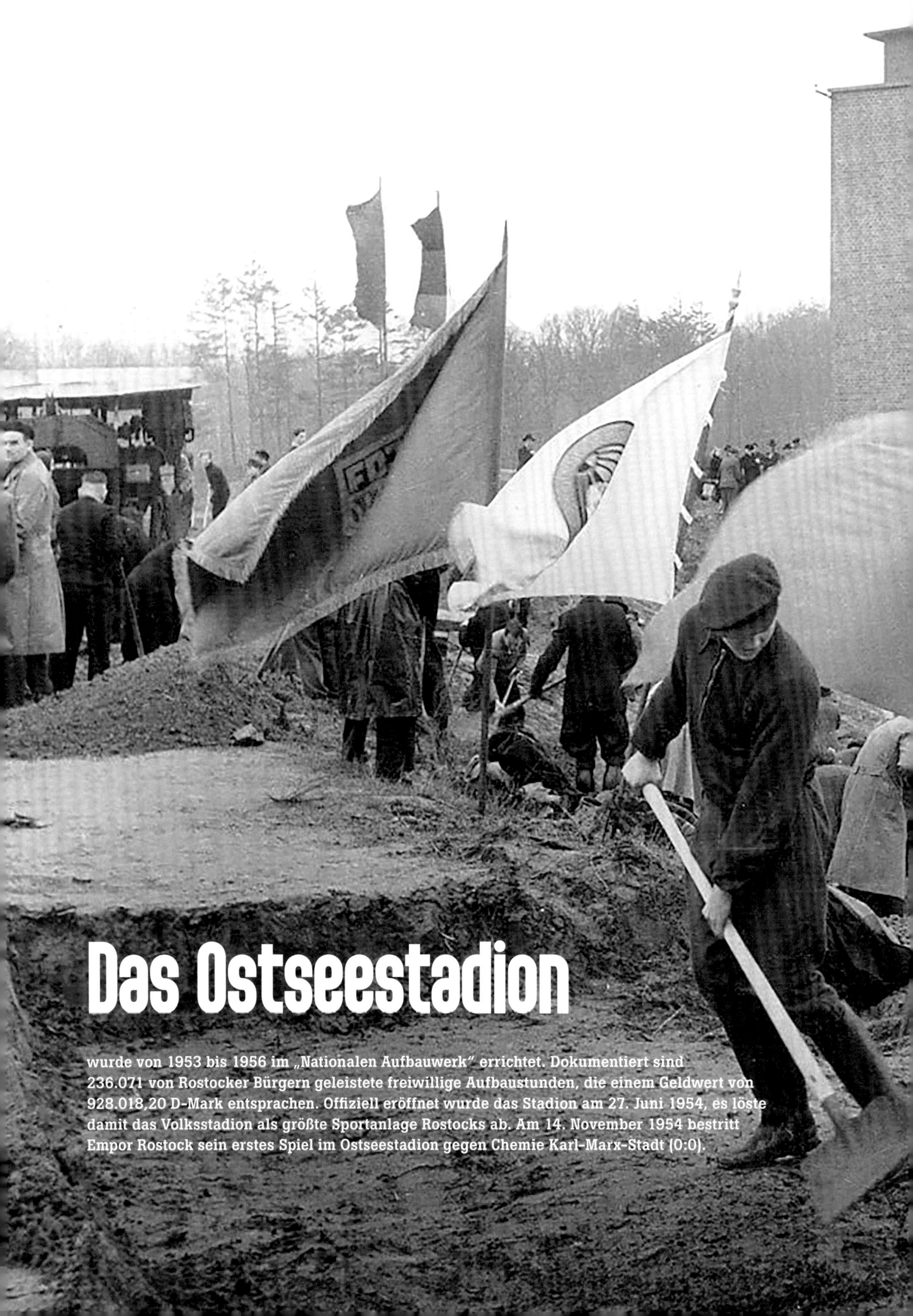

Das Ostseestadion

wurde von 1953 bis 1956 im „Nationalen Aufbauwerk" errichtet. Dokumentiert sind 236.071 von Rostocker Bürgern geleistete freiwillige Aufbaustunden, die einem Geldwert von 928.018,20 D-Mark entsprachen. Offiziell eröffnet wurde das Stadion am 27. Juni 1954, es löste damit das Volksstadion als größte Sportanlage Rostocks ab. Am 14. November 1954 bestritt Empor Rostock sein erstes Spiel im Ostseestadion gegen Chemie Karl-Marx-Stadt (0:0).

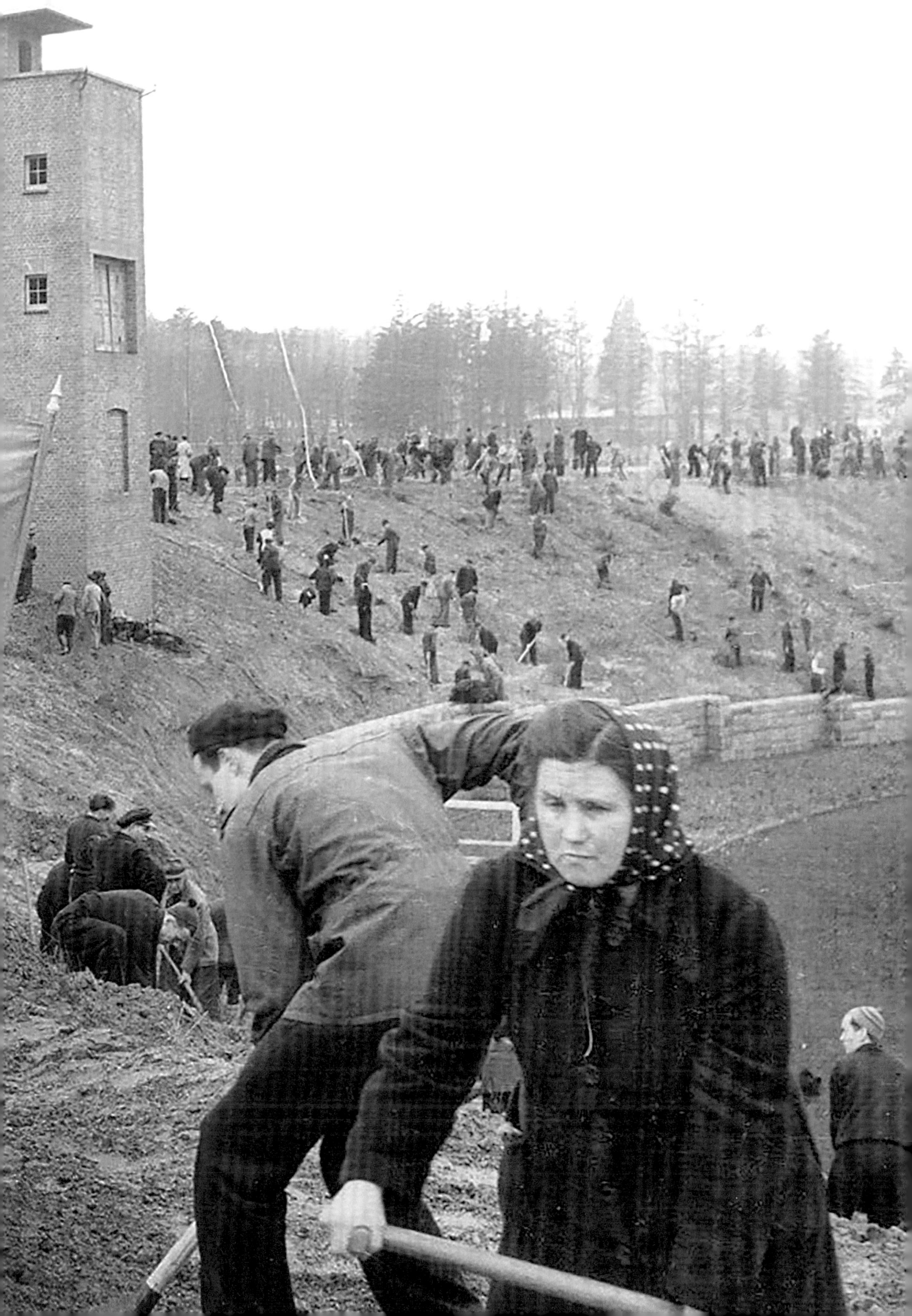

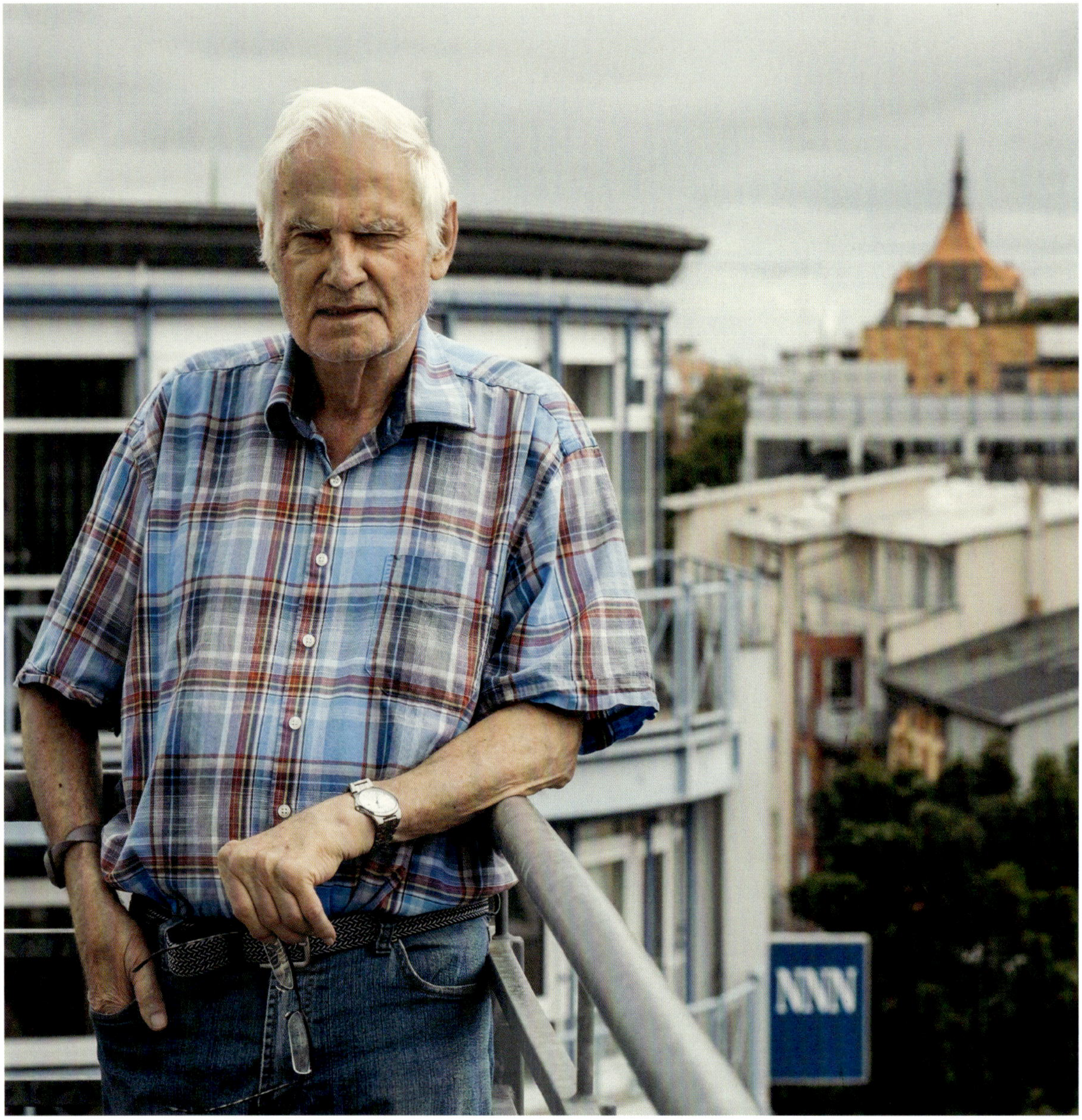

Schipp, schipp, hurra!

Horst Degner ist einer von unzähligen Aufbauhelfern, die Mitte der Fünfzigerjahre das Ostseestadion mit ihrer Hände Arbeit errichteten. Erinnerungen eines Fans der ersten Stunde

Am Tag, an dem Horst Degner dieses Interview gibt, liegen Abschied und Wehmut in der Luft. Zu dem Zeitpunkt ist er 82 Jahre alt, lebt allein in einer Dreieinhalbzimmerwohnung in der Rostocker Südstadt und soll eigentlich vom Bau des Ostseestadions erzählen, an dem er als junger Mann beteiligt war. Aber an diesem Montagnachmittag hat er eben noch einen anderen Termin, der ihm das Herz schwer werden lässt: Nach 30 Jahren Mitgliedschaft wird er aus dem Shantychor Luv un Lee austreten. Das Alter macht ihm zu schaffen, er kann nicht mehr länger als eine Stunde stehen, wie es manche Auftritte erfordern. Darum hört er nun auf.

Horst Degner ist ein „echter Rostocker", wie er sagt. Er hat Großhandelskaufmann gelernt und drei Jahrzehnte lang im Fischkombinat gearbeitet, erst in der Materialwirtschaft zur Versorgung der Fangschiffe, dann als „Delikatbeauftragter des Generaldirektors" – ein für DDR-Verhältnisse äußerst origineller Karrieresprung. Heringssalat in Gemüse und Makrelenfilet seien damals bei der Westkundschaft besonders beliebt gewesen, erinnert er sich. Doch dann fiel die Mauer, das Fischkombinat wurde privatisiert und Horst Degner arbeitslos, mit 54 Jahren. Was fängt man da an als zweifacher Familienvater? Er hat 30 Bewerbungen geschrieben, ohne Erfolg. Seine Kinder sind längst aus dem Haus, seine Frau erkrankte an Demenz. Er hat sie schließlich verloren. Was blieb, war der Shantychor.

Früher … ja, da hat er Feldhandball gespielt, erst in der Jugend von Motor und später bei Dynamo Rostock, 24 Jahre lang. Sie waren bei der Wasser- und Hafenschutzpolizei angestellt und mischten munter in der DDR-Liga mit, der damals zweithöchsten Spielklasse. Als 1953 Aufbauhelfer für den Bau eines neuen Stadions gesucht wurden, meldete sich der 14-jährige Horst mit seinen Mannschaftskameraden von der B-Jugend freiwillig.

Horst Degner: *Ich kann mich noch gut an das flache Gelände am Barnstorfer Wald erinnern, auf dem später das Stadion entstand. Das war früher Aufmarschgelände der Nazis gewesen. Als die Entscheidung gefallen war, dort ein neues Stadion zu errichten, wurden auch wir bei Motor aufgefordert, unseren Beitrag zu leisten. Die Vorgabe waren 35 Stunden. Wir haben uns gruppenweise zusammengetan und uns als Aufbauhelfer angemeldet. Und dann hieß es im Grunde genommen: Schipp, schipp, hurra! Es kamen Lastwagen, die Sand herankarrten. Wir mussten damit Loren beladen, die dorthin gefahren wurden, wo der Sand aufgetürmt werden sollte. Da haben wir sie dann wieder entladen. Das war zwei Jahre lang unsere Aufgabe, und allmählich nahm das Stadion Gestalt an. Wir haben begeistert mitgemacht, weil es ja das Ziel gab, dass hier eines Tages höherklassiger Fußball gespielt werde. Bisher hatten wir nur das Volksstadion, in dem damals Einheit Rostock zu Hause war. Da sind wir als Jungs hingegangen und haben uns die Spiele gegen Warnemünde, Wismar, Stralsund und Greifswald angesehen. Aber das neue Stadion sollte ja viel größer werden!*

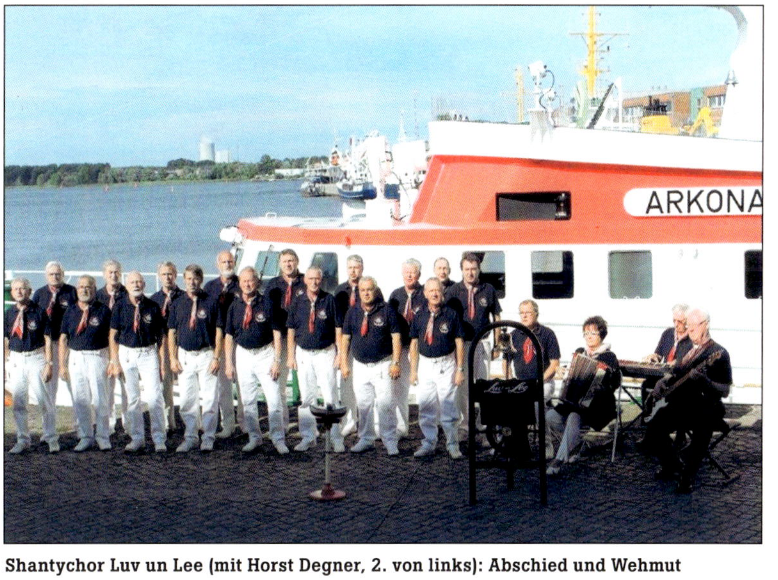

Shantychor Luv un Lee (mit Horst Degner, 2. von links): Abschied und Wehmut

Als 1954 Empor Rostock das Eröffnungsspiel gegen Chemie Karl-Marx-Stadt bestritt, waren wir natürlich dabei. Es herrschte eine ganz andere Atmosphäre, als wir sie aus dem Volksstadion kannten. 17.000 Zuschauer waren wir von dort nicht gewohnt. Das allein war ein Erlebnis für uns. Wir waren

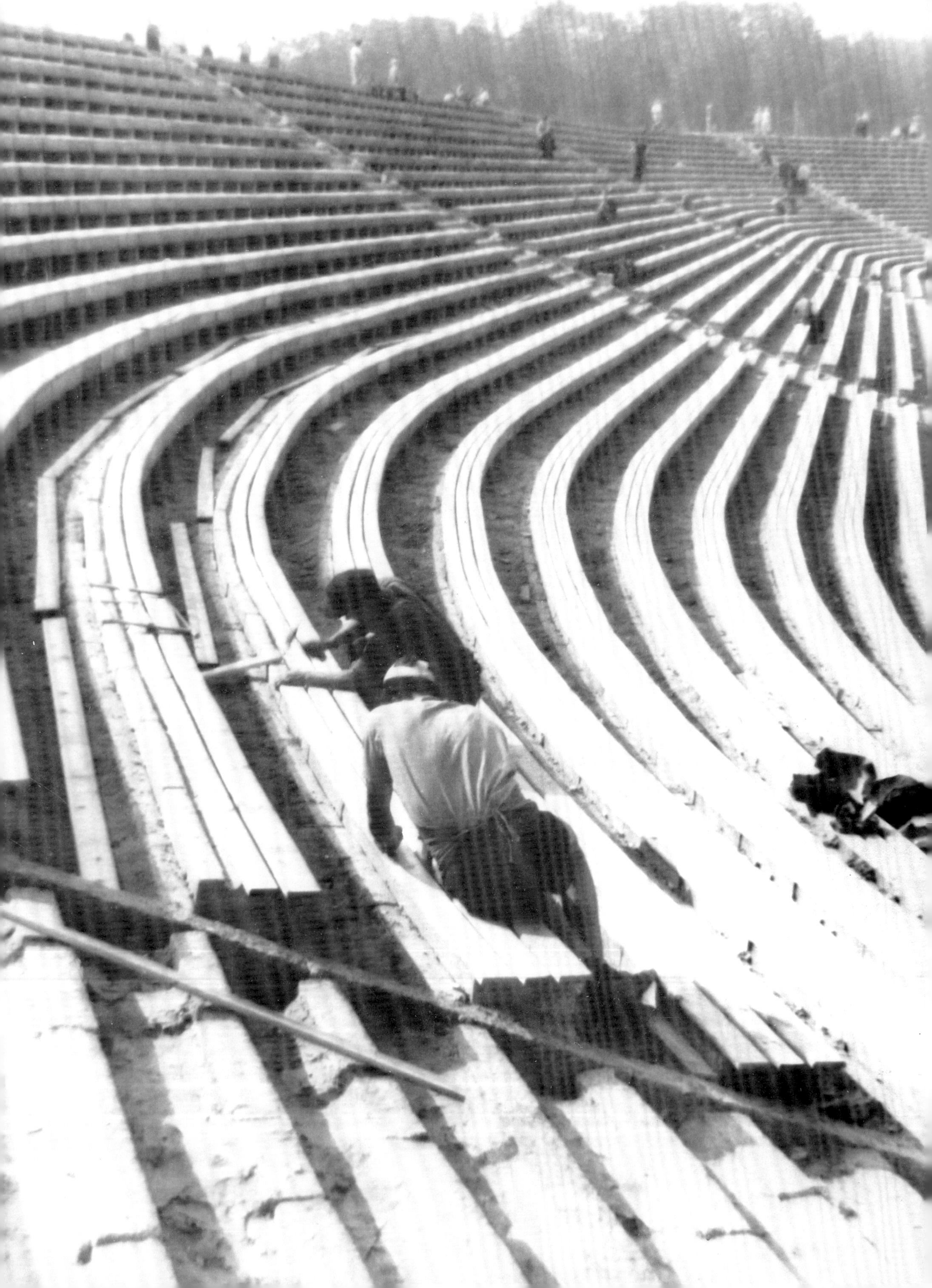

stolz darauf, dass wir mitgeholfen hatten, das Stadion zu bauen. Und wir waren alle gespannt auf die Mannschaft, die von nun an für Rostock spielen sollte, die kamen ja fast alle von Empor Lauter. Seitdem haben wir kein Spiel mehr ausgelassen.

Durch meine Dienstreisen hab ich Hansa manchmal auch auswärts erlebt. Fischverarbeitungsbetriebe hatten wir ja in verschiedenen Großstädten der DDR. Ich war zum Beispiel mal in Leipzig, bei Chemie. Links und rechts von mir saßen lauter Leipziger, aber ich schrie natürlich für Hansa! Oha – da bekam ich aber ein paar Worte zu hören … Deshalb dachte ich mir, bleib ruhig, und hab mir für die zweite Halbzeit einen anderen Platz gesucht.

Horst Degner ist mit seinen Freunden all die Jahre und Jahrzehnte ins Ostseestadion gegangen. Meist waren sie zu viert oder fünft – dieselbe Gruppe, die von 1953 bis 1955 auf der Baustelle die Schaufeln geschwungen hatte. „Das waren alles Jungs aus meiner Handballmannschaft. Sie haben sich leider alle schon verabschiedet. Ich bin der Letzte, den es noch gibt." Seine Stadionbesuche sind mittlerweile sehr selten geworden. Nur manchmal begleitet ihn noch ein „Sangesbruder" zu den Spielen.

Seinen Abschied vom Shantychor hatte sich Horst Degner übrigens ganz anders vorgestellt. Das Weihnachtssingen im Ostseestadion wäre dafür der ideale Rahmen gewesen, findet er. „Da hätte ich gern noch mitgemacht." Doch die Veranstaltung 2021 fiel, wie schon im Jahr davor, der Corona-Pandemie zum Opfer.

In seinem Lieblings-Shanty „Mine Heimat", dem ewigen Klassiker des Genres, heißt es:

Allens is verswunden, wat mi
quält und drew,
Hev nun Frieden funden, doch
de Sehnsucht blew.

Da könnte was dran sein.

KARLSRUHER SC – F.C. HANSA 4:4

Karlsruhe (Leipzig), 2006

In Leipzig gibt es das Café Cantona, benannt nach dem legendären französischen Skandal-Kicker in Diensten von Manchester United. Hier habe ich so manches Hansa-Match verfolgt, so auch dieses Spitzenspiel der 2. Bundesliga zwischen dem KSC und der Kogge am 20. November 2006. Als ich kurz nach dem Anpfiff vom Klo zurückkam, um mich erwartungsvoll zu meinem Kumpel Uwe an der Bar zu gesellen, traute ich meinen Augen kaum: Über den Bildschirm flimmerte in Zeitlupe das 1:0 für die Gastgeber. Wie konnte das sein? Das große Spiel hatte gerade erst angefangen, und schon lag Hansa zurück? Wir trugen es mit Fassung und exten stoisch unsere Ur-Krostitzer, aber es wurde nicht besser. Im Gegenteil: Zur Halbzeit lag Hansa 0:3 hinten. Der kurze Hoffnungsfunke durch das 1:3 (56.) erlosch sofort wieder, denn der KSC stellte den alten Abstand postwendend wieder her. Es galt einmal mehr, tapfer das Schicksal des Hansa-Fans zu tragen und im Angesicht der drohenden Niederlage nicht zu verzweifeln. In der 78. Minute traf Shapourzadeh mit einem Fernschuss zum zweiten Mal – wir nahmen es regungslos zur Kenntnis. Erst Rahns Strich ins Dreiangel drei Minuten später elektrisierte uns schlagartig. Was ging denn hier ab? Schon lief die 87. Minute. Rahn brach links außen durch, flankte nach innen, Cetkovic hielt den Fuß hin, ein Billardstößchen – Ausgleich! Das Trikot des Schützen flog in den Gästeblock. Der Rest war Jubel.

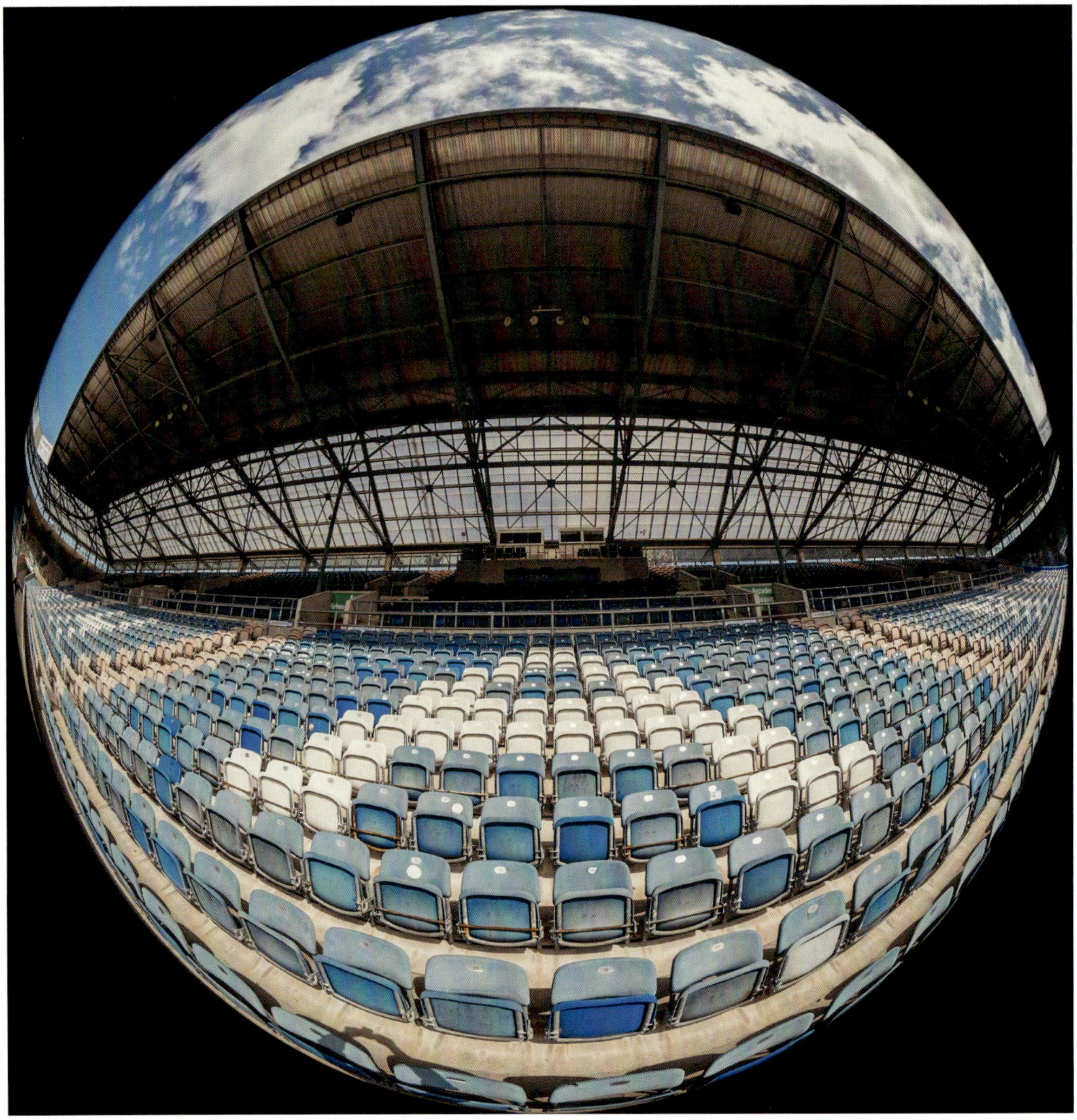

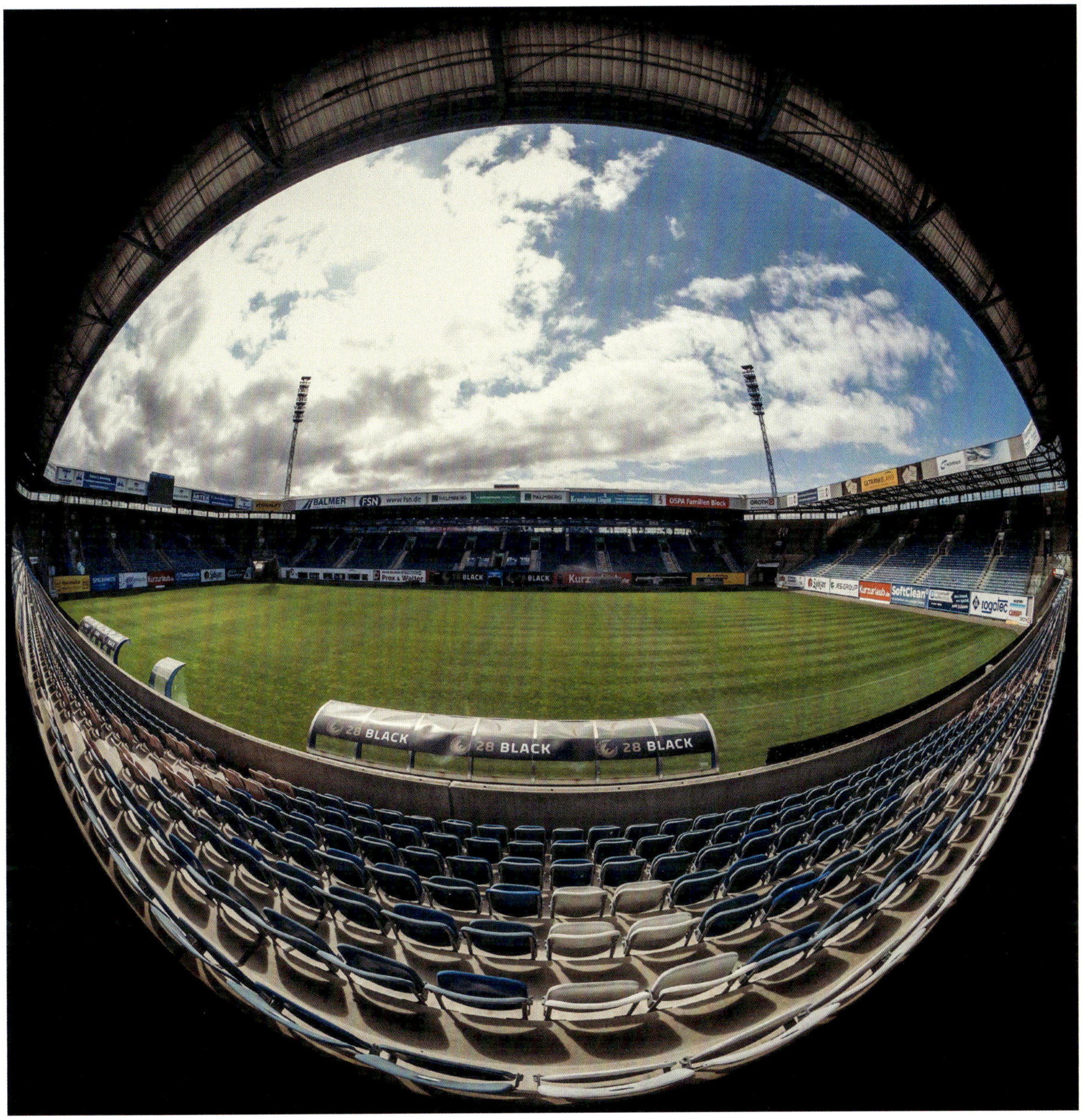
28 BLACK
28 BLACK
28 BLACK

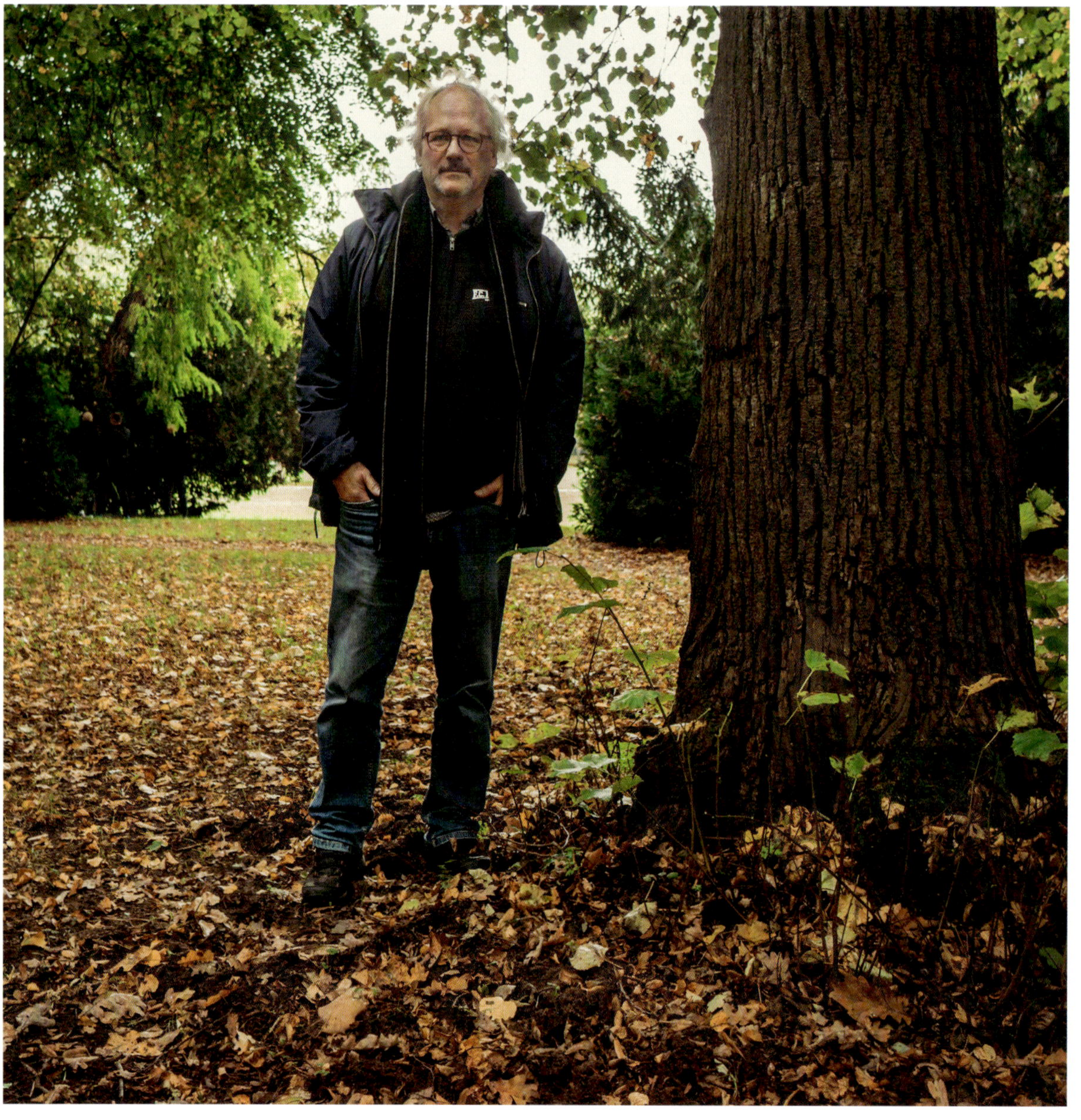

Der Seelsorger

Fußball und Religion passen gut zusammen, findet Johannes Wolf. Sein Lebenslauf ist der beste Beweis dafür.

Johannes Wolf ist mehr als einmal am Fußballgott verzweifelt. Dabei verfügt er eigentlich über einen guten Draht zum Himmel: Als Pastor und Seelsorger kennt er sich aus mit göttlichen Fügungen und Schicksalsschlägen jeglicher Art. Doch wenn der Video-Schiri Hansa mal wieder ein Tor aberkennt oder einen Strafstoß verweigert, dann ist selbst Pfarrer Wolf machtlos. Da nützt es ihm auch nichts, dass er seinen Beruf äußerst facettenreich ausfüllt.

Als Mann Gottes hat er, wie er selbst sagt, eine „richtige mecklenburgische Karriere" hingelegt: Er wurde in Warnemünde geboren und ist in Bad Doberan aufgewachsen, ließ sich in Doberan und Rostock zum Koch ausbilden, absolvierte seinen Wehrdienst in Schwerin, wurde Vikar in Lambrechtshagen, trat seine erste Pfarrstelle in Kavelstorf an und die zweite in Rostock. Dann bezog er ein Jahrzehnt lang Stellung als Militärpfarrer im Fliegerhorst Laage und kümmert sich nun als Gefängnisseelsorger täglich um die Gefangenen in der JVA Bützow. „Ich habe quasi mein ganzes Leben um den Spielort von Hansa herumorganisiert."

Sein erstes Hansa-Erlebnis war ein wenig glamouröses 0:0 gegen Stahl Riesa am letzten Spieltag der Saison 1976/77; danach stiegen beide Mannschaften in die zweitklassige DDR-Liga ab. „Das war das Highlight, das mich dazu gebracht hat, für immer Hansa-Fan zu bleiben, egal, was kommt. Es war mein erstes Spiel im Stadion, und es war das wichtigste." Da war er zehn. Mit 15 ging es dann so richtig los, die Achtziger waren seine wilden Jahre. Wann immer er konnte, machte er sich auf den Weg zum Ostseestadion – auch wenn er dafür mal kurz seinen Posten verlassen musste: „Als junger Pfarrer in Kavelstorf bin ich mal bei der offiziellen Amtseinführung des neuen Landessuperintendenten im Doberaner Münster nach der Predigt entwichen, um das Heimspiel gegen Kaiserslautern im Stadion erleben zu dürfen – im Anzug."

Auch auswärts war er viel unterwegs – mit dem Wochenendticket. In Dresden starrte ihn einmal ein Dynamo-Fan auf der Toilette entgeistert an. Irritiert erkundigte er sich: „Alles gut?" Und erntete ein Grinsen. „Tschuldigung, bist du nicht Pfarrer?" – „Ja, wieso?" – „Ich war neulich bei dir im Gottesdienst." Der Sachse hatte tatsächlich wenige Tage zuvor in der Rostocker Heiligen Geist Kirche seiner Predigt gelauscht.

Johannes Wolf: *Fußball und Religion haben ja viele Parallelen. Nehmen wir die Situation Gottesdienst: Man macht sich auf, hat vielleicht noch sein Gesangsbuch dabei, legt zu besonderen Anlässen besondere Kleidung an. So zieht auch der Fan mit seinem Schal oder Trikot los. Dann trifft man sich vor dem Eingang, geht irgendwann rein, hat möglicherweise seinen Stammplatz, wo man immer sitzt – in der Kirchenbank oder im Stadion. Und dann beginnt der Gottesdienst mit der Liturgie. Es gibt den Pastor, der vorn steht und die Gemeinde begrüßt. Bald ertönen Wechselgesänge. Der Stadionsprecher ruft: „Im Tor die Nummer eins ..." – und dann kommt der Vorname. Und die Gemeinde antwortet: „Schober!" Oder: „Kolke!" Und natürlich ist Fußball auch eine Glaubenssache. Das hat viel mit Identifikation und Selbstfindung zu tun. Es gibt nun einmal im Leben sowohl Gutes als auch Schlechtes. Beides als Gemeinschaft miteinander zu teilen, macht eine Kirchengemeinde genauso aus wie den Fußballverein, dem man angehört. Man ist mit anderen Menschen aus speziell diesem Grund unterwegs, spürt aber trotzdem darüber hinaus eine größere Verbindung. Damit sind wir bei der Sinnfrage: Warum gerade dieser Verein, der jahrelang in der 3. Liga herumgekrepelt ist? Ja, weil das zum Leben dazugehört! Das auch zuzulassen und zu sagen: Nein, es ist nicht immer alles rosarot, sondern vieles blau-weiß – und das heißt: an schlechten Tagen auch manchmal nicht so dolle.*

Wenn Johannes Wolf andere Hansa-Fans leiden sieht, dann muss er sie einfach trösten, obwohl er eigentlich selbst getröstet werden müsste. Das ist ja eine seiner ureigensten Aufgaben: die Seelsorge. Er hat Soldaten der Bundeswehr bei Auslandseinsätzen begleitet und vor Ort Krisenintervention betrieben; er war im Irak, in der Türkei an der syrischen Grenze und viermal in Afghanistan. „Das war eine sehr intensive Zeit."

Hansa hat er auch am Hindukusch verfolgt, so gut es eben ging. Als im November 2013 der geplante

Heimflug nach Deutschland ausfiel und er in Masar-i-Sharif ausharren musste, blieb ihm nur, das Hansa-Spiel bei RB Leipzig, das er eigentlich live im Zentralstadion hatte sehen wollen, am Fernseher zu verfolgen. Allerdings nicht anhand von bewegten Bildern, sondern im Videotext. „Den hab ich im Einsatz wiederentdeckt" – denn vor Ort gab es nur ARD, ZDF und Bundeswehr-TV. Die Kogge führte 2:0 durch Tore von Blacha und Plat. In der 60. Minute fiel das 1:2 für Leipzig, „und dann hab ich dreißig Minuten lang einsam auf diesen Monitor gestarrt, bis endlich die farbige Zahl auf die weiße umsprang. Danach bin ich jubelnd abgedreht."

Seit sie eingeführt wurde, besitzt er eine Jahreskarte. Zunächst saß er mit einem langjährigen Freund im Block I und H auf der Gegengeraden, nach dem Stadionumbau ging es auf die Südtribüne. „Als etwas ältere Herren sind wir später auf die Nord umgezogen." Block 4, Reihe 17, Platz 1. Eine Reihe vor ihm sitzt sein Schwiegersohn, den er zur Hochzeit mit einer Jahreskarte beglückte. Den eigenen Sohn nahm er schon als Vierjährigen mit zu Hansa; auch er ist seitdem infiziert.

Das Tor, das sich ihm für immer eingebrannt hat, fiel jedoch nicht im Ostseestadion, sondern bei einem Auswärtsspiel in Frankfurt am Main. Er kann es jederzeit vor seinem inneren Auge abrufen:

Johannes Wolf: *Wir saßen ziemlich weit oben in dieser Betonschüssel. Das Waldstadion wurde WM-tauglich umgebaut, das muss Anfang der 2000er gewesen sein. Eintracht führte 1:0. Ein paar Minuten vor Schluss – ein Konter. Wir saßen so, dass ich schräg von hinten draufgeguckt hab. Arvidsson streichelt den Ball an Nikolov vorbei, und der Ball kullert aufs Tor zu, man hofft, er geht rein, man weiß eigentlich, er geht rein und kann sekundenlang jubeln. Ich seh noch, wie dieser Ball da in den Kasten rollt. Das war mit das schönste Tor für mich, auch wenn's viele spektakulärere gab. Es blieb dann beim 1:1. Verdienter Auswärtspunkt, auch wenn Frankfurt viel besser war. Ich bin wie Rumpelstilzchen rumgehüpft. Das war irre.*

Magnus Arvidsson, überhaupt die ganze Schweden-Combo mit Jakobsson, Lantz, Persson, Prica, Wibrån haben es ihm angetan, ebenso Jari Litmanen, der große Finne. Wobei uns im Gespräch ein kurioses Missverständnis unterläuft: Ich kann nicht ganz nachvollziehen, warum er ausgerechnet Norbert Littmann für eine unsterbliche Legende hält – bis ich auf Nachfrage kapiere: Er meint nicht Littmann, sondern Litmanen …

Johannes Wolf: *Fußballer sind ja auch Menschen, zu denen man aufschaut. Sie sind Idole und Vorbilder, und in gewisser Hinsicht möchte man im Alltag dasselbe leisten wie sie auf dem Platz. Das ist ganz kurios und auch psychologisch sehr interessant. Wenn ich überlege, welche Spielertypen mir bei Hansa da zuerst einfallen: Aus Oberliga-Zeiten ist das Christian Radtke. Einer, der gekämpft hat, der auf dem Platz auch manchmal eine unglückliche Figur gemacht hat. Fast 'ne tragische Figur. Und trotzdem: Ihn hab ich nachhaltig in Erinnerung. Ich denke ganz oft an ihn. Aber mein Top-Spieler aller Zeiten ist Igor Pamic. Der hat sich reingehauen, ich weiß nicht, wie viele gelbe und rote Karten er gekriegt hat. Manchmal hatte ich den Eindruck, die Mannschaft hat keinen Bock, nur er zerreißt sich total für sie. Igor Pamic – den hab ich in ganz starker Erinnerung, obwohl er gar nicht so lange bei Hansa war.*

Die Fans der Kogge sind immer da. Johannes Wolf wird sich auch für die nächste Saison eine Dauerkarte holen – egal, in welcher Liga der Verein dann spielt. Wenn er mal wieder den Fußballgott anruft, dann ahnt er, dass seine Bitte wohl auch diesmal nicht erhört werden wird. Und ist selig, wenn es doch einmal geschieht.

Amen.

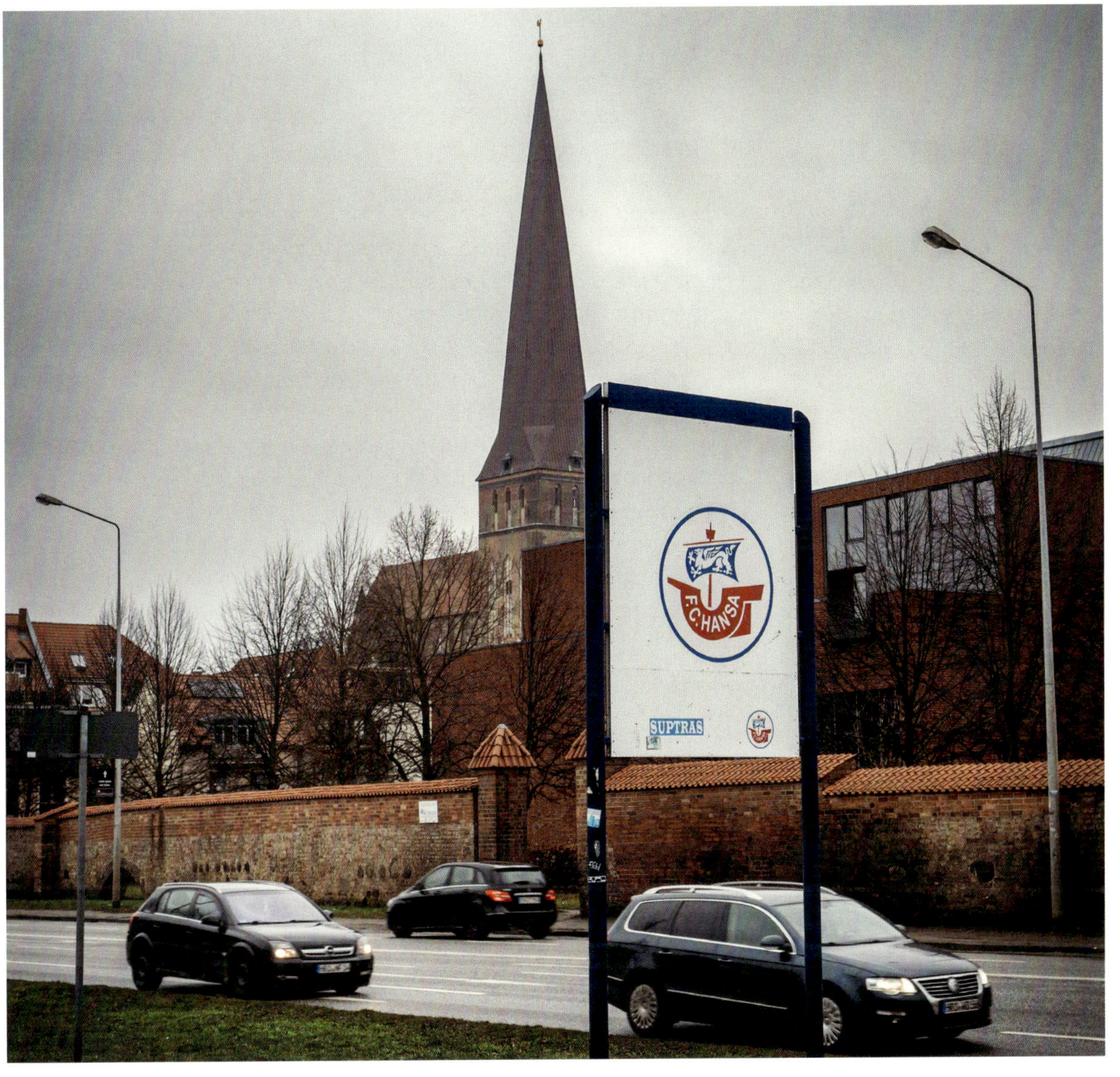

F.C. HANSA – SPVGG. UNTERHACHING 3:1

Warnemünde, 2007

Es gab schon ruhmreichere Episoden in meinem Fanleben. Dabei war der 20. Mai 2007 eigentlich ein Festtag, denn Hansa würde durch ein 3:1 gegen die Spielvereinigung Unterhaching wieder in die Bundesliga aufsteigen. Ich hatte keine Karten mehr bekommen und war mit meinem Bruder samt Vater im Kater in Warnemünde verabredet. Vorfreude und Anspannung waren groß, und so rann schon vor dem Anpfiff das eine oder andere RoPi unsere Kehlen hinunter. Dann ging alles sehr schnell: Christian Rahn versenkte den entscheidenden Freistoß im Tor, Rostock stand Kopf, auch der Kater tobte. Ich verabschiedete mich zum Feiern in Richtung Innenstadt. Wo ich jedoch nie ankam: Stunden später erwachte ich auf einer Parkbank am S-Bahnhof Marienehe … Als ich schließlich doch noch den Neuen Markt erreichte, war längst alles vorbei. Nur Mathias Schober, der Torwart, der als Nummer zwei zu Schalke zurückkehren würde, trabte mit leerem Blick an mir vorüber. Traurig, aber wahr: Ich hatte die Aufstiegsparty verschlafen.

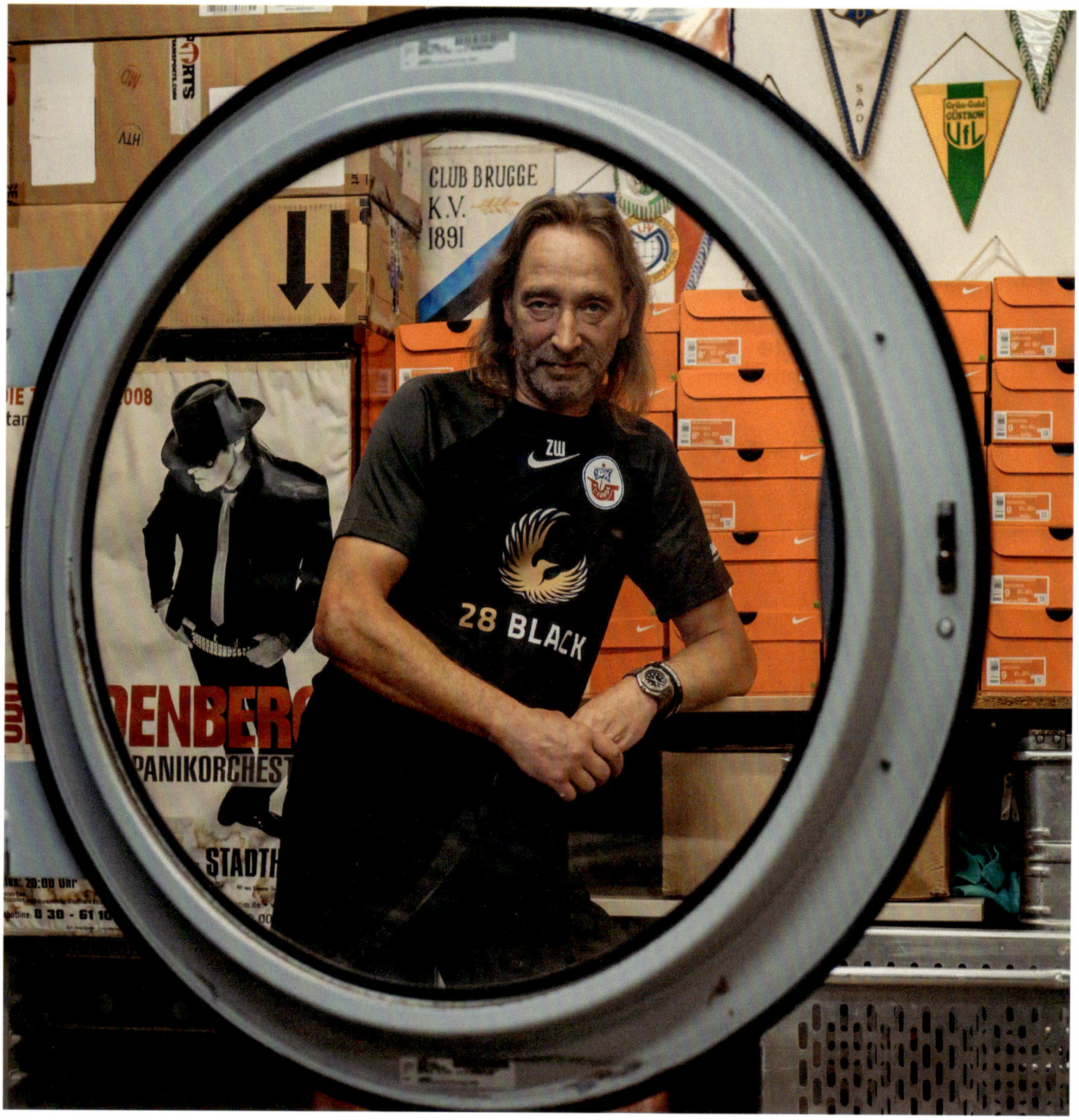

Der Zeugwart

Andy Thiem rackert sich seit 1988 für Hansa ab. Das hat Spuren hinterlassen. Aber er ist noch immer da.

Ein Sonntagnachmittag in Rostock-Südstadt. Es regnet. Weit und breit ist kein Mensch zu sehen. Da überquert ein Mann die Fahrbahn und nähert sich dem Haltestellenhäuschen. Das muss Andreas Thiem sein. Er holt seinen Gast tatsächlich von der Straßenbahn ab – so ein Typ ist dieser Andy. Der Zeugwart, seit sage und schreibe 33 Jahren an Bord der Kogge. Wenn auf der Hansa-Bank hektische Bewegung einsetzt und in der – sagen wir – 72. Minute ein möglicherweise entscheidender Wechsel ansteht, dann erscheint meist auch Andy Thiem im Bild: mit wehendem Haar und im Laufschritt, an der Seite des vierten Offiziellen. Die Fans kennen und lieben ihn genau so. Wahrscheinlich spüren sie, dass er ihnen wesensverwandt ist in seiner rauen norddeutschen Art.

Es war eine Anzeige im Programmheft, die ihm 1986 die Tür zum F.C. Hansa öffnete. Gesucht wurde ein ehrenamtlicher Mannschaftsleiter. Andy Thiem bekam den Job, bezog 50 DDR-Mark als Honorar und stieg zwei Jahre später zum hauptamtlichen „Wäschekammerverantwortlichen" auf, wie er sich grinsend erinnert. „Zeugwart war ja ein westlicher Begriff, den gab's hier natürlich nicht." Seit jenem 1. Dezember 1988 hat er täglich mit den „Staatsamateuren" zu tun, aus denen später Profis wurden. Er kümmert sich tagein, tagaus um ihre Ausrüstung, beflockt eigenhändig jedes einzelne Trikot.

Als der Westen über den Osten kam, erschien auch der West-Trainer Uwe Reinders, der Hansa das ostdeutsche Double bescherte, den letzten FDGB-Pokal und die letzte Meisterschaft. Zugleich war es die große Zeit der Entlassungen. Andy Thiem schaffte es mit Glück und Geschick, in diesen Wende-Wirren seinen Job zu behalten. Nun durfte er sich endlich auch Zeugwart nennen. „Und dann", sagt er trocken, „kam die Bundesliga. Wir kannten sie nur aus dem Fernsehen." Der kleine Andy war angekommen im ganz großen Fußballzirkus. Er genoss den Turbostart mit drei Siegen am Stück (4:0 gegen Nürnberg, 2:1 in München, 5:1 gegen Dortmund) und das Wintertrainingslager in den USA. Doch der Höhenflug war nur von kurzer Dauer: Am Ende stand der Abstieg ins Unterhaus. Danach schwor er sich: „Ob wir gewinnen oder verlieren – deshalb werde ich kein anderer Mensch. Ich werde mich nicht verbiegen." Das muss er auch gar nicht. Andy Thiem ist ein geradliniger Kerl, der kein Blatt vor den Mund nimmt. Und der seinen Job beherrscht, der – zum Beispiel – niemals vergessen würde, die Stutzen rauszulegen. Obwohl selbst ihm einmal eine peinliche Sache passiert ist.

Andreas Thiem: *Das war noch unter Reinders, im alten Ostseestadion. Da hatten wir noch nicht die Namen auf den Trikots, sondern nur den Schriftzug „F.C. Hansa" und die Nummer. Die Kabine war eng, und der Trikotstapel für die zweite Halbzeit lag auf dem Tisch. Die Spieler wechselten in der Pause ihre Trikots, weil sie durchgeschwitzt waren. Die zweite Hälfte hatte gerade angefangen. Auf einmal helle Aufregung: Frantisek Straka, unsere Nummer drei, war mit der Fünf aufgelaufen, die aber Heiko März gehörte … Es waren diese Puma-Trikots mit den schrägen Zahlen. Und wenn du jetzt das Trikot vom Stapel nimmst, siehst du unten nur den Bogen – den haben ja beide, die „3" und die „5". Es muss schnell gehen, du greifst zu – Thema durch. Ja, wer hat die Schuld gekriegt? Der Zeugwart! Dabei konnte ich nichts dafür. Aber es war mein Job, darauf zu achten. Die Jacke muss ich mir anziehen. Es gab Riesenärger, man hat schon über eine Strafe nachgedacht. Aber da haben die Jungs mich aus der Schusslinie genommen und erklärt: Es war alles so hektisch, das konnte er nicht sehen.*

Das Problem war nur: Der Straka musste runter, solange er das falsche Shirt trug. Wir waren in Unterzahl! Ich panikartig reingerannt, das Trikot geholt. Wenn wir in dieser Phase ein Gegentor bekommen hätten – Frantisek war ja ein Abwehrspieler –, dann hätte das böse Folgen für mich haben können. Aber es ist nochmal gutgegangen. Die Kuh war vom Eis. Heute ist die Kabine größer. Ich hab einen großen Tisch und sehe, wer was vom Stapel nimmt. Und ich hab Zeit zu gucken, wenn die Jungs zur zweiten Halbzeit rausgehen. Dann sehe ich sie von hinten.

Der Umgang mit den Spielern hat ihn von Anfang an eines gelehrt: „Die Jungs kochen auch nur mit Wasser. Es sind einfach Menschen, die ihren Job machen." Sein Auftrag ist es, ihnen den Rücken freizuhalten, damit sie auf dem Platz alles aus sich herausholen können.

Andy Thiem erfüllt ihn mit Hingabe, besessen davon, nicht nur gut sein zu wollen, sondern „der Beste". Die meisten Profis wissen das zu schätzen. Manche halten auch dann noch den Kontakt zu ihm, wenn sie längst woanders kicken – wie der Torwart Marcel Schuhen, der ihn im September 2021 ein paar Tage vor dem Gastspiel des SV Darmstadt 98 in Rostock anrief. Andere wiederum kriegen kaum ein „Bitte" und „Danke" über die Lippen, was den Zeugwart schon mal auf die Palme bringt: „Auf gewisse Umgangsformen lege ich Wert. Dies kommt mir in letzter Zeit einfach zu kurz."

Der Arbeitsaufwand indes wurde mit den Jahren immer größer. In Kombination mit seinem manchmal übertriebenen Ehrgeiz ruinierte das nicht nur zwei Ehen, sondern führte ihn auch gesundheitlich an seine Grenzen. Sein Körper sendete unverkennbare Alarmsignale: Er hatte einen Herzinfarkt, eine gerissene Achillessehne, einen doppelten Schädelbruch; er trägt ein Wirbelsäulenimplantat und musste sich zuletzt einer Hüft-OP unterziehen. Die Aufstiegssaison 2020/21 hat er dadurch fast komplett verpasst. Natürlich spiele auch sein Lebensstil eine Rolle, räumt er ein, er sei halt „kein Chorknabe". Aber auch, wenn die Zeiten für ihn nicht unbedingt leichter werden, bleibt es dabei: „Ich kann jederzeit in den Spiegel schauen."

Er macht halt sein Ding, und es ist kein Zufall, dass das alles irgendwie sehr nach Udo Lindenberg klingt. Denn Udo ist Andys Hausheiliger. Überall in der Wohnung hängen gerahmte (und zum Teil signierte) Cartoons des Meisters an den Wänden. Jedes Jahr kurz vor Weihnachten sind er und seine Frau Heidi zur Fan-Party ins Hotel Atlantic eingeladen, drei Tage lang. Lindenbergs Helden sind bekannt dafür, dass sie sich nicht unterkriegen lassen. Ist das Leben auch manchmal hart – sie sind immer noch am Start. In dieser Traditionslinie sieht sich auch Andy Thiem. Und dreht ganz sicher noch ein paar Runden auf dem Karussell.

1. FC LOK LEIPZIG – F.C. HANSA 4:1

Ost-Berlin, 1987

Am 13. Juni 1987 traf Hansa im FDGB-Pokalfinale im Berliner Stadion der Weltjugend auf den 1. FC Lok Leipzig. Die Kogge fuhr unter vollen Segeln: Eine blau-weiße Fan-Karawane rollte auf Straßen und Schienen gen Hauptstadt der DDR. Mittendrin ein junger Reporter, der sein Glück kaum fassen konnte. Die Redaktion hatte mir tatsächlich einen Dienstwagen samt Fahrer und Fotograf gestellt – nicht schlecht für einen 21-jährigen Grünschnabel. Trotzdem wären wir fast zu spät gekommen: Dreimal musste der ortsunkundige Fahrer umkehren, weil uns immer wieder die Mauer im Weg war … Auf dem Rasen setzte der große Herbert Pankau im Traditionsspiel einen Elfmeter an den Pfosten, dann traf Heiko März im echten Finale überraschend zum 1:0 ins Netz (21.). Der Jubel im Hansa-Lager war grenzenlos, verstummte aber nur Sekunden später, denn nach amateurhaftem Abwehrverhalten köpfte Dieter Kühn unbedrängt zum Ausgleich ein. Am Ende unterlagen spielfreudige Rostocker cleveren Leipzigern mit 1:4, und der Himmel über Berlin weinte. Ich aber durfte eine ganze Zeitungsseite mit Hansa füllen – ultimativer Höhepunkt meiner kurzen Sportreporter-Karriere.

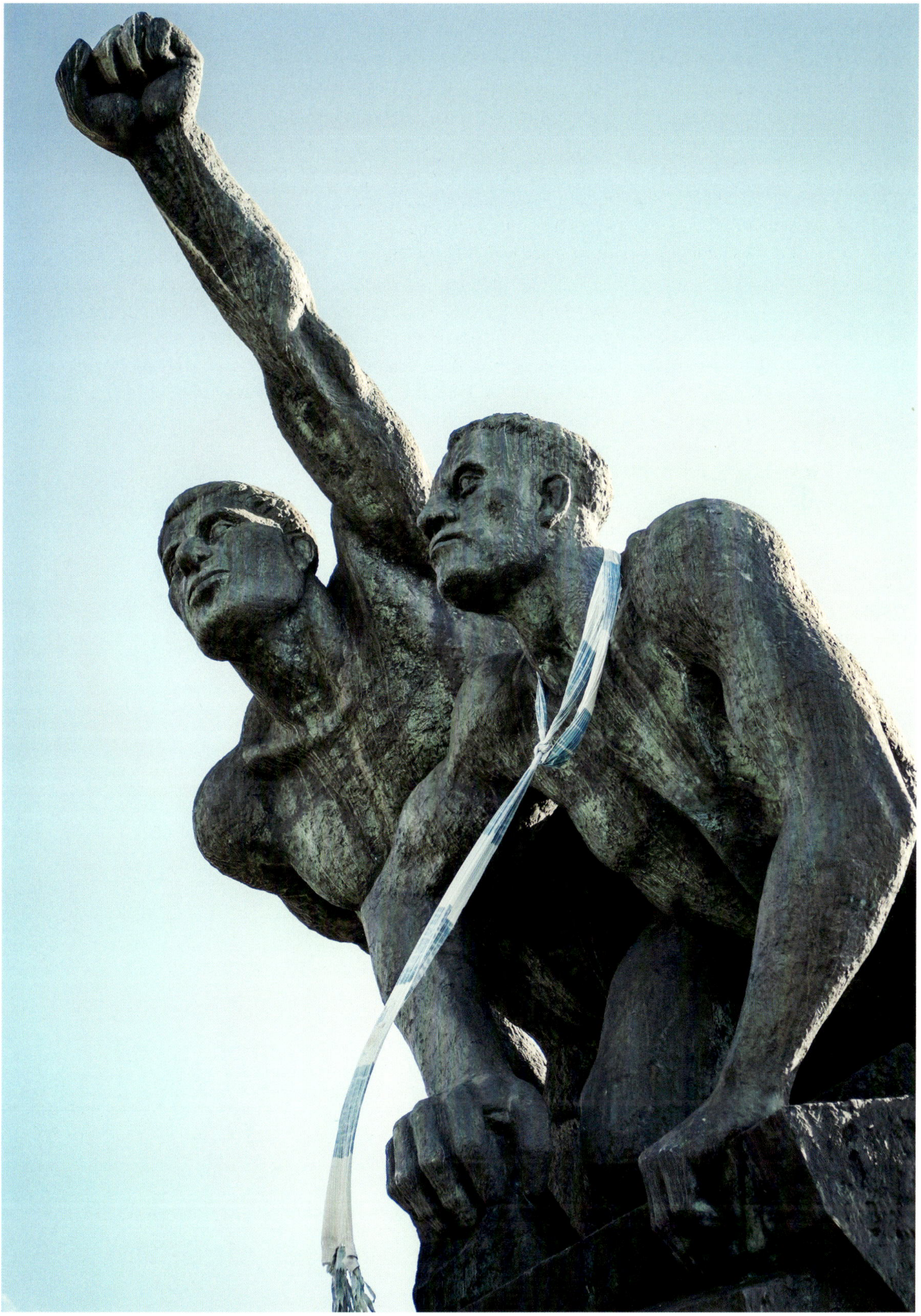

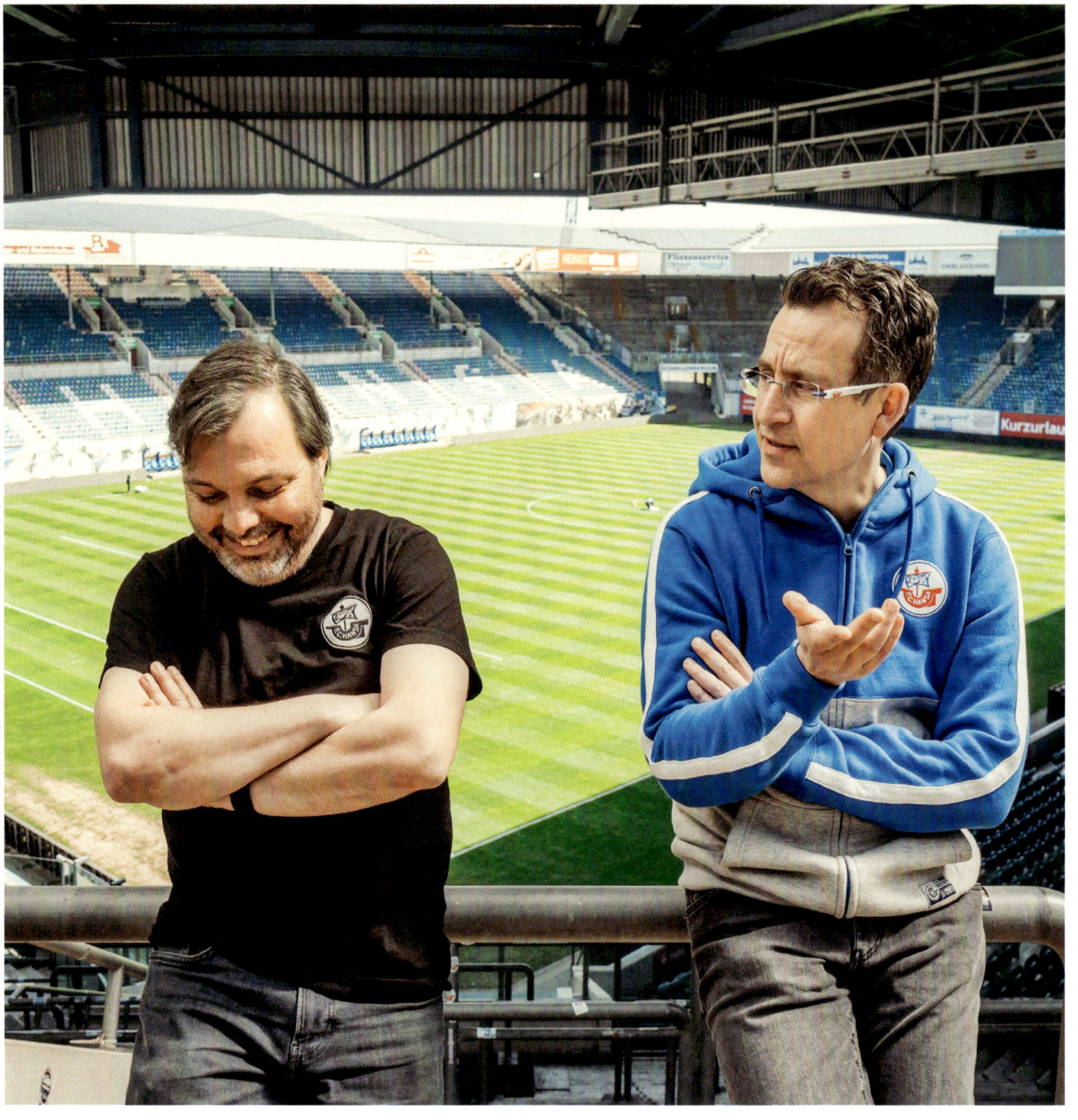

„Das ist mehr als Fanatismus“

Das Hansa-Fanradio überträgt die Spiele der Kogge seit über einem Jahrzehnt live im Internet. Helmar Wildenhain und Arvid Langschwager sind die Kommentatoren der ersten Stunde.

Das Hansa-Fanradio ist eines der meistgehörten in Deutschland. Für unzählige Anhänger hat es sich längst als treuer Begleiter etabliert, denn nicht alle können jedes Wochenende im Stadion sein. Die Live-Übertragungen sämtlicher Heim- und Auswärtsspiele der Kogge werden regelmäßig von mehreren Tausend Fans verfolgt. Arvid Langschwager und Helmar Wildenhain haben das Fanradio 2011 gegründet und kommentieren seitdem alle Heimspiele des F.C. Hansa. Ihr unnachahmliches Zusammenspiel im Äther könnte man fast als eine eigene Kunstform bezeichnen: Die beiden Moderatoren haben – natürlich – gnadenlos die Hansa-Brille auf, flippen abwechselnd am Mikrofon aus, servieren Insiderinformationen und liefern sich zwischendurch immer wieder köstliche verbale Scharmützel. Die Mischung aus fachlicher Analyse, überbordender Emotionalität, Humor und Selbstironie kommt bei den Fans gut an. Man kann süchtig danach werden. Am wertvollsten war und ist das Fanradio aber dann, wenn man Hansa – aus welchen Gründen auch immer – weder im Stadion noch im Fernsehen verfolgen kann. An solchen Spieltagen bekommt der Livestream eine geradezu existenzielle Dimension. Dank der hochemotionalen Tonalität des ungleichen Kommentatoren-Duos ist man im Ostseestadion immer hautnah mit dabei – egal, ob man gerade eine Wochenendschicht schiebt, auf dem Flughafen festsitzt, in Norwegen Lachse angelt oder sich in der Sonne des Südens aalt.

Das Fanradio ist heute für viele Hansa-Fans eine feste Größe. Wie war das damals, als ihr im Januar 2011 gestartet seid?

Arvid Langschwager: Fang du ruhig an, Helmar. Ich werd dich eh unterbrechen, wenn mir etwas nicht gefällt.

Helmar Wildenhain: Es ging ja schon im Dezember 2010 los. Du hattest mit Lorenz Kubitz [damaliger Pressesprecher des F.C. Hansa] darüber gesprochen. Er hatte die Idee, und ich war wohl der Einzige, den du kanntest, der …

Arvid: … du warst überhaupt der Einzige, den ich kannte!

Helmar: Ja, das Hansa-Fanradio war für dich praktisch das Tor zur Welt. Du wolltest, dass ich dir ein bisschen zur Seite stehe, wenn es um Fußball geht, während du die anderen Facetten – Emotionen, Smalltalk – bedienen würdest.

Arvid: Du fürs Fachliche, ich fürs Grobe.

Helmar: Das war so deine Idee. Ich habs nur gemacht, weil ich dachte, es hört keiner zu.

Am Anfang gab es wohl auch Entwicklungshilfe aus dem Westen?

Arvid: Lars Kissner vom Offenbacher Fanradio besaß das Knowhow. Wir hatten null Ahnung, aber wir hatten Bock, und wir wussten: Erzählen können wir. Lars war ein Verrückter. Er sagte: Für mich gibt es nur den OFC, alles andere interessiert mich nicht. Damals dachte ich: Was ist denn das für ein Typ? Inzwischen muss ich sagen: Wir sind viel schlimmer.

Inwiefern?

Arvid: Mich persönlich interessiert keine Champions League und keine Bundesliga, ich gucke keine Länderspiele, ich gucke lieber die C-Junioren von Hansa. Es gibt nur Hansa. Das ist mehr als Fanatismus.

Helmar: Das hat man besonders gemerkt, als wir nach neun Jahren endlich aufgestiegen sind. In der 2. Liga waren da auf einmal lauter neue Spieler, die du nicht kanntest.

Arvid, warum war es dir so wichtig, Helmar mit im Boot zu haben?

Arvid: Ich habe ihn oft bei Fußballübertragungen erlebt. Und wenn bei Bayern gegen Dortmund die 25. Ecke gegeben wurde, dann wusste er alles über den Schützen und kannte die entsprechende Statistik. Das ging mir zwar aufn Sack, aber irgendwann dachte ich: Das könnte passen. Denn ich kann das nicht. Wenn ich spreche, dann denken die Leute, ja, okay, der tobt wie ein Affe am Mikro, aber was auf dem Spielfeld passiert, davon hat er keine Ahnung. Helmar dagegen hat den perfekten Durchblick.

Das bedeutet, du hast ihn regelrecht gescoutet?

Arvid: Ja, es war die Fanradio-Besetzungscouch bei Helmar damals …

Helmar: … über viele Jahre!

Arvid: Wir haben verschiedene Fußballmanagerspiele gespielt. Wenn man das zehn Jahre spielt und in neun von zehn Jahren Helmar gewinnt, dann denkt man, er muss Ahnung haben. Man braucht ja jemand mit Fußball-Fachwissen. Aber es ist nicht nur das. Helmar und ich, wir nehmen uns gegenseitig nichts krumm. Dadurch, dass wir so gut befreundet sind, ist jeder blöde Spruch okay, und ich bin gern der Dussel. Wir können uns gegenseitig hopsnehmen und sind da überhaupt nicht eitel.

Ihr habt viele Fans durch die schwere Zeit der 3. Liga begleitet, die man in den ersten Jahren noch nicht im Pay-TV verfolgen konnte. Hansa live gab es jenseits des Stadions nur durch und mit euch. War das ein Startvorteil?
Helmar: Ja, das hat enorm geholfen. Dadurch hat sich so eine Normalität entwickelt; die Leute waren es irgendwann gewohnt, dass man Hansa live im Fanradio hören kann. Viele hören es auch heute noch nebenbei, obwohl sie es gucken können. Man muss natürlich auch sagen: 2011 war es technisch noch nicht selbstverständlich, Livestreams ins Netz zu senden. Mittlerweile ist das ja gang und gäbe. Es gibt Dutzende Plattformen, verschiedene Techniken. Aktuell nutzen wir eine, die nur noch Audio überträgt. Sie ist dafür aber universell abrufbar. Für die Fans ist es ganz einfach geworden. Und da wir heute eine Stammhörerschaft haben, für die das Fanradio einfach dazugehört, wenn sie nicht im Stadion sind, haben wir diesen Startvorteil offenbar ganz gut in die Gegenwart herübergerettet. Die Anzahl der Hörer ist stabil.
Arvid: Am Anfang ging es wirklich durch die Decke, obwohl die Moderation qualitativ schlechter war als heute, gerade von meiner Seite. Damals war es neu, und alles, was neu ist, ist interessant. Der Verein lag am Boden, die Leute konnten nicht mehr gucken – und plötzlich gab es da was Neues! Schon beim ersten Spiel gegen Erfurt war die Hörerzahl sehr hoch. Die höchste Zahl gab es bei der zweiten oder dritten Übertragung, das Spiel gegen Stuttgart, wo man sich dann fragt: 25.000 steht da? Helmar schaltete damals kurz das Mikro aus und sah zu mir herüber: „Arvid, hattest du nicht gesagt, uns hören hier 100 oder 200 Leute zu?"

Gefühlt war das Fanradio schon immer da. Aber man fragt sich manchmal: Was hast du, Arvid, eigentlich davor gemacht? Gab es ein Leben vor dem Fanradio?
Arvid: Ja, aber privat halte ich mich lieber bedeckt. Ich habe immer nach einer Möglichkeit gesucht, wie ich bei Hansa mitmischen kann. Wie viele andere auch bin ich von klein auf ins Stadion gegangen. Später wurde ich Co-Trainer in der Nachwuchsakademie, bei den G-Junioren. Ich war ein guter Motivator, Schuhezubinder und Elternbetreuer. Dort traf ich auf Lorenz Kubitz, der zu mir sagte: „Mensch, du kannst hier labern wie ein Wasserfall, ich denke, wir haben da was Besseres für dich. Willst du nicht beim Fanradio mitmachen?" Ich habe aber auch die Stadionzeitschrift vor den Spielen verkauft, das mache ich übrigens nach wie vor. Es gab immer verschiedene Punkte, bei denen ich versucht habe anzudocken, wie viele andere Fans auch, die sich ehrenamtlich einbringen wollen.

Und was ist nun das Faszinierende am Fanradio für dich?
Arvid: Dieses Fanradio ist ein Sechser im Lotto für jeden Fan, der sich irgendwie einbringen will. Du bist mittendrin statt nur dabei, kannst deine Leidenschaft total ausleben. Der absolute Burner. Das ist das Geilste, was mir in meiner Hansa-Zeit überhaupt passiert ist. Das werde ich nie wieder loslassen, das ist so der Hammer!
Helmar: Bei mir war es nicht so. Fußball war immer ganz oben, keine Frage, der Reiz war schon da, aber dass ich jetzt jahrelang gesucht hätte, was kannst du machen, damit du da mittendrin bist – dafür bin ich einfach nicht der Typ. Ich überlasse Arvid gern die Bühne und lasse ihn da tanzen. Ich steh halt daneben. Aber der Gedanke hat mir gefallen. Moderation hatte ich nie ausprobiert, aber mein Gefühl war: Das kriegst du hin.

Wie bereitet ihr euch eigentlich auf die Spiele vor?
Helmar: Am Anfang haben wir uns noch vorbereitet. Zu viel Vorbereitung führt aber zu sehr unnatürlicher Moderation. Mittlerweile bereiten wir uns nicht mehr vor. Wir kennen unsere Mannschaft. Wir kennen auch viele Gegner. Man beschäftigt sich ja die ganze Woche mit der Liga. Man guckt: Wer ist fit, wer nicht, was gibt's für Entwicklungen, auch beim Gegner. Richtige Reporter gehen da wahrscheinlich viel mehr ins Detail, den Anspruch haben wir gar nicht. Wir sind ein Fanradio, wir moderieren aus Sicht von Hansa Rostock. Und ich versuche nicht nur zu moderieren, sondern auch ganz gezielt zu interpretieren, was auf dem Platz passiert. Arvid greift das dann immer schön auf. Die Wechsel funktionieren

Trübsal vs. Euphorie

Zwei Urlaubsimpressionen – zwei extrem gegensätzliche emotionale Momente. Beide verbunden durch das Hansa-Fanradio, ohne das es sie so nie gegeben hätte:

Apulien 2018. Erster Spieltag der 3. Liga, Hansa ist zu Gast bei Energie Cottbus. Jeden Moment muss der Anpfiff erfolgen. Verdammt, ich kriege das Fanradio einfach nicht rein! Langsam steigt Panik in mir auf. Ich unternehme einen letzten verzweifelten Anlauf, steige auf die Dachterrasse unseres Ferienhauses hinauf, in der Hoffnung, dass die Verbindung hier oben vielleicht doch noch zustande kommt. Endlich, es klappt, gleich wird die Stimme von Arvid oder Helmar ertönen, es ist Arvid, er flucht: „Mann, du! Das kann nicht wahr sein! So eine Scheiße …" Dann bricht die Übertragung wieder ab. Passiert war dies: Nadeau hatte Streli Mamba nach 45 Sekunden im Rostocker Strafraum gefoult, Elfmeter für Cottbus, früher Rückstand. Am Ende wird Hansa 0:3 verlieren. Deprimierender kann eine Saison nicht beginnen.

Venedig 2022. Meine Frau Inga und ich sind über Ostern hierher geflogen. Heute machen wir einen Ausflug zum Lido. Das Vaporetto schippert durch die Lagune, vor Ort leihen wir uns Fahrräder aus und gönnen uns ein Picknick am Wasser. Das Heimspiel gegen Jahn Regensburg läuft schon seit einer halben Stunde – höchste Zeit, mal ins Fanradio hineinzuhören! Die Verbindung kommt mühelos zustande, da ist auch schon die vertraute Stimme von Helmar, er schildert gerade einen Angriff der Kogge, präzise und in atemberaubendem Tempo, als wolle er sich selbst überholen:
Helmar: *… Ingelsson, der ist im Strafraum, in der Mitte wär Verhoek, Ingelsson geht Richtung Grundlinie, flankt in den Rückraum, auf Behrens, der köpft ihn rein, Verhoek, Tor! Tor! Tor! Tor! Tor! John Verhoek! Aus fünf Metern verlädt er den Meyer und haut ihn rechts rein! Und die Regensburger beschweren sich, dass der Ball vor der Flanke von Ingelsson im Toraus gewesen sei …"*

Na bitte, es geht doch. Auch wenn es am Ende nicht zum Heimsieg gegen den Jahn reichen wird (Endstand 1:1) – diesmal habe ich auf Anhieb einen Sahnemoment erwischt. Fanradio kann richtig Spaß machen!

wunderbar. Er weiß, wann er sprechen soll, wann ich weitergeben möchte …
Arvid: … das musste ich erst lernen. War nicht einfach.

Wie stimmt ihr euch unmittelbar vor dem Anpfiff auf so ein Spiel ein?
Helmar: So, wie die Spieler durch den Tunnel ins Stadion einlaufen, tun wir das – symbolisch betrachtet – oben auch. Dort gibt es einen kleinen Tunnel, der genau auf die Pressetribüne führt, wo unsere Plätze sind. Und wenn du dann direkt vor dem Anpfiff nochmal reingehst und zum Moderationsbeginn wieder rauskommst, die Stimmung bewegt sich auf den Höhepunkt zu, kurz bevor die Aufstellungen angesagt werden – das hat schon was. Dann werden die Hände feucht, da hast du richtig Lust auf Fußball. Wir haben übrigens immer noch die gleichen Plätze wie vor elf Jahren.
Arvid: Da fällt mir eine Anekdote ein. Unsere Stimmen sind natürlich vielen präsent, aber nicht unbedingt unsere Gesichter. Als ich mal wieder eine Bratwurst essen war, passierte es, dass jemand zu Helmar ans Mikro kam und sagte: „Mensch, Arvid, tolle Sache, wie ihr das hier macht!"

Am Mikro agiert ihr sehr unterschiedlich: Arvid darf meckern, jammern, schreien und schwärmen, während Helmar eher den fachlich-informativen Part übernimmt. War das von Anfang an so gedacht, oder hat sich diese Aufgabenverteilung erst mit der Zeit ergeben?
Arvid: Letzteres. Es gab ja keinen Plan. Man setzt sich da hin und

denkt: Schiet, hast noch nie gemacht, hast Bock drauf – und liest deine erste Anmoderation vom Blatt ab. Gruselig. Und dann muss eben jeder seinen Punkt finden. Bei uns beiden funktioniert das genau deswegen so gut, weil jeder seine Position gefunden hat. Ich merke, wenn ich mit anderen moderiere, dass die Harmonie nicht so groß ist und ich nicht ganz so locker bin. Weil man immer guckt: Na, wie erzählt der jetzt? Kann man sich eine goldene Brücke bauen? Wenn's eng wird, wenn Tore fallen, dann moderiere auch ich nicht wie 'ne Schlaftablette. Ich bin sehr konzentriert bei so einem Spiel. Gerade wenn's nicht läuft, suche ich nach positiven Ansätzen: Wo ist noch Hoffnung, dass wir hier noch einen Punkt holen oder das Spiel gewinnen? Manchmal ärgert man sich natürlich auch wahnsinnig.

Arvid: Es ist tatsächlich spielabhängig. Wenn es nicht ganz so gut läuft, verschiebt sich der Redeanteil nochmal deutlich in Richtung Helmar. Manchmal sagt er dann nach fünf Minuten, Arvid, hallo, bist du auch noch da? Wenn es jedoch sehr gut läuft und ich das zehnte Mal „Tor!" gebrüllt habe, dann zieht er mir virtuell den Stecker und meldet sich, hallo, ich würde jetzt gern auch mal wieder was zum Spiel sagen, du kannst aufhören mit dem Rumgeschreie.

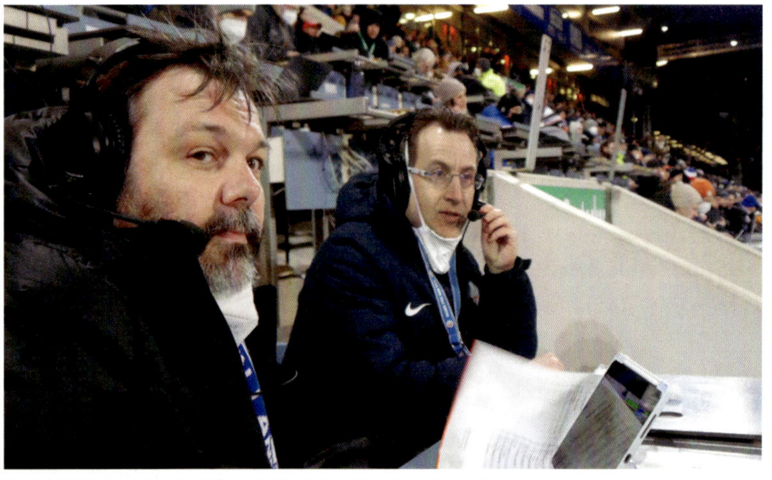

Arvid & Helmar (links) live auf Sendung im Ostseestadion

Wie hast du diesen Prozess erlebt, Helmar?

Helmar: Ich hatte ja das Glück, dass Arvid die Anmoderation übernommen hat. Ich drücke es mal scherzhaft aus: Dadurch habe ich gleich gemerkt, das machst du nicht so. Es hat sich einfach ergeben, ich hab so moderiert, wie ich's empfunden habe. Ich wollte Arvid auch nicht kopieren. Manchmal ist es mir sogar unangenehm: Ich kann es nicht immer nachvollziehen, warum er nach zehn Minuten schon so fertig ist. Da hab ich meistens noch nicht das Gefühl, das Spiel sei schon entschieden, und versuche, ruhig zu bleiben.

Helmar, du musst jetzt mal eine Lanze für Arvid brechen. Er kriegt ja immer auf die Mütze wegen seiner Emotionalität. Beschreibe doch mal seine Stärken als Moderator.

Helmar: Erstmal ist diese Emotion natürlich enorm positiv. Klar, es gibt dann irgendwann den Moment, wo man ihn nicht mehr versteht ... Aber ich brauche jemanden, der diese Momente erkennt und einfach mal raushaut, dass es gerade Scheiße ist. Ich trau mich das nicht so schnell und hab immer noch 'ne Bremse drin. Es hören ja auch Kinder zu ... Und davon abgesehen: Er stellt ja sein Licht auch oft unter den Scheffel. Er mag vielleicht auf dem Platz nicht immer gleich erkennen, warum es gerade schief läuft oder gut, aber er weiß schon 'ne Menge über Spieler und das Umfeld, kleine Geschichten zwischendrin, die er mit einflicht. Das tut der Moderation einfach gut. Er ist schon sehr gut informiert. Ob er das immer gut anbringt, ist eine andere Frage. Und ich darf alles sagen, er nimmt's mir nicht krumm. Er weiß aber auch, dass ich eher austeilen als einstecken kann, und deswegen ist er umgekehrt sehr rücksichtsvoll.

Arvid: Ich liebe das. Es macht mir nicht nur nichts aus, sondern es ist halt so. Man kann mich nur schwer treffen oder beleidigen. Das macht ja auch die Würze aus. Man darf durchaus denken, oh, da hat er's ihm jetzt aber gegeben. Stört mich nicht.

Euch hören regelmäßig mehrere Tausend Fans live zu – trotz Sky und ehemals Magenta Sport. Habt ihr das im Hinterkopf, wenn ihr auf Sendung geht, oder blendet ihr das während der Live-Übertragung völlig aus?

Arvid: Ich denke überhaupt nicht mehr dran. Ich geh da hin und sabbel so, wie ich auch hier jetzt erzähl. Ich mach mir null Kopf.

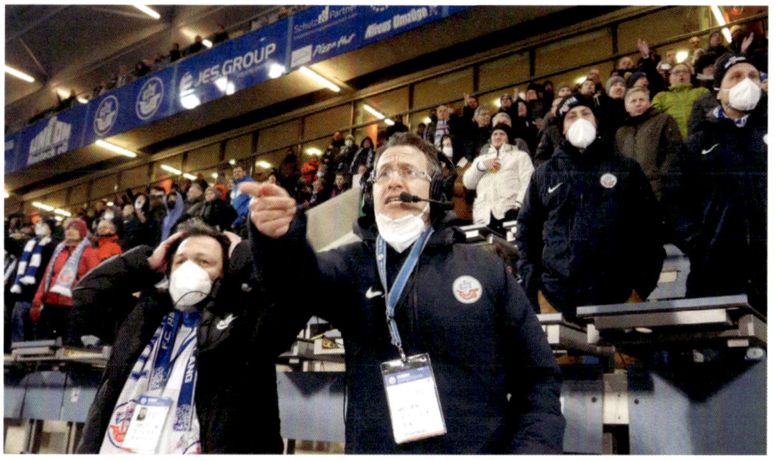

Und das ist bei Helmar, glaube ich, inzwischen genau so. War zu Anfang anders. Jetzt ist es scheißegal. Was soll's. Unsere Frauen wissen inzwischen, wie wir da am Mikro sind, und müssen es tolerieren, akzeptieren, wie auch immer.

Helmar: Ich denke auch nicht daran. Manchmal interessiert mich, wie viele Leute zuhören, dann guckt man mal kurz rein, wie viele sind denn gerade dabei? Anders wär's, wenn eine Kamera da stünde. Dann wäre ich nicht mehr so frei.

Habt ihr Lampenfieber, bevor das Spiel losgeht?

Helmar: Nicht bezüglich der Moderation. Aber in Bezug auf das Spiel, klar. 2015, Dresden, letzter Spieltag – das war das Allerschlimmste, aber auch der letzte Spieltag der Aufstiegssaison: Du brauchst vielleicht „nur" einen Punkt, aber machst dir vorher Gedanken, was alles noch passieren kann. Und dann geht das Spiel los, du liegst 0:1 hinten, dann führt Ingolstadt 2:0. Du hast viele Spiele gewonnen in der Saison, spielst gegen einen Absteiger – und trotzdem denkst du dann: Oh Gott, wie willst du dieses Spiel noch gewinnen? Den Punkt holen? Da wirst du schon nervös. Aber das bezieht sich ausschließlich auf das Spiel. Dass wir da durchkommen, dass wir aufsteigen.

Den Elfmeter von Baxter Bahn, der zum Ausgleich gegen den VfB Lübeck führte, hast du anmoderiert, Arvid, oder?

Der Torjubel ist ja oft ekstatisch, für Außenstehende manchmal auch verstörend. Lasst ihr euren Emotionen dabei hemmungslos freien Lauf, oder gibt es eine innere Stimme, die zur Zurückhaltung mahnt?

Helmar: Jein. Kommt auf das Spiel an. Wenn es 'ne ganz enge Kiste ist, ein enorm wichtiges, emotionales Spiel, dann ist es eben so. Sonst versuche ich aber auch beim Tor vernünftig weiter zu moderieren, um dem Hörer in den nächsten 15, 20 Sekunden rüberzubringen, wie das Tor gefallen ist. Es hängt von der Situation ab, aber im Normalfall hat man's noch im Griff. Ich jedenfalls.

Arvid: Bei mir ist das etwas schwieriger. Aber ich kann mich mittlerweile gut disziplinieren, wenn eine Tormoderation von Helmar kommt: Dann blöke ich

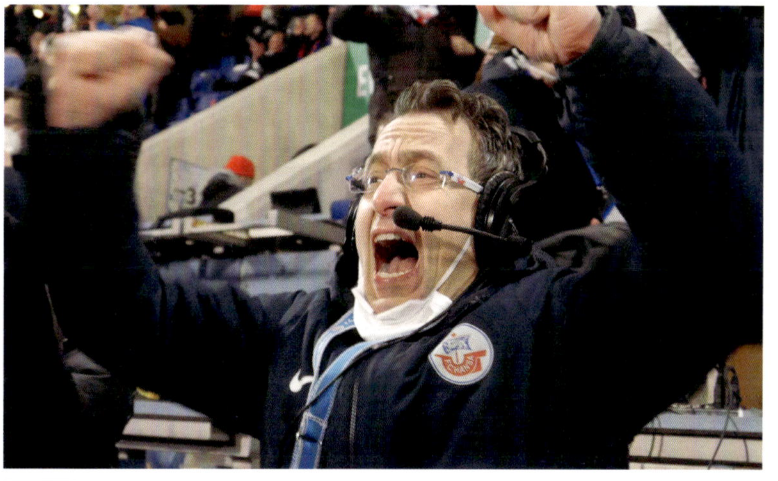

Arvid: Nein, das war Helmar. Im Zweifelsfall muss Helmar sowas erledigen, das weiß er auch. Ich würde mich dabei überschlagen und quasi ab dem Moment, wo der Fuß den Ball berührt, schon „Tor!" brüllen, während Helmar detailliert den Anlauf und die Ausführung schildert.

ihm nicht mehr dazwischen. Weil das für den Hörer total unangenehm ist, denn dann hörst du nämlich nur noch Rumgeschreie. Wenn Helmar allerdings nach zehn Sekunden immer noch nicht fertig ist, dann grabsche ich ihm schon das Wort weg. Dann ist meine Toleranzgrenze erschöpft.

Helmar: Und das ist gut so, denn diesen Moment brauche ich für mich, weil ich mich auch erstmal „unkommentiert" freuen möchte.

Es gibt ja diese berühmte Sequenz vom 2:2 gegen Osnabrück, als Mustafa Kucukuvic in der Nachspielzeit den Ausgleich erzielte und ihr beide vollkommen abgegangen seid. Mich erinnert sie fast ein wenig an Herbert Zimmermanns Kommentar vom WM-Finale 1954: „Aus dem Hintergrund müsste Rahn schießen …" War das dein größter Fanradio-Moment, Arvid?

Arvid: Och, das kann man gar nicht sagen. Es gab so viele schöne Momente. Es ist einer von denen, an die man sich im Nachhinein lange erinnert. Den schönsten Moment gibt's für mich nicht, vor allem, weil ich ganz sicher bin, dass er noch kommt. Ich lege mich fest: Ich bleibe so lange am Fanradio-Mikro, bis ich ein offizielles internationales Pflichtspiel des F.C. Hansa moderieren darf.

Ihr „streitet" euch gern lustvoll darüber, wer beim nächsten Freistoß oder bei einer Ecke jetzt das 1:0 anmoderieren darf.

Arvid: Helmar möchte ja immer, dass wir ungefähr die gleiche Redezeit haben. Und wenn du dir die nächste Übertragung anhörst, dann achte mal drauf, wer immer die gegnerischen Angriffe und Standardsituationen moderieren darf und muss. „Arvid, du machst das" – es ist offensichtlich. Bei den eigenen Standards ist Helmar dafür umso häufiger mit dabei. Das macht er schon sehr geschickt.

Helmar: Aber das hat einen Hintergrund: Eine Zeitlang hast du gesagt, du moderierst diese Szenen, weil „dann passiert nichts" … Dein Aberglaube.

Arvid: Das hast du erfunden!

Helmar: Ich glaube, wir haben das ziemlich genau mit dem Amtsantritt von Jens Härtel so „eingeführt". Seitdem läuft's: Aufstieg, Klassenerhalt. Es hat ja mit den Standardsituationen vorher oft nicht so gut funktioniert bei Hansa. Aber vielleicht liegt das auch ein bisschen an Jens und seinem Trainerteam …

„Das ist das Geilste, was mir in meiner Hansa-Zeit überhaupt passiert ist. Das werde ich nie wieder loslassen."

Gegentore kommen ja beim Hörer oft nur in Form von Schweigen an.

Arvid: Besonders, wenn ich moderiere. Stimmt, das ist eine meiner großen Schwächen, dass ich dann … „ja, ist drin, Scheiße".

Helmar: Manchmal sagst du nicht mal das.

Arvid: Aber mir ist aufgefallen, dass du dann übernimmst!

Helmar: Ja, weil ich merke, da draußen sind ein paar Tausend Leute, die nicht wissen, was los ist – gerade, als wir ohne Zuschauer gespielt haben und der Kulisse nichts zu entnehmen war.

Die überbordende Emotionalität gehört zum Markenkern des Fanradios. Sie stößt gelegentlich aber auch auf Kritik.

Wie geht ihr damit um?

Arvid: Perlt an mir ab … nein. Meiner Frau gefällt mein Gebrülle überhaupt nicht. Ihr ist das sehr unangenehm. Und Helmar zieht mich immer wieder mit folgender Szene auf: Vor einem Spiel im Jahr 2011 kommt mir Andreas Zachhuber mit seiner Frau entgegen. Zacher stellt mich ihr kurz vor, und sie sagt: „Ach, Sie sind der vom Fanradio? Ich habe mir das neulich mal angehört. Müssen Sie da immer so rumbrüllen? Das ist ja furchtbar." Damit hatte ich nicht gerechnet … Davon abgesehen: Es gibt Kritik, aber die ist nie persönlich gegen uns gerichtet. Der größte Kritikpunkt ist die Stabilität der Leitung: Wir können euch nicht hören!

Helmar: Aber das ist selten geworden. Mittlerweile ist technisch alles sehr stabil.

Auswärts sind meist andere Kommentatoren am Start. Wie groß ist euer Moderatorenpool, und nach welchen Kriterien sucht ihr eure Mitstreiter am Mikro aus?

Arvid: Welcher Pool? Da gibt es leider nicht viel. Über die Jahre kommen und gehen immer mal wieder welche. Letztlich sind sie fast alle gegangen. Insofern haben wir keinen Pool. Wir suchen immer noch. Im Prinzip darf jeder ehrenamtlich mitmischen. Aber bei vielen ist die Ausdauer nicht da, weil es sehr zeitintensiv ist. Sie werden Familienväter und springen dann ab. Oder es sind Praktikanten, die sich beruflich anderweitig orientieren. Das ist schon schwierig. Ich hab zu Hause eine Verabredung getroffen: Meine Frau hat mir für diese Saison fünf

Auswärtsspiele genehmigt. Wobei noch die Testspiele und der Landespokal hinzukommen.

Der Landespokal fällt ja nun zum Glück weg.

Arvid: Richtig, aber es sind gerade diese Spiele, die die Würze ausmachen. Du bist nah am Spielfeldrand, weißt nicht, was dich erwartet, wie die Bedingungen vor Ort sind, bist direkt zwischen den Zuschauern. Und der Landespokal findet ja in Mecklenburg-Vorpommern statt, Hansa ist hier ja auch 'ne Marke. Das ist immer sehr angenehm gewesen. Aber zur Ausgangsfrage: Wir versuchen uns einen kleinen Pool an Moderatoren zu bauen, die in der Vergangenheit schon mal mit dabei waren und die wir motivieren wollen, wieder etwas häufiger dabei zu sein, um auch wirklich alles abzusichern.

Beim Landespokal-Viertelfinale 2017 gegen den Greifswalder FC bist du im Elfmeterschießen getürmt und hast deinen Co-Moderator Olli Schubert im Regen stehen lassen. Was zur Hölle war denn da mit dir los?

Arvid: Ich dachte, das kann jetzt nicht wirklich noch euer Ernst sein. Gegen Greifswald. Hier. Die DFB-Pokal-Teilnahme war fest eingeplant. Es ist ja nicht so wie in anderen Landesverbänden, dass du große Gegner hast, sondern eher mittlere. Und ich bitte dich – dann geht das ins Elfmeterschießen! Als dann noch der sichere Schütze Soufian Benyamina, der bisher alle Elfmeter verwandelt hatte, verschoss, dachte ich, nee, das geht nicht, und bin wortlos gegangen … war dann aber zum entscheidenden Elfmeter wieder da! Auf den Punkt zum Jubeln. Ich war nur ganz kurz weg. Helmar ist übrigens mal was Ähnliches passiert: Neubrandenburg, Landespokal-Halbfinale. Hier zu Hause verloren. Da war er kurz vor Schluss pappensatt und hat den Stecker gezogen.

Helmar: Das habe ich bewusst aus meiner Erinnerung gelöscht. Man braucht es auch nicht groß zu erklären. Jeder, der ein wenig mit Hansa denkt und fühlt, weiß, was das bedeutete, zu diesem Zeitpunkt, als es ja allgemein nicht so rosig aussah, die DFB-Pokal-Teilnahme im Landespokal-Halbfinale zu verspielen …

Arvid: … zumal es das Jahr nach der Final-Niederlage gegen Neustrelitz war.

Woran bemisst sich für euch der Erfolg?

Helmar: Schwierig zu sagen, weil wir im Laufe der Zeit drei verschiedene Plattformen benutzt haben. Aktuell sind wir konstant vierstellig. Es hängt auch vom Spielverlauf ab: Es gibt Leute, die das Spiel im Ticker verfolgen, und wenn es spannend wird, dann schalten sie sich rein. Bei 3.000 liegen wir schon – reine Zugriffe in diesem messbaren Moment. Viele hören ja auch zu zweit oder zu dritt. Die Zahl liegt also sicher noch drüber.

Und was ist der Hörerrekord?

Helmar: Ich glaube, er lag bei 60.000 Zugriffen auf ein einziges Spiel. Das heißt nicht, dass sie es alle gleichzeitig gehört haben, sondern das waren wechselnde Hörer oder solche, die es sich im Nachgang angehört haben.

Ist eigentlich ein Rückgang des Interesses zu beobachten, seit Hansa-Spiele regelmäßig im Bezahlfernsehen zu empfangen sind?

Arvid: Sky kostet uns weniger Zuhörer als eine Live-Übertragung im NDR zu Drittligazeiten. Da hat man das gemerkt, dass weniger zugehört haben, während das beim Bezahlfernsehen nicht so der Fall ist.

Helmar: Es gibt eben eine Zahl an Leuten, die ein Abo von Sky oder Magenta Sport haben. Und es gibt eine große Anzahl an Leuten, die sich sagen, ich höre mir das an und guck später die Zusammenfassung. Wobei man sagen muss: Selbst wenn Hansa in der 3. Liga im NDR zu sehen war, hatten wir noch eine relativ stattliche Zahl – immer noch mehr, als ich am Anfang mal für möglich gehalten hätte.

Arvid: Ansonsten gilt: Auge schlägt Ohr. Wenn der Fan es sehen kann, ohne dafür bezahlen zu müssen, dann entscheidet er sich für das Bild. Aber selbst dann gibt es immer noch die Hardcore-Hörer, die unsere Moderation drüberlegen.

Hat die wachsende Dynamik der sozialen Medien das Fanradio verändert?

Helmar: Anfangs wurde das Spiel im Fanradio übertragen, und dann war Schluss. Es gab höchstens noch eine Aufzeichnung. Im Laufe der Zeit hat es sich dann verselbstständigt, dass sich der O-Ton des Fanradios auf Youtube, bei facebook und Instagram verbreitet. Manchmal schlägt mir Youtube ein Video vor, neulich zum Beispiel das Pokalspiel Hansa gegen Stuttgart von 2018. Das war ein

Zusammenschnitt von irgendjemandem, und bei den Toren waren auf einmal wir zu hören. Sonst hat es uns nicht groß beeinflusst.

Jedes Heimspiel beginnt im Fanradio mit dem eingespielten Ritual aus Jingle und wechselseitiger Begrüßung. Nur einmal, gegen Wiesbaden, warst du, Arvid, schon auf Sendung, ohne es selbst mitzukriegen – und hast laut und schräg vor dich hin gesungen: „F – F – FCH, F.C. Hansa olé“ … Wie bist du in diese Falle getappt?

Arvid: Ich weiß nicht, da muss mich Helmar angeschmiert haben. Ich fange eigentlich an zu reden, wenn ich einen Daumen von ihm kriege. Das heißt: jetzt endlich anfangen! Entweder hab ich eine Geste falsch interpretiert oder er hat den Daumen nicht gezeigt und einfach angeschaltet.

Helmar: Es war nicht wirklich Absicht – er singt ja öfter. Es war eher ein komischer Moment, vielleicht hab ich den Daumen auch vergessen. Ich dachte einfach, jetzt starten wir und hab ihm das auch irgendwie zu verstehen gegeben. Da hat er aber schon gesungen. Er hat mich, glaube ich, nicht wahrgenommen. Und ich dachte, das machen wir jetzt trotzdem. Es war sehr lustig!

Arvid: Bis zu dem Moment dachte ich, dass ich ein musikalischer Typ sei. Wenn du dich dann selber hörst, denkst du: Mist, so hörst du dich an? Inzwischen singe ich besser.

Wie viel Freundschaft steckt im Moderatoren-Duo Arvid & Helmar?

Arvid: Das kann man gar nicht beziffern. Aber wenn wir nicht sehr eng befreundet wären, könnte man es nicht über einen so langen Zeitraum miteinander aushalten. Es gibt Erlebnisse in der Vergangenheit, auch außerhalb des Fanradios, die halt einfach zusammenschweißen. Es ist eine sehr enge Bindung. Wir können uns zu 100 Prozent aufeinander verlassen und vertrauen. Das ist schon ein enges Band, das es sehr schwer macht, von außen dazwischenzufunken.

Wie unabhängig ist das Fanradio eigentlich?

Arvid: Was die Moderationen anbetrifft, gibt es keine Vorgaben. Aber natürlich gibt es eine Verbindung zum Verein. Marit Scholz, die Pressesprecherin, ist ja quasi unsere Chefin. Wenn wir uns danebenbenehmen würden, wäre sie es, die den Kopf dafür hinhalten müsste. Wir haben auch eine Ehrenerklärung unterzeichnet, dass wir auf rassistische oder sexistische Andeutungen verzichten. Fanradios werden durchaus auch mal von offizieller Seite begutachtet. Also, eine gewisse Abhängigkeit ist da. Aber sonst dürfen wir uns frei bewegen und genießen inzwischen auch das absolute Vertrauen des Vereins.

Helmar: Ganz am Anfang wurde ja noch zu Spenden aufgerufen. Mittlerweile gibt es einen Sponsor, der das Fanradio finanziert. Das läuft schon alles offiziell über den Verein. Aber früher wurde öfter reingehört, da gab es auch mal Kritik. Der eine oder andere Trainer hat sich über eine Fanradio-Moderation beschwert. Sowas gab es aber schon lange nicht mehr.

Früher oder später gerät bei nahezu jedem Spiel der Schiedsrichter in den Fokus. Eine Collage eurer schönsten verbalen Schiri-Liebkosungen würde sich bestimmt sehr lustig anhören. Wie ist eure Haltung zu den sogenannten Unparteiischen, und wo ist für euch als parteiische Kommentatoren die Grenze des Erlaubten?

Helmar: Wenn ich ein Problem mit einem Schiedsrichter habe, dann ist es vor allem die Mischung aus schlechten Entscheidungen und Auftreten. Wenn Schiedsrichter, die sonst solide pfeifen, mal einen schlechten Tag haben, dann habe ich im Hinterkopf: Der ist eigentlich kein so Schlechter. Wenn aber Schiris beim zweiten, dritten Mal in Rostock einen schlechten Eindruck hinterlassen, dann fällt's mir schwer, mich zurückzuhalten. Es gibt auch Schiedsrichter, da ist man schon ein bisschen voreingenommen. Ich versuche mich zurückzuhalten, einfach weil ich weiß, dass es schwierig wird, wenn man sich ein ganzes Spiel hindurch immer nur auf den Schiedsrichter fokussiert.

Arvid: Ich versuche mich auch zurückzuhalten, obwohl es mir sehr schwer fällt. Ich rufe mir immer wieder diesen Schiedsrichterspruch in Erinnerung: „Ohne uns läuft kein Spiel.“ Ich habe selber schlechte Erfahrungen gemacht, als ich mal Aushilfsschiedsrichter im Nachwuchsbereich war. Da habe ich in der 90. Minute das 2:2 gegeben und wurde danach mit Mistgabeln aus dem Dorf gejagt. Jetzt habe ich mich zu einem Schiedsrichter-Lehrgang angemeldet, denn ich will fundiert meckern dürfen. Und wenn ich mir heutzutage ein Spiel in der Landes- oder Verbandsliga oder

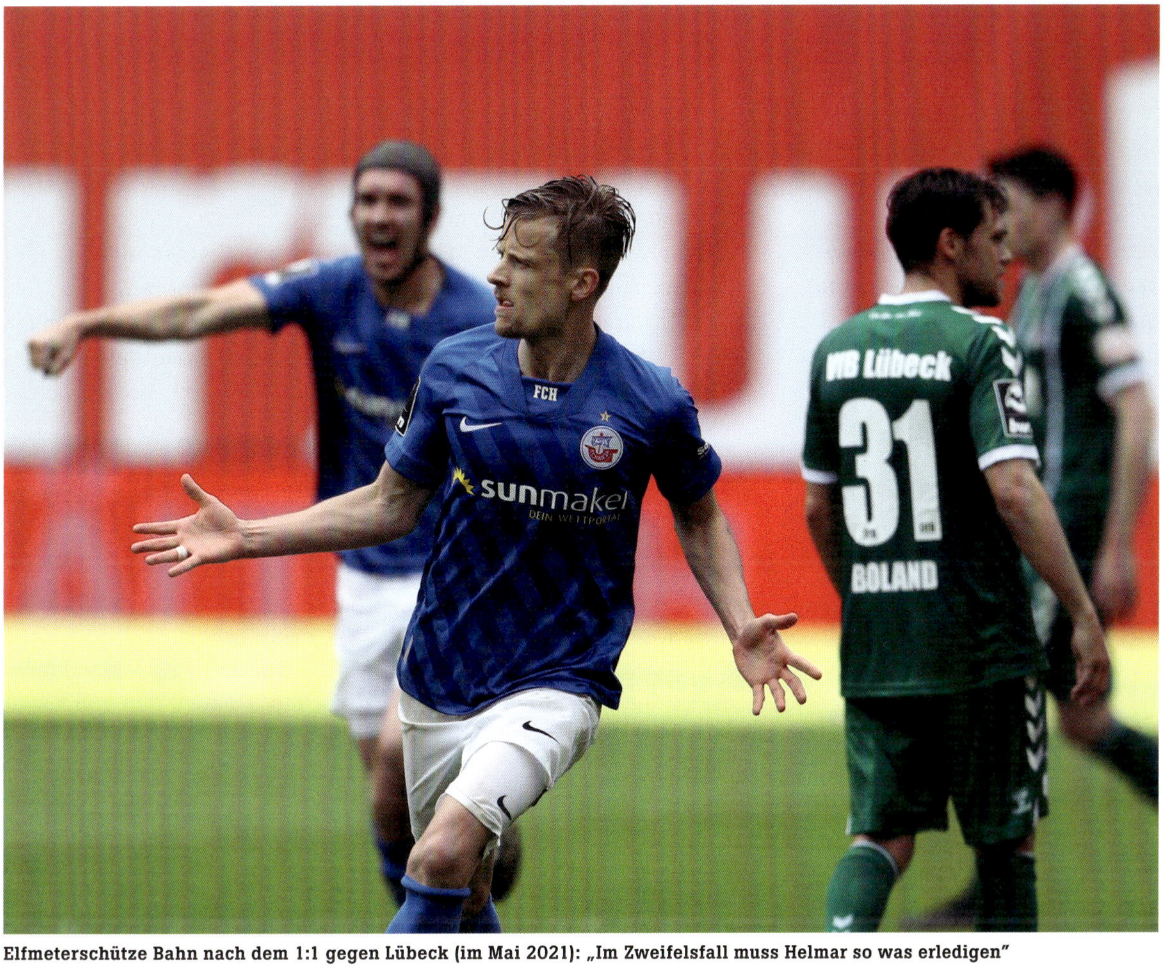

Elfmeterschütze Bahn nach dem 1:1 gegen Lübeck (im Mai 2021): „Im Zweifelsfall muss Helmar so was erledigen"

im Jugendbereich anschaue, dann gehe ich hinterher jedes Mal zum Schiedsrichterteam und sage zu ihnen: „Danke für euren Einsatz!" – quasi als Ausgleich zu meinen wütenden Ausbrüchen hier am Mikro.

Welche Zukunft hat das Hansa-Fanradio?

Helmar: Es müssen natürlich auch Leute nachkommen, Leute, die Auswärtsspiele besetzen. Da ist die Fluktuation groß, das ist eine Belastung. Du bist dann eben anderthalb Tage unterwegs. Ich hab mal in einer Saison 12 oder 13 Auswärtsspiele mitgemacht. Das war schön, aber das könnte ich heute nicht mehr so.

Arvid: Solange wir hier nicht rausgeschmissen werden, mache ich weiter. Bis ich hier umfalle – ich hoffe, dass Helmar mit mir zusammen umfällt. Oder bis die Leute sagen, das wollen wir nicht mehr hören, der nervt uns, wir brauchen was anderes. Ansonsten höre ich nicht auf.
Nicht freiwillig.

Arvid Langschwager, Jahrgang 1972, geboren, aufgewachsen, studiert (Zahnmedizin), promoviert und arbeitend in Rostock.

Helmar Wildenhain, Jahrgang 1974, geboren, „groß" geworden, studiert (Informatik), geheiratet und dreimal Vater geworden in Rostock, arbeitend beim FCH.

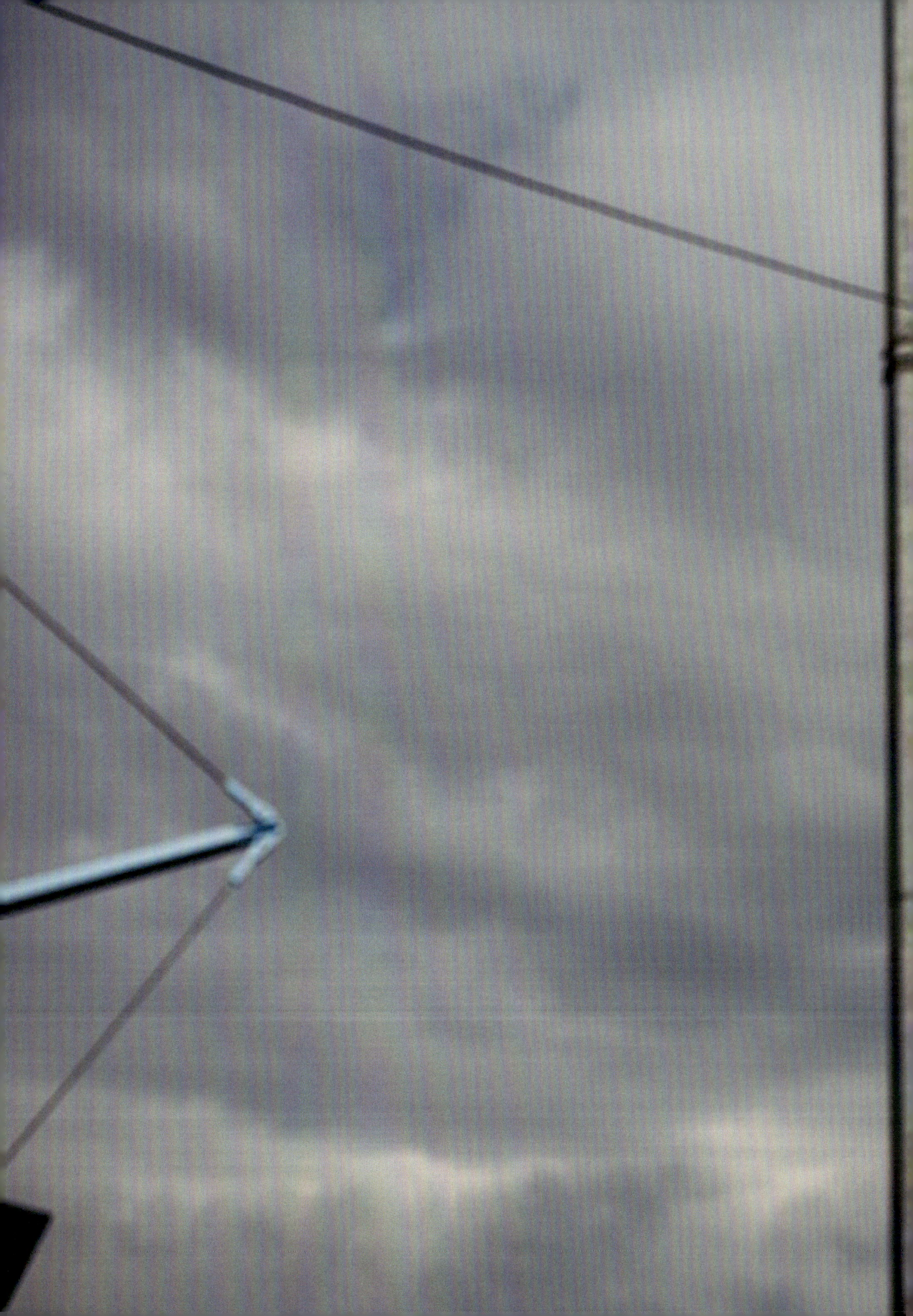

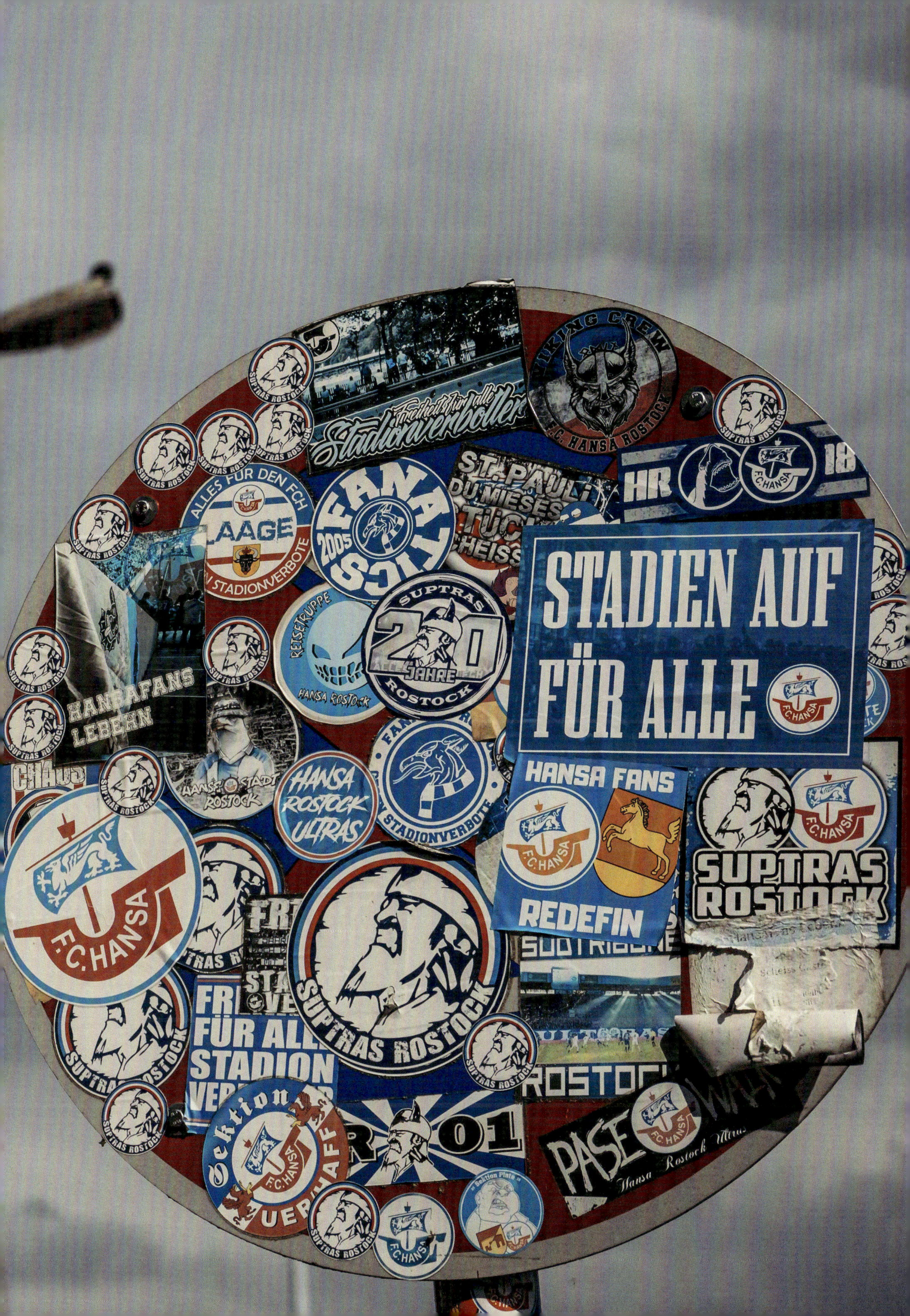
STADIEN AUF FÜR ALLE
F.C. HANSA
HANSA FANS
REDEFIN
SUPTRAS ROSTOCK
VIKING CREW
F.C. HANSA ROSTOCK
ALLES FÜR DEN FCH
LAAGE
STADIONVERBOTE
FANATICS
2005
ST. PAULI
HR 18
SUPTRAS
20 JAHRE
ROSTOCK
REISETRUPPE
HANSA ROSTOCK
HANSA ROSTOCK ULTRAS
FÜR ALLE
STADION
R 01
ROSTOCK
Hansa Rostock

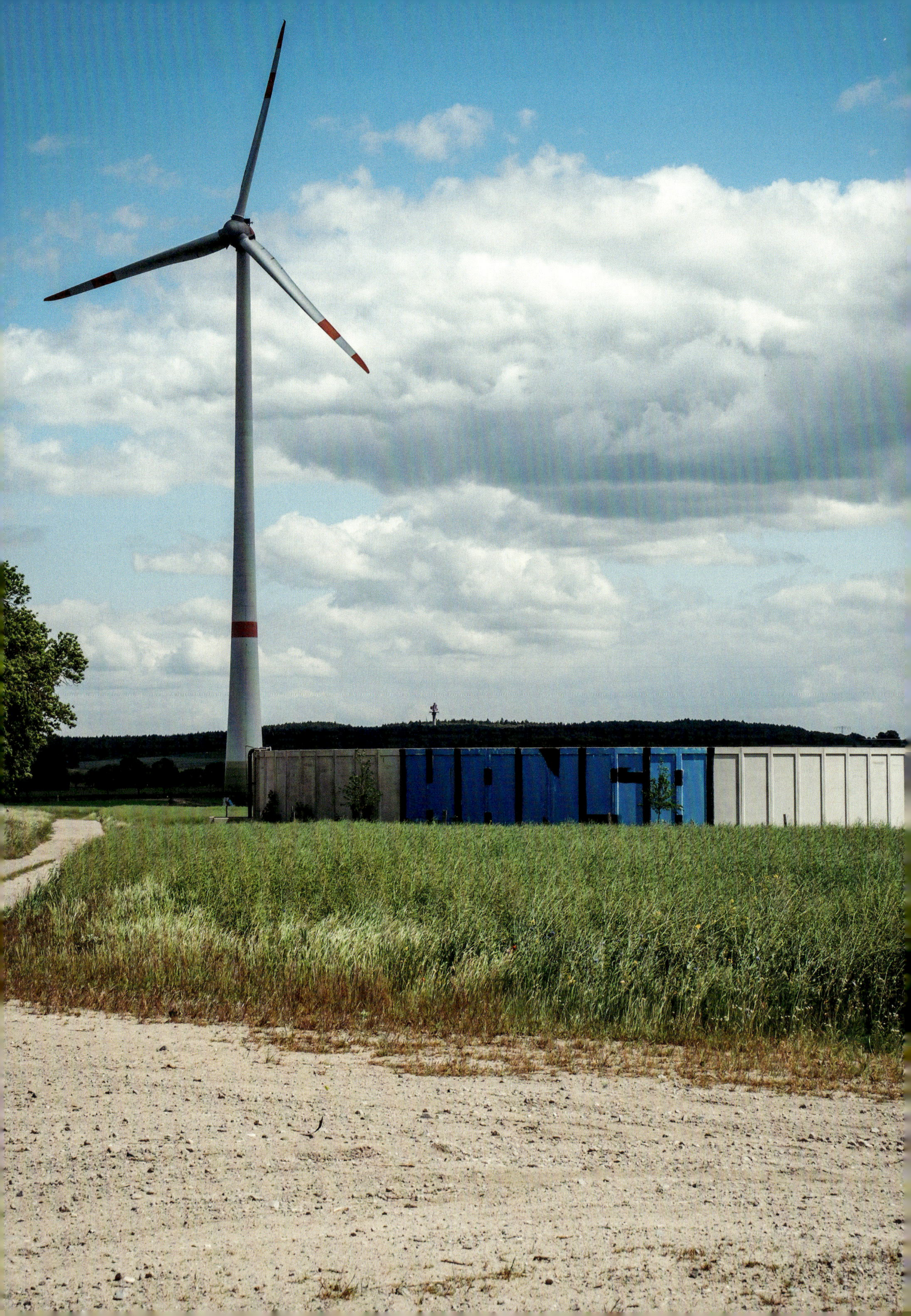

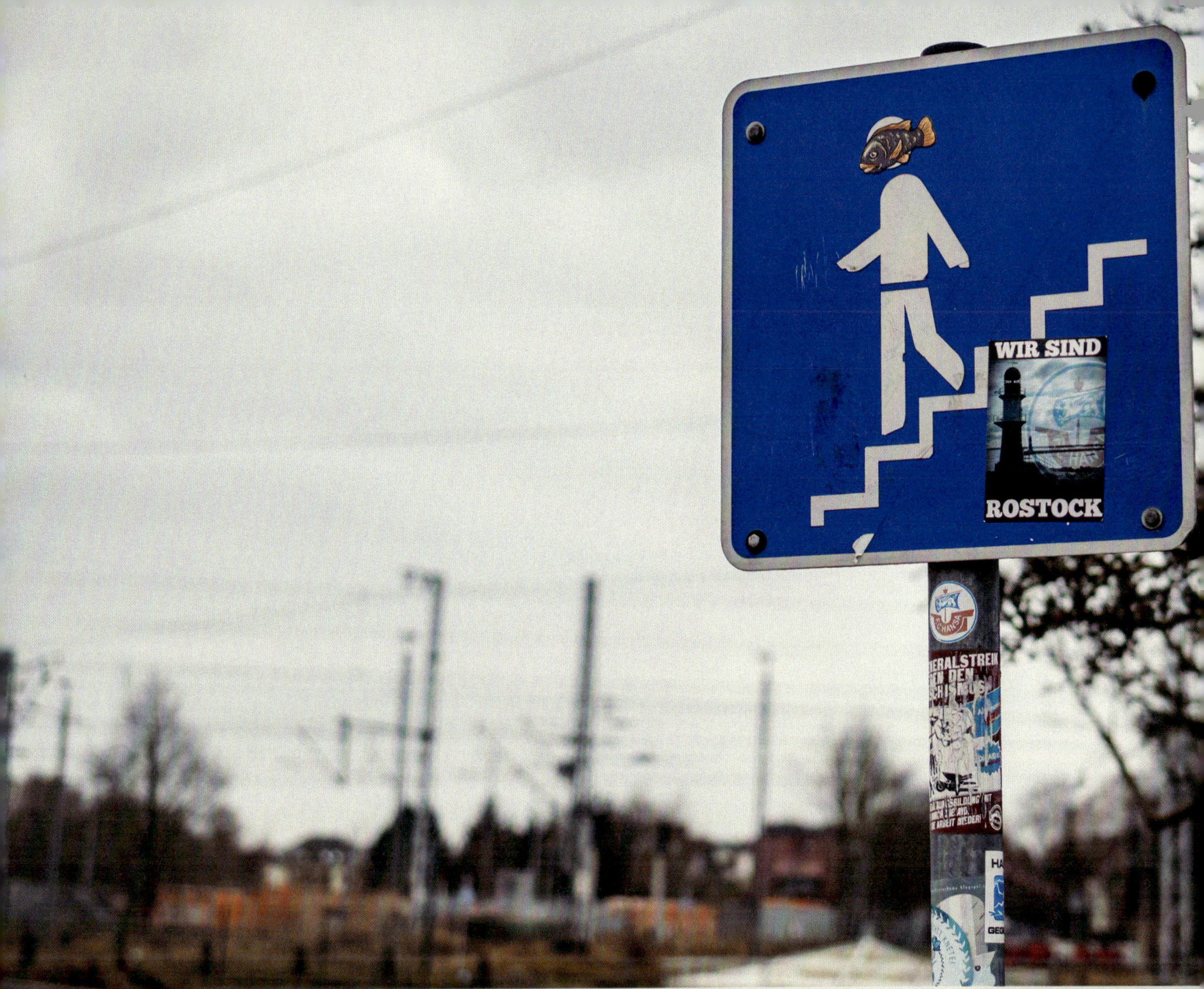
WIR SIND
ROSTOCK

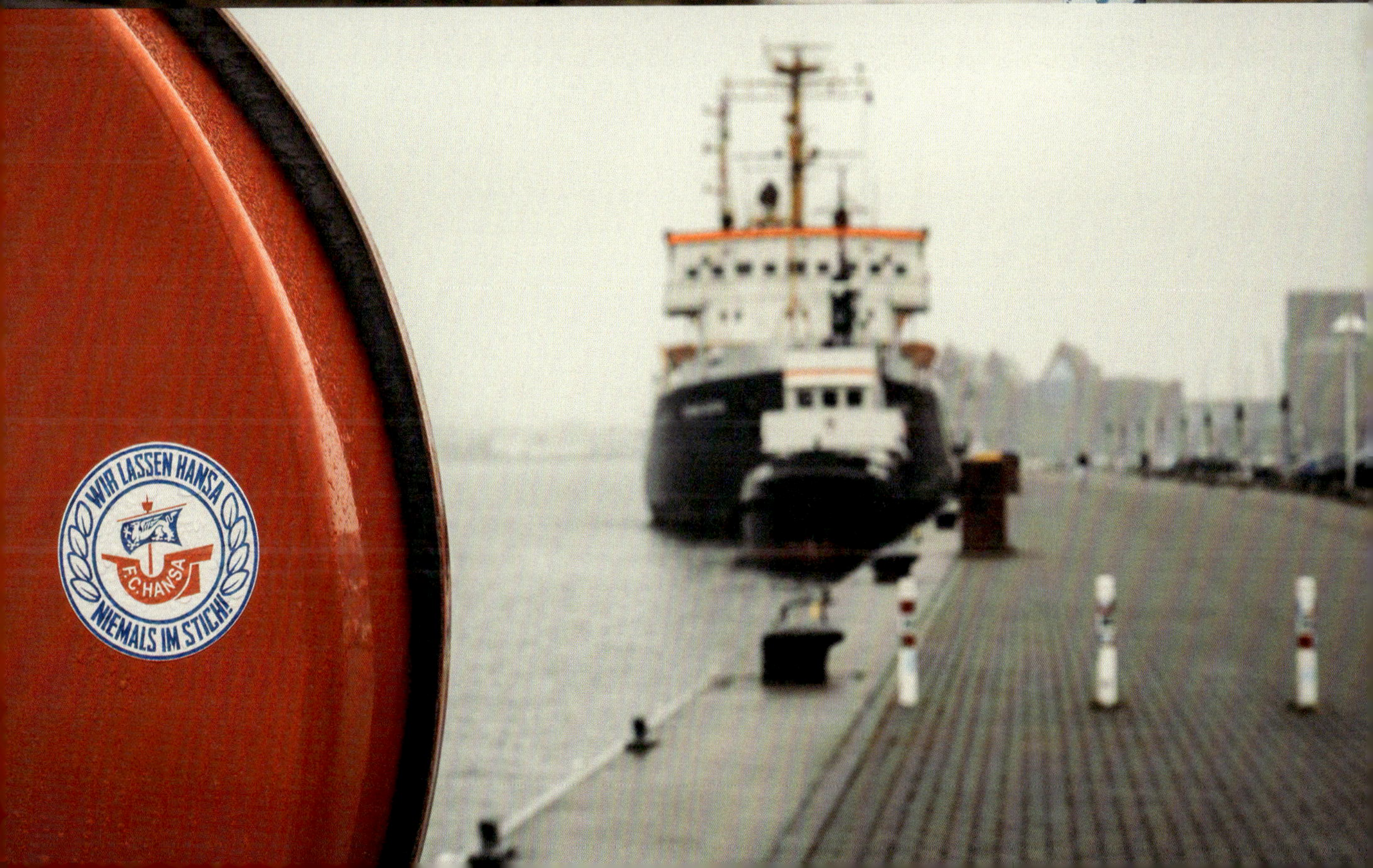
WIR LASSEN HANSA
F.C. HANSA
NIEMALS IM STICH!

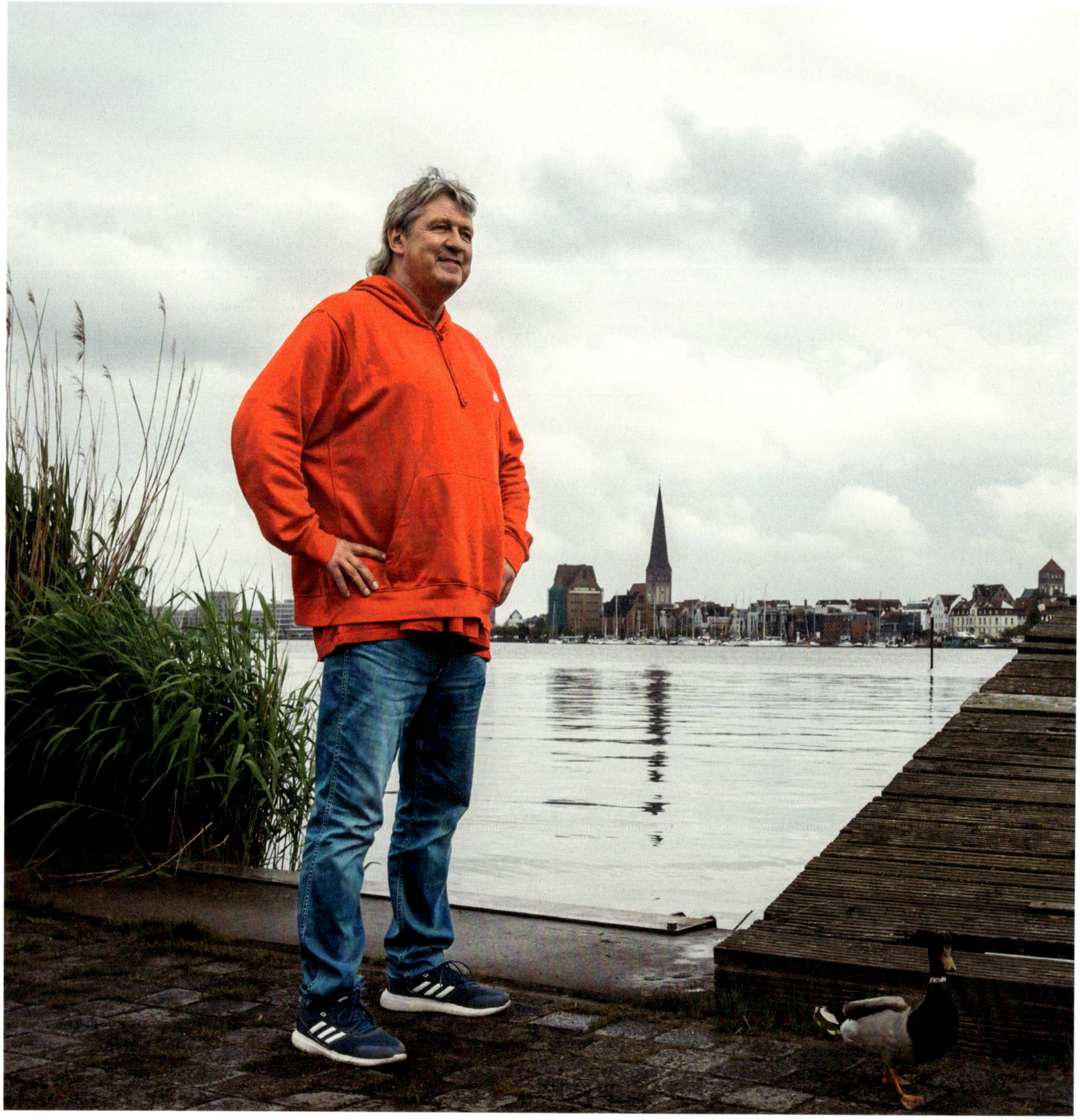

Wild Horses

1990/91 holte der F.C. Hansa die Sterne vom Himmel, wurde letzter ostdeutscher Meister und Pokalsieger. Für Gernot Alms war es die Saison seines Lebens.

Die Stimme am Telefon klingt jung und frisch. Gernot Alms schlägt die Tennisstube am Waldessaum als Treffpunkt für unser Interview vor, den Ort, an dem er zuletzt neun Jahre lang als Gastwirt gearbeitet hat. Die Vereinskneipe des Tennis Clubs Blau-Weiß Rostock liegt noch im Corona-Winterschlaf an diesem Dezembernachmittag, es ist nicht geheizt, weit und breit keine Menschenseele in Sicht. Aber mehr als ein ruhiges Plätzchen zum Reden über die alten Zeiten brauchen wir ja auch nicht. Der Gastgeber bietet heißen Kaffee an, sogar Kuchen hat er mitgebracht.

Doch der erste Eindruck am Telefon täuscht: Alms ist nicht mehr der junge, unbekümmerte Schlaks mit der Vokuhila-Matte. Natürlich nicht, er ist ja auch nicht mehr der Jüngste. Man könnte ihn als tragischen Helden sehen – unverschuldet, wohlgemerkt. Denn das Schicksal hat ihm übel mitgespielt, den stolzen Hansa-Verteidiger von einst ohne Vorwarnung umgegrätscht. Er war einmal Fußballprofi, Hobbymusiker, Kneiper – nichts davon ist ihm geblieben. Und doch hat sich Gernot Alms wieder zurückgekämpft ins Leben. Alms war siebzehn, als er 1980 in die „erste Männer" des F.C. Hansa aufrückte, nachdem er zuvor von der starken Nachwuchsabteilung der BSG Schiffahrt-Hafen zum großen Ortsnachbarn delegiert worden war. Zwischen 1981 und 1991 hat er 190 Oberliga-Spiele für Hansa bestritten. „Es war schon rasant", sagt er im Rückblick, „diese zehn Jahre vergingen wie im Flug." Alms war Vorstopper, sein Job bestand darin, Tore zu verhindern, aufzupassen, dass die Goalgetter nicht zum Zuge kamen. „Ich hatte immer diejenigen als Gegenspieler, die in der Torschützenliste oben standen. Wenn die kein Tor gemacht haben, war ich zufrieden – und der Trainer auch." Den späten Achim Streich vom 1. FC Magdeburg hatte er nach eigener Einschätzung „ganz gut im Griff". Auch mit Jenas Jürgen Raab bildete er jahrein, jahraus ein unzertrennliches Pärchen, ebenso mit den Dresdnern Gütschow und Minge. Und erst recht mit der blonden Reizfigur vom Serienmeister BFC Dynamo: „Ich musste immer gegen den ollen Riediger ran, weil ich schnell war, andere kamen ja nicht hinterher. Wir haben den Platz umgepflügt, aber absolut fair, er auch. Das war ein ganz Ruhiger, der hat nie was gesagt."

Spielmacher war er nie, sollte er auch nicht sein. Es reichte vollkommen, wenn er die Bälle sauber von hinten rausspielte. Im Mittelfeld übernahmen dann die Kollegen Schulz, Schlünz und Mischinger. „Die waren stark, die wollte man anspielen. Dann haben die das Spiel gemacht. Da war mein Job im Grunde erledigt." Torgefährlich war er nur selten, obwohl er bei seiner Größe eigentlich mehr Kopfballtore hätte machen müssen, wie er selbst findet. „Aber", an dieser Stelle hebt sich die Stimme, „im Meisterschaftsjahr hab ich drei Tore gemacht!" In jener historischen Meister- und Pokalsiegerrunde 1990/91 absolvierte Gernot Alms 25 von 26 Spielen – im bedeutungslosen letzten Match gegen Lok Leipzig war er gelbgesperrt. „Es war meine beste Saison", sagt er heute, „ich glaube, sogar noch besser als das folgende Bundesliga-Jahr." Der Zusammenhalt sei groß gewesen damals, die Stimmung im Team „riesig". Und dann war da natürlich Uwe Reinders. Der Coach, der aus dem Westen kam – und gewisse Methoden anwandte, die den Rostocker Neu-Profis mindestens unkonventionell vorgekommen sein müssen.

Gernot Alms: *Er hat ein richtig geiles Training gemacht, einfallsreich. Seine Ansprachen waren kurz und knackig. Die haben einen wirklich motiviert. Und wenn er dich mal anzählte, dann hatte er meist recht. Okay, manchmal war er bisschen hart, aber Fußball ist eben so. Manche waren da etwas angefressen. Ich war ein guter Trainierer, hab immer mein Ding gemacht und nicht groß rumgejammert – ich glaub, mich mochte er. Auch in puncto Ernährung hat er uns viel beigebracht, was man lieber nicht in sich reinschlingen sollte als Leistungssportler, zum Beispiel. Dafür konnte man dann auch mal ein Bierchen trinken, wenn man seine Leistung brachte. Da hat er schon mal die Zügel lockergelassen. Bei seiner ersten Ansprache im Hotel Warnow verteilte er erstmal Zigarettenschachteln an uns Spieler. „Ihr könnt rauchen", sagte er, „habt euch nicht so! Ich hab mein Leben lang geraucht. Wenn ihr gut trainiert, dann fällt euch das – wenn überhaupt – erst später auf die Füße." Wir haben Gas gegeben, und auf einmal kam unsere spielerische Potenz so richtig*

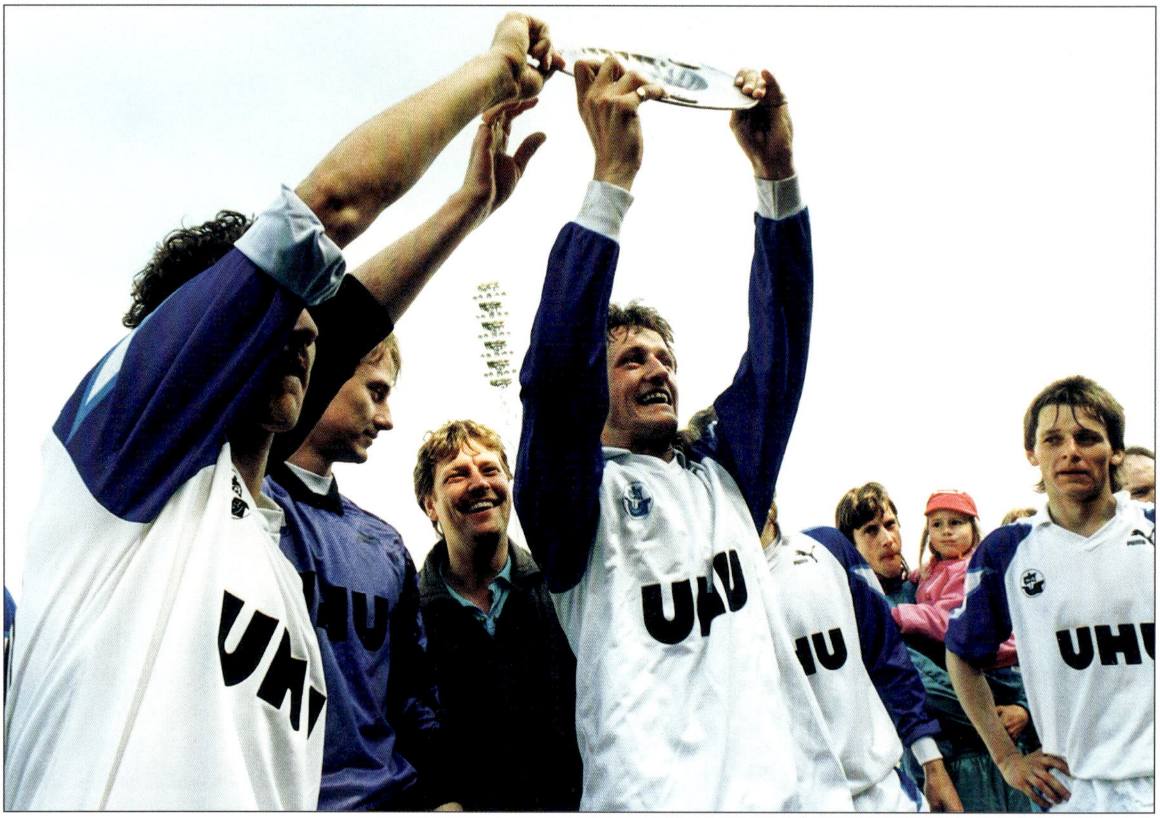

Ostdeutscher Meister Hansa: „Irgendwann war es ein Selbstläufer"

zum Tragen. Irgendwann war es dann ein Selbstläufer – so ist das halt, wenn du fast jedes Spiel gewinnst. Wir merkten ja auch, welchen Respekt die anderen vor uns hatten. Als die Saison zu Ende war, haben wir nur noch gefeiert. Dann sind wir zum Pokalfinale gefahren, so halb im Glimmer, und haben es trotzdem gewonnen. Wir hatten aber auch Glück, denn Stahl Eisenhüttenstadt war mindestens gleichwertig. Aber wenn du im Flow bist, dann gewinnst du das auch noch.

Als Sahnehäubchen auf seiner Karriere packte Gernot Alms noch drei Jahre in der 1. und 2. Bundesliga drauf. Wie haben sie sich damals gefühlt, als Bundesliga-Neulinge aus dem Osten? „Wir waren alle hochgradig motiviert, und wir hatten den richtigen Trainer, der uns gut vorbereitet und starkgeredet hat." Und so ging der F.C. Hansa Rostock im Spätsommer 1991 bundesweit durch die Decke, schickte zum Auftakt Nürnberg

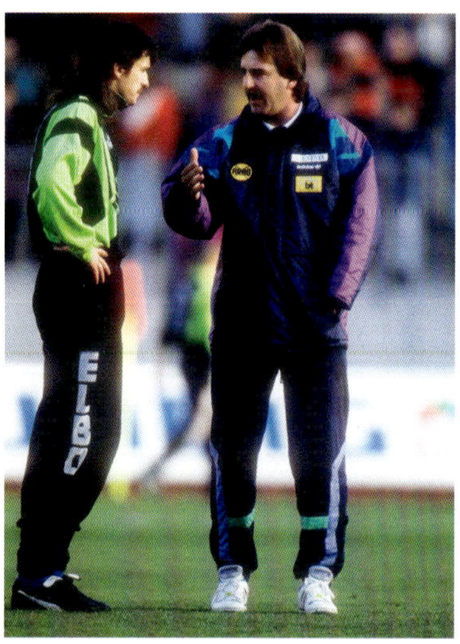

Alms im Gespräch mit Coach Reinders: „Ich glaub, mich mochte er"

mit 4:0 nach Hause, siegte spektakulär 2:1 in München, deklassierte Borussia Dortmund. „In München zu gewinnen, das ist schon der Hammer, gleich am zweiten Spieltag. Das war schon nicht schlecht, als Wahler dann das Ding einlupfte (Jens Wahl erzielte mit einem Schlenzer das Siegtor). Das 5:1 gegen Dortmund war für mich das beste Spiel im Ostseestadion, das wir je gemacht haben." Das hanseatische Selbstbewusstsein war exponenziell gestiegen. Höher würden die Bäume nicht mehr in den Himmel wachsen …

Zur Abwechslung vom Bundesliga-Alltag betrat die Kogge europäisches Parkett und duellierte sich im Cup der Landesmeister, dem Vorläufer der heutigen Champions League, mal eben mit dem

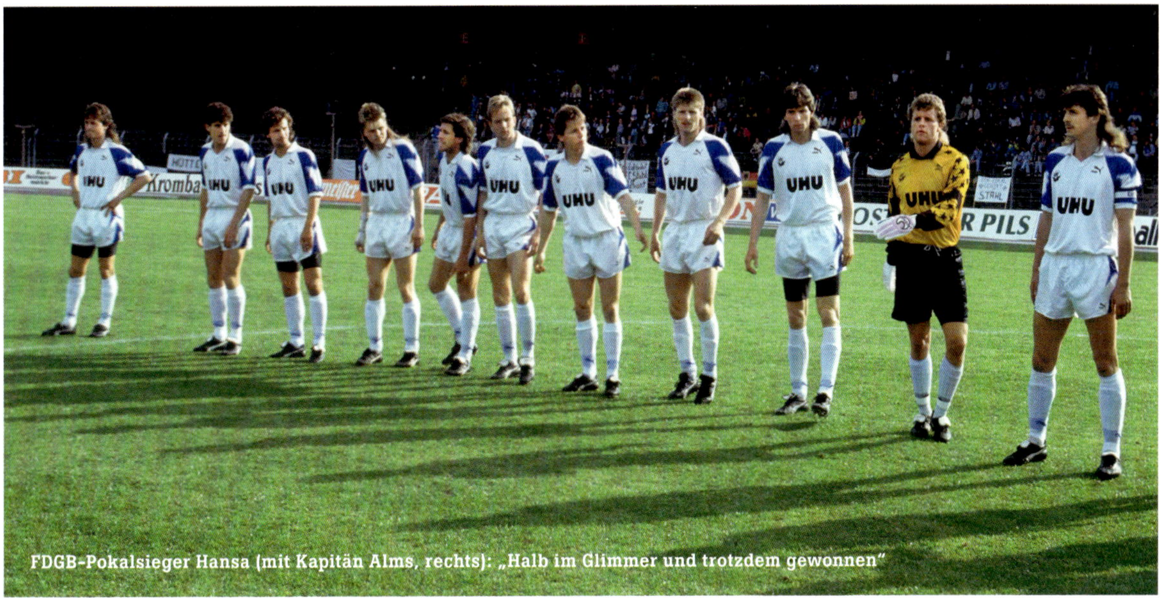

FDGB-Pokalsieger Hansa (mit Kapitän Alms, rechts): „Halb im Glimmer und trotzdem gewonnen"

FC Barcelona. Die Katalanen machten im heimischen Nou Camp kurzen Prozess mit den Hanseaten, das 3:0 ließ wenig Hoffnung für das Rückspiel in Rostock. Gernot Alms hatte trotzdem seinen Spaß. Zunächst aber, beim Einlaufen, staunte er über die intensive Grünflächenpflege der Gastgeber:.

Gernot Alms: *Die haben den Rasen so richtig gewässert, sowas hatte ich vorher noch nie gesehen. Das war ideal für ihr Flachpassspiel, die Bälle flitzten nur so über den Rasen. Da haben sie uns laufen lassen … Ich hatte den Weltfußballer Stoichkov zu markieren. Er war wütend, denn er kam ja kaum an den Ball. Später wurde er ausgewechselt. Das war vielleicht so mein persönliches Highlight. Aber die waren natürlich sehr stark und haben uns plattgemacht. Wir hatten keine Chance. Das war schon 'ne Weltmannschaft. Im Rückspiel haben wir uns mit 1:0 eigentlich noch ganz gut aus der Affäre gezogen. Zehn Minuten vor Schluss wurde Persigehl im Strafraum umgemäht. Das hätte eigentlich Elfmeter geben müssen! Dann hätte es 2:0 gestanden, und dann weiß man immer nicht …*

So aber blieb es beim 1:0, Hansa schied aus, Hansa stieg ab. Alms und Kollegen fanden sich in der 2. Bundesliga wieder. Nach zwei Spielzeiten im Unterhaus ging er von Bord der Kogge, wenn auch nicht ganz freiwillig. Zusammen mit Juri Schlünz schloss er sich dem Parchimer FC an, der seinerzeit von Hansa-Legende Jürgen Decker trainiert wurde. Prompt schafften sie den Aufstieg in die Oberliga. Gernot Alms zog weiter, spielte noch zwei Jahre lang in Bentwisch, wo er seine spätere Frau kennenlernte, wurde schließlich Trainer des FSV. Weitere Stationen als Coach folgten: TSG Neustrelitz, SG Warnow-Papendorf, SV Waren. 2006 war Schluss

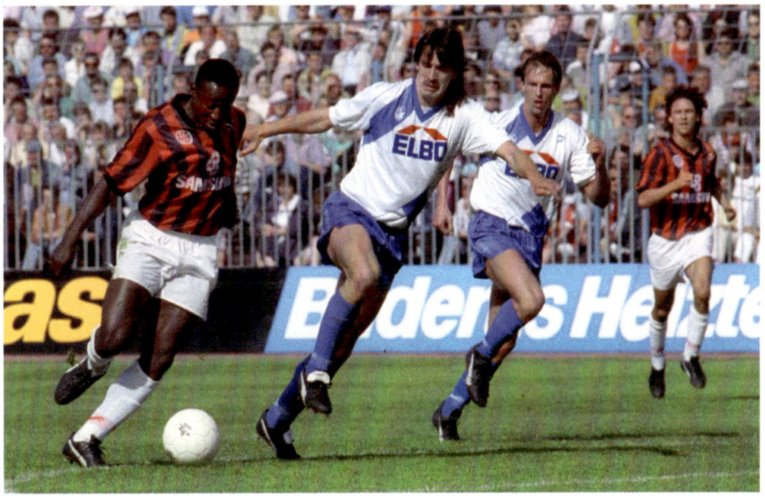

Bundesliga-Profi Alms (im Zweikampf mit Frankfurts Yeboah): „Wir waren hochgradig motiviert"

mit Fußball. Das Leben nahm seinen Lauf. Bis ihn eines Tages die Krankheit traf. Wie ein Blitzschlag.

Gernot Alms: *So 'ne Hirnblutung erwischt ja alle möglichen Leute. Man denke nur an die bekannte ARD-Sportmoderatorin und spätere „Lotto-Fee" Monica Lierhaus. Ich konnte froh sein, bei mir war's eigentlich nur das Kurzzeitgedächtnis. Ich lag drei Monate im Koma und kann mich an nichts erinnern. In der Chirurgie haben sie mich aufgebohrt, damit der Druck weggeht und nicht so viel zerstört wird. Dann war ich 'ne Zeitlang in Gehlsdorf, wo sie mich mit Tabletten vollgestopft haben. Ich kam auch noch in die Innere, weil die Niere versagt hat. Das weiß ich alles von meinem Mädel, ich selbst hab nichts davon mitgekriegt. Am Ende bin ich in der Reha-Klinik Schwaan-Waldeck gelandet. Als ich im Mai 2010 wieder aufwachte, war Hansa gerade in die 3. Liga abgestiegen. Ich war schockiert. Das hätte ich nie für möglich gehalten.*

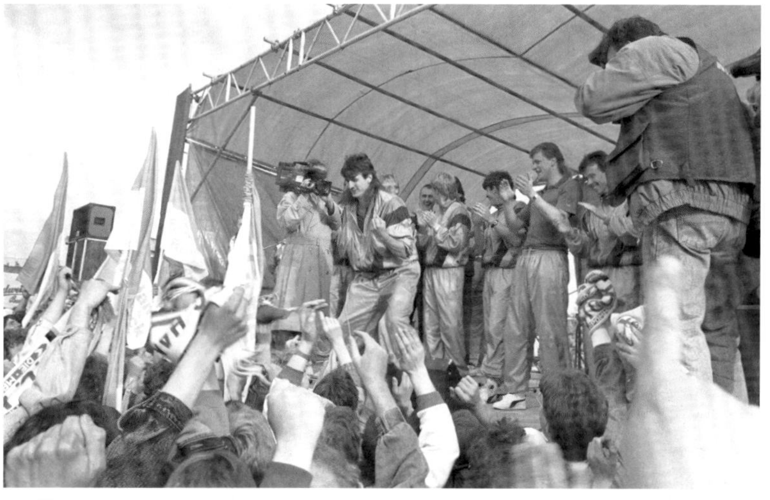

Hey F.C. Hansa

Irgendwann in der Saison seines Lebens, als es bei Hansa lief und lief, kam dem Stonesfan und Gelegenheitsrocker Gernot Alms der Gedanke, dass die Zeit reif wäre für einen neuen Song. Wieder und wieder spielte er ein schlichtes Riff auf seiner Klampfe, reimte den passenden Text dazu und produzierte schließlich eine Demokassette im Homestudio. Es muss ein Bild für die Götter gewesen sein: Gernot Alms allein zu Haus in seiner Einraumwohnung in Evershagen. Er hat ein Tonband und einen Recorder aufgebaut, dazwischen steht ein kleines Mischpult. Nach und nach nimmt er einzeln die Instrumente auf, erst die Gitarre, dann den Baß, er trommelt auf Kochtöpfe und singt schließlich ins Mikro: „Hey F.C. Hansa / bei Sonne Sturm und Schnee / Hey F.C. Hansa / Fußball an der See" … Später hat er den Song dann noch professionell in einem Hamburger Studio eingespielt und ist mit seiner Band Heart of Stones auch im Ostseestadion aufgetreten.

Seither sind zwölf Jahre vergangen. Gernot Alms ist gezeichnet für den Rest seines Lebens, er wird nie wieder der Alte sein. „Unter Belastung vergesse ich immer noch vieles. Ich fange an zu schwitzen, wenn ich mich ganz doll konzentrieren muss." Aber da ist auch noch der Kämpfer in ihm, der früher auf dem Rasen um jeden Zentimeter gefightet hat. Zwei Jahre lang unterzog er sich einer Ergotherapie, dann übernahm er die Tennisstube. „Das war eine schöne Aufgabe. Zwei Bier, drei Bockwurst und noch 'ne Runde Schnaps – genau das richtige Training für mein Gedächtnis." 2013 hat er geheiratet. Es waren gute Jahre, die Tennisstube florierte. Geburtstagsfeiern, Familienfeiern, Weihnachtsfeiern. „Die Kinder haben trainiert, Eltern und Omis kamen zum Kaffeetrinken." Mit der Corona-Pandemie fiel das alles weg. Irgendwann konnte es so nicht mehr weitergehen. Da haben Alms und seine Partnerin den Laden aufgegeben.

Am 7. Oktober 2022 ist Gernot Alms 60 Jahre alt geworden. Die alten Kollegen haben angerufen, so wie jedes Jahr. Im Verein kennt er inzwischen nur noch wenige Leute. Die Hansa-Fahne hält inzwischen sein Sohn John hoch. „Der ist Hansa-verrückt und fährt zu vielen Spielen. Baujahr 90." Vater Alms lächelt milde. „Ganz heißer Hansa-Fan. Leider kein Fußballer geworden."

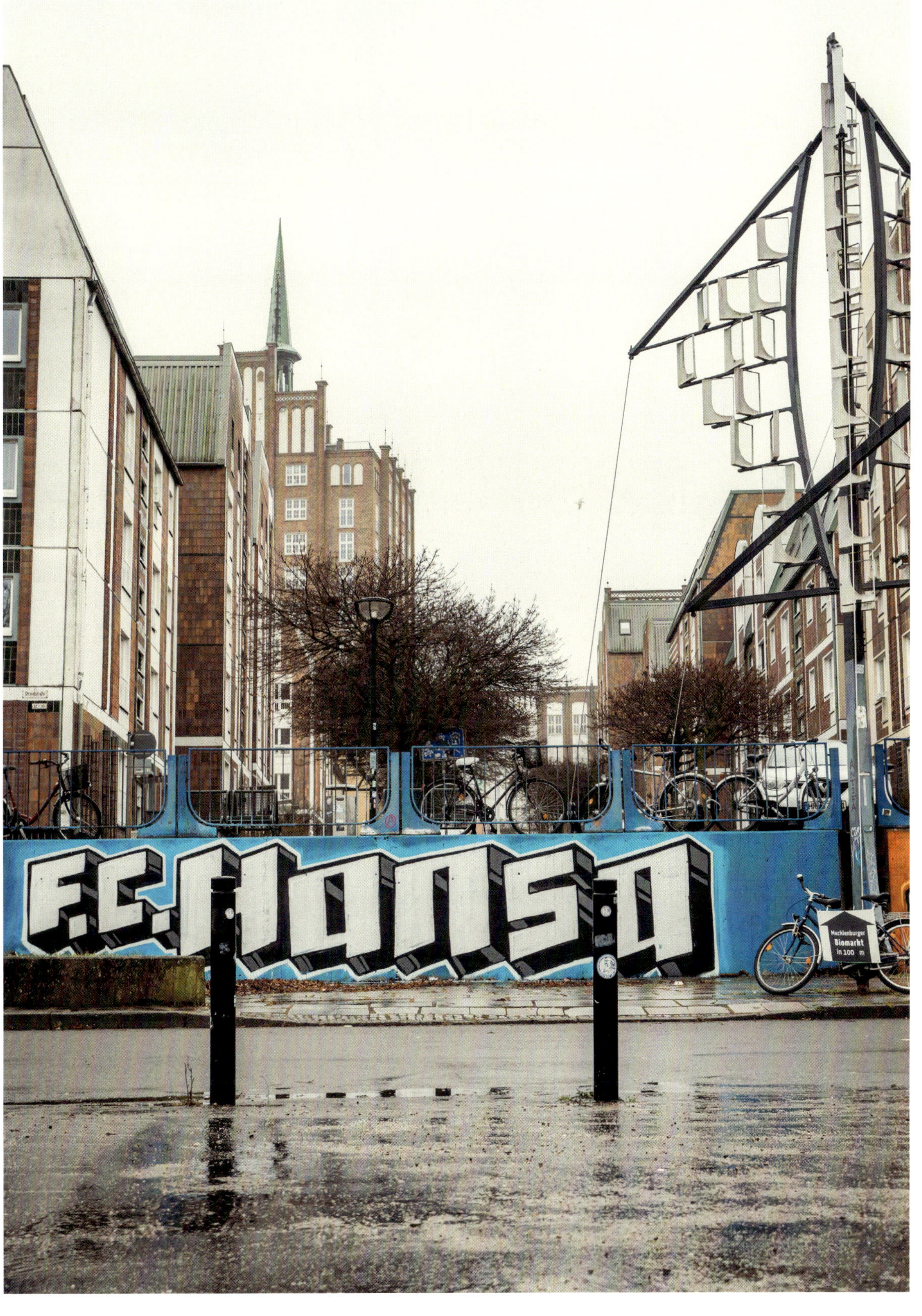
F.C. HANSA
Mecklenburger Biomarkt in 100 m

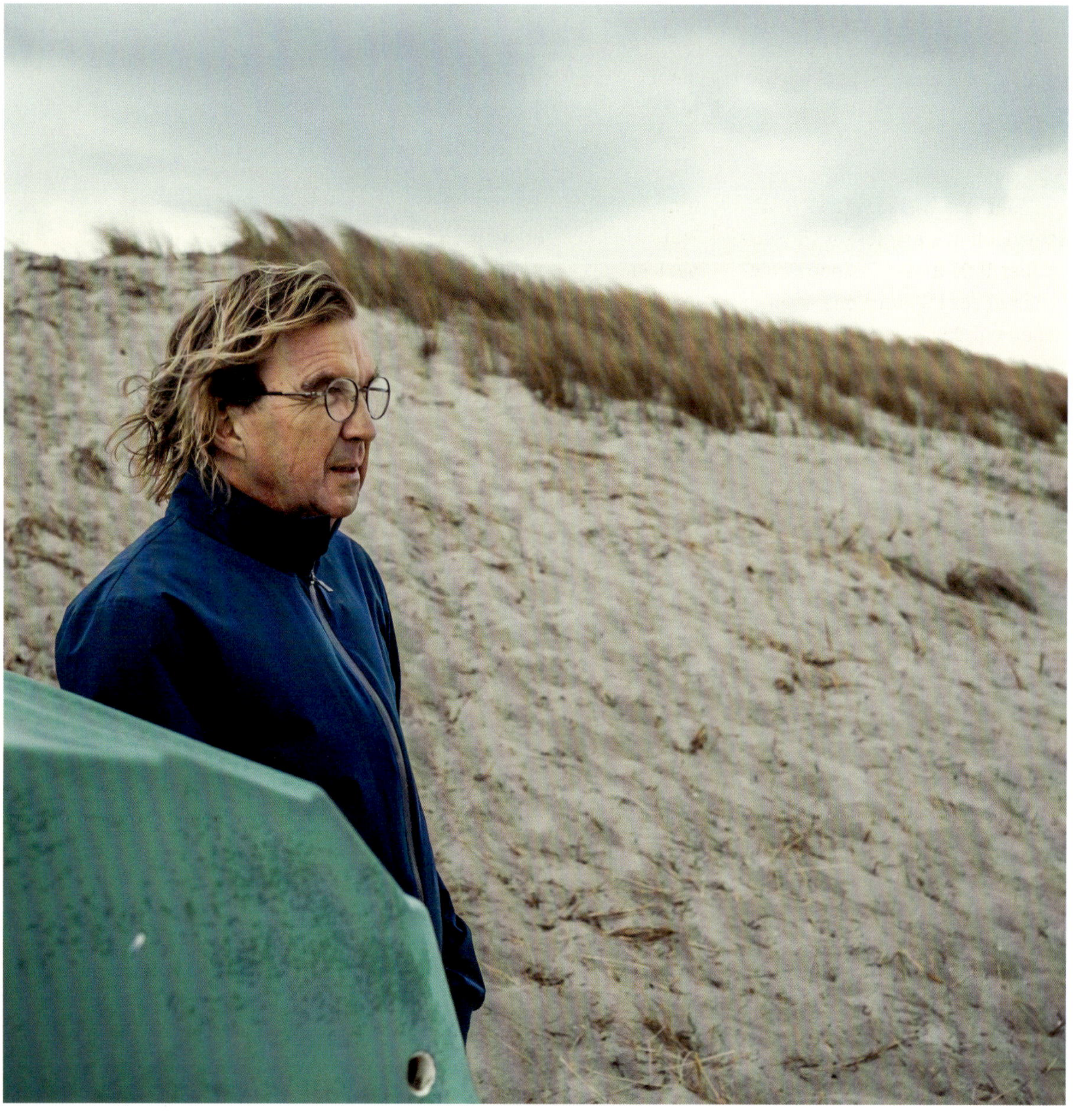

Audienz bei König Johan

1991 traf Hansa im Europapokal auf den FC Barcelona. Rainer Jarohs, ein Jahr zuvor noch selbst für die Kogge aktiv, berichtete live aus dem Camp Nou für die ARD. Hier erinnert er sich.

Vor diesem Spiel hatte ich Schiss, richtig Schiss! Nicht, weil ich Angst davor hatte, dass mein ehemaliger Verein, von dem ich mich vor gut einem Jahr aus Altersgründen verabschiedet hatte, an diesem 18. September 1991 in der riesigen Betonschüssel des FC Barcelona untergehen würde. Alles andere, als sich von vornherein mit einer – ja sogar klaren – Niederlage abzufinden, wäre völliger Wahnsinn gewesen. Auch wenn nach DDR-Meisterschaft, FDGB-Pokal und Bundesligasiegen gegen Bayern und Dortmund so mancher Hansa-Fan die Fußballrealität verlassen hatte.

Ich hatte einfach Schiss vor meinem Job: Erstmals sollte ich als noch ziemlich frischer Rundfunkreporter eine komplette Halbzeit durchkommentieren! Da muss dir schon immer mal was einfallen, auch, wenn nichts passiert. Im Fernsehen kannst du die Bilder laufen lassen, beim Rundfunk denken die Hörer schon nach zwei Sekunden Stille, ihr Radio ist kaputt oder die Verbindung gestört oder vielleicht auch der Reporter eingeschlafen oder todkrank umgefallen. Für meine zwei- bis dreiminütigen Einblendungen in der ARD-Bundesligakonferenz hatte ich meistens – aber nicht immer – positive Kritiken bekommen. Und nun 45 Minuten „durchsabbeln“? Eine gute Vorbereitung für viel „Gesprächsstoff“ ist alles!

Um noch einige Informationsbrocken, ein paar Anekdoten oder Beobachtungen aufzuschnappen, fuhr ich am Vortag mit meinen Journalistenkollegen zum Hansa-Abschlusstraining im legendären Camp Nou. Als wir ein paar Treppenstufen aufwärts den perfekt gemähten katalanischen Rasen betraten, sammelten Zeugwarte des FC Barcelona gerade die Trainingsbälle ihres Teams ein. Die Stars schlenderten Richtung Kabine: Laudrup, Stoichkov, Goikoetxea und wie sie alle hießen, auch ein gewisser José, der eigentlich Josep „Pep“ Guardiola hieß.

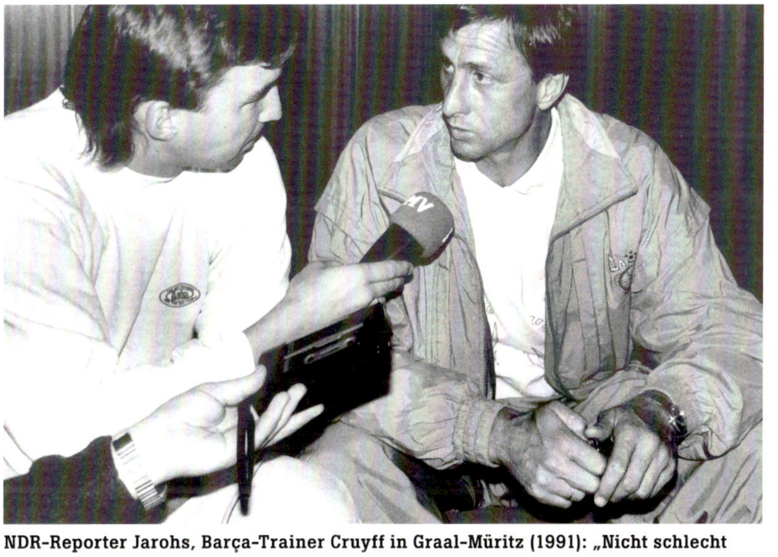

NDR-Reporter Jarohs, Barça-Trainer Cruyff in Graal-Müritz (1991): „Nicht schlecht für einen Journalisten“

Plötzlich kam von der Gegenseite ein hoher Ball geflogen, direkt auf mich zu. Eine Einladung für eine butterweiche Ballannahme, und nach einem kurzen „Hey“ eines Zeugwarts schnickte ich die Kugel genau in dessen Ballnetz. Als ich freudig in mich hineingrinste, sagte jemand auf Deutsch mit holländischem Akzent: „Nicht schlecht für einen Journalisten!“ Ich drehte mich um: Johan Cruyff, das war der große Johan Cruyff! Der ewige holländische Fußballheld! Der Trainer des FC Barcelona, der Weltstar der 60er und 70er Jahre. Cruyff, das mit 20 Jahren noch spargeldünne Männchen mit der unscheinbaren pubertären Mimik, das sich fußball-freischaffend an der gesamten Gegnerschaft vorbeischlängelte und am Ende die Torhüter vernaschte. Sämtliche Gegenspieler wollten ihn umsensen, nur keiner der Sensenmänner traf ihn, weil er immer einen Tick schneller, eleganter war. (Der abgenutzte Vergleich mit einer Gazelle würde hier zutreffen.) So ziemlich alles hat er im Fußball gewonnen, als Spieler und als Trainer. Nur Weltmeister wurde er nicht, hielt den Pokal aber schon fast in der Hand: Im Finale 1974 ließ er sich in der ersten Minute von Uli Hoeneß umsensen, weil es im Strafraum war. Elfmeter, 1:0 für Holland. Breitner und Müller vermasselten Cruyff dann den absoluten Höhepunkt seiner Karriere. Mehr als „Man tut, was man kann“ fiel mir leider nicht ein. Cruyff verschwand treppab in den Kabinengängen.

Nur einen Moment später trippelten an gleicher Stelle Schlünz, Dowe und Hoffmann auf die Spiel-

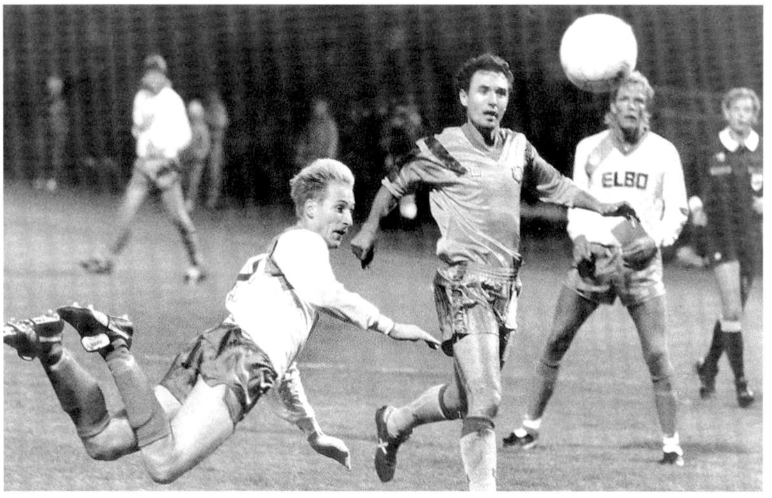

Ein Tor fürs Geschichtsbuch: Michael Spieß beim Flugkopfball zum 1:0 im Rückspiel

fläche. Finales Training für das wohl größte Spiel der Vereinsgeschichte! Hansa traf beim Debüt im Europapokal der Landesmeister – jetzt Champions League – auf den großen FC Barcelona. Ich freute mich einerseits riesig auf das Spiel und musste mir andererseits eingestehen, dass ich selbst gern noch wenigstens dieses eine Mal ein Hansa-Trikot übergestreift hätte. Na, wenigstes war ich Reporter …

Am nächsten Abend nahm ich schon zwei Stunden vor Anpfiff meinen Platz in dieser riesigen Arena ein, direkt unter dem Dach in Höhe einer Torauslinie. Eine schlechtere Aussicht für einen Reporter gibt es nicht. Von dort konnte ich nur erahnen, wer gerade wen anspielte, wer wen foulte. Meine ehemaligen Mannschaftskameraden erkannte ich aus der Entfernung an deren Bewegungen, auch manche Stars von Barça. Aber meist war es für mich ein „Blinde Kuh"-Spiel – über eine ewig lange Dreiviertelstunde, denn ich musste die zweite Halbzeit komplett durchkommentieren. Der Vorteil des Radioreporters: Du kannst auch mal die Spieler verwechseln, Angriffszüge und Abwehrattacken aus Versehen und aufgrund des Tempos zwangsweise anders beschreiben als in der Realität – es sieht ja keiner am Radio! Es sei denn, jemand hat den Fernseher laufen, den Ton weggedreht und das Radio angeschaltet. Aber wer macht das schon. Also: einfach immer „weitersabbeln". Jedenfalls hatte ich wohl, nach meiner eigenen Einschätzung, einen mehr schlechten als rechten Marathon-Auftritt, mit einem ganz normalen Ergebnis: 3:0 für die Katalanen. Hansa wehrte sich mit allem, was möglich war, gegen einen Fußballgiganten, der gut ein halbes Jahr später den Europapokal gewinnen sollte.

Schiss vor dem Rückspiel hatte ich nicht. Eine 45-Minuten-Reportage war nicht gewünscht, warum auch immer… In Erinnerung ist mir geblieben, dass Hansa vor der Minikulisse von nur 8.500 Zuschauern mit einem 1:0 das Gesicht wahrte. Und ich traf noch einmal König Johan von den Niederlanden.

Nach meinen Recherchen übernachteten er und sein Team im IFA Hotel in Graal-Müritz. Auch die Ankunftszeit hatte ich rausbekommen, und so fuhr ich rechtzeitig dorthin. Pünktlich trudelte der Bus ein, den Cruyff als Erster verließ. Ich sprach ihn an und erkundigte mich höflich, ob er Zeit für ein kurzes Interview hätte. (Es wäre mehr als peinlich gewesen zu fragen, ob er sich vielleicht an meine butterweiche Ballannahme im Camp Nou erinnerte.) „Ich geh nur mal schnell aufs Zimmer, in zehn Minuten etwa", versprach er. Er wollte wohl noch eine Zigarette konsumieren – Cruyff galt als starker Raucher. Dann kam er lässig ins Foyer, und wir setzten uns auf eine Couch, nahezu völlig unbeobachtet. Nur ein einziger Sportfotograf machte seine Bilder. Keine weiteren Journalisten weit und breit. Heutzutage unvorstellbar! Nach dem Interview plauderten wir noch eine ganze Weile über Fußball, wohl, weil er spürte, dass ich auch ein bisschen von der Materie verstand. Plötzlich schaute er auf die Uhr und verabschiedete sich freundlich.

Die Begegnung mit Cruyff war ein Highlight in meinem Journalistenleben. Wenn ich davon Holländern erzähle, schauen sie mich mit großen Augen an. Johan Cruyff starb mit 68 Jahren an Lungenkrebs. Er ist vermutlich der einzige Fußballer, nach dem zwei Stadien benannt wurden: die Arena von Ajax Amsterdam und das Nachwuchs- und Frauenfußballstadion vom FC Barcelona.

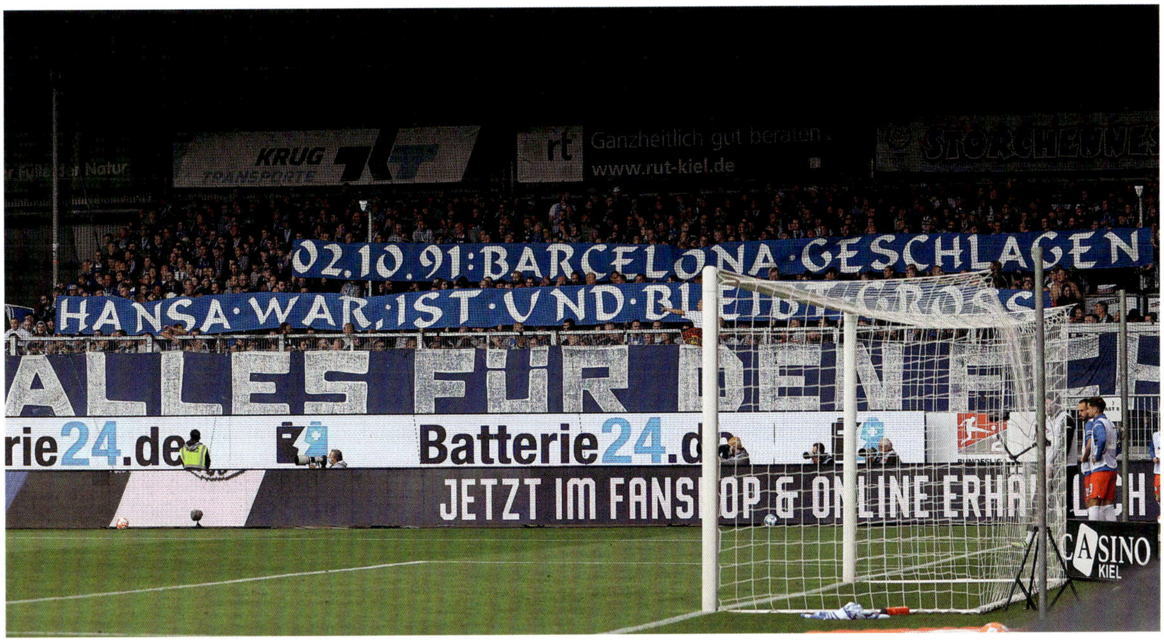

Choreo im Ostseestadion: „Eine 45-Minuten-Reportage war nicht gewünscht – warum auch immer"

F.C. HANSA – KKW GREIFSWALD 10:0

Rostock, 1977

Aufsteigen ist das Größte. Für mich galt das von Anfang an, es ist quasi eingeschrieben in meine Fan-DNA. Mit diesem Spiel nahm diese Sehnsucht ihren Anfang. Hansa stagnierte und hatte den Fahrstuhl nach unten genommen. Endstation: DDR-Liga, Staffel A. Doch was kümmerte mich das? Als junger Hüpfer war ich neu auf dem Spielfeld. Hansa hatte ich gerade erst entdeckt und war auch von kläglichen 2.000 Zuschauern zu beeindrucken, die allein in den ersten 45 Minuten acht Tore zu sehen bekamen. Erst recht von diesem Gesang im Mittelblock: „Wir steigen wieder auf, schalalalalala!" Es klappte dann ja auch locker und leicht, erst in der Liga und schließlich in der Aufstiegsrunde. Wer konnte damals schon ahnen, dass uns der Themenkomplex „Aufstieg / Abstieg" praktisch lebenslang begleiten würde? Anders als mein Lieblingsspieler Rainer Jarohs konnte ich der Zweitklassigkeit damals einiges abgewinnen: Es war cool, Woche für Woche zu gewinnen, meist hoch und ohne Gegentor, als Fan wähnte man sich auf der Sonnenseite. Hansa war groß! Hinzu kamen die Erfahrungen, die ich als Rechtsverteidiger in der Jugend von Lok Bad Doberan machte, wo wir gelegentlich auch gegen die jüngeren Hansa-Jahrgänge randurften. Es ging meist zweistellig aus. Sagen wir mal so: Die mit der Kogge auf der Brust hatten es schon drauf.

BSG KERNKRAFTWERK GREIFSWALD

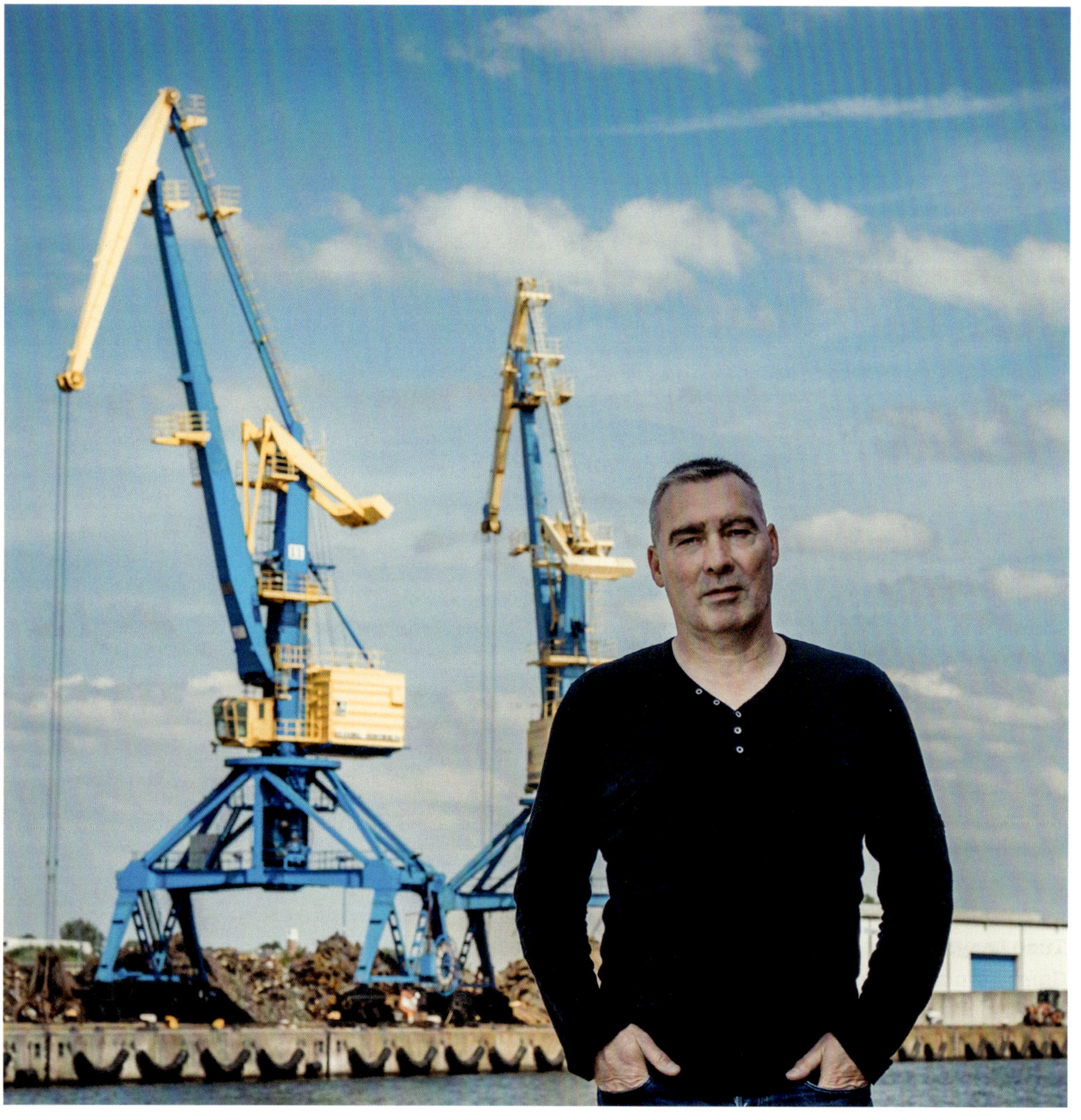

„Der Glaube versetzt Berge"

„Fußballgott" Timo Lange über frühe Maloche in Brandenburg, zwei Aufstiege mit Hansa in die 1. Bundesliga und die glühende Hitze von Bochum

Ein Café am Rostocker Hauptbahnhof. Es ist Samstag, in drei Stunden wird der F.C. Hansa den 1. FC Heidenheim empfangen. Ohne Zuschauer – noch hat die Corona-Pandemie das Land fest im Griff. Timo Lange ist mit dem Auto gekommen. Wenn schon nicht im Stadion, dann wird er das Spiel halt bei Freunden schauen. Er wirkt entspannt, mit sich und der Welt im Reinen – ziemlich geerdet für einen „Fußballgott", zu dem ihn die Fans vor einer gefühlten Ewigkeit erkoren haben. Dass er außerdem den Rekord an Bundesliga-Einsätzen für Hansa hält, scheint ihm erst im Rückblick so richtig bewusst zu werden. Schön war's, findet er. Doch das Leben ist weitergegangen.

Timo, du kommst gerade aus Wismar und triffst dich hier mit ein paar Kumpels, um gemeinsam Hansa zu schauen. Machst du das öfter?
Timo Lange: Ja, wir sind eine Gruppe von zehn Leuten und haben uns entschlossen, Dauerkarten zu kaufen, weil es ja auch interessant ist, dass Hansa wieder in der 2. Bundesliga spielt. Größtenteils sind wir alle im Stadion und gucken die Spiele live.

In Wismar hast du erstmals im Männerbereich gespielt.
Ich bin 1984 zur TSG Wismar gegangen, hatte dort eine Lehrstelle auf der Werft. Es lief gut für mich, ich habe als 17-Jähriger den Sprung in die erste Mannschaft geschafft. Ich habe vorn gespielt, offensives Mittelfeld oder sogar als Stürmer, habe viele Tore gemacht. Dann wurde ein anderer Verein aus dem Bezirk Potsdam auf mich aufmerksam.

Stahl Brandenburg – wo du von 1986 bis 1991 gespielt hast. Ich kann mich noch gut an den Schlachtruf erinnern: „Stahl-Feuer!"
Genau.

Damals warst du noch sehr jung. Wie hast du diese Episode erlebt, an deren Ende ja immerhin die DDR unterging?
Ich kam als 18-Jähriger dorthin. Das war eine geniale Zeit, in der ich sehr viel gelernt habe. In den achtziger Jahren war es noch so, dass sich kein Fußballer von einem jungen Spieler den Stammplatz wegnehmen lassen wollte. So, wie heutzutage rotiert wird – das gab's damals nicht. Da waren Spieler gesetzt, und man musste Glück haben, wenn mal zwei, drei Plätze frei wurden, weil jemand seine Leistung nicht brachte oder verletzt war. Ich kam durch intensives Training langsam in die Mannschaft rein und habe 1986 mein erstes Oberliga-Spiel gemacht. Zu Hause gegen Dynamo Dresden. Volle Hütte im Stadion der Stahlwerker, 16.000 Zuschauer. Wir haben 2:2 gespielt. Ich wurde in der 79. Minute eingewechselt.

Was hast du aus dieser Zeit für deine spätere Laufbahn mitgenommen?
Bei Stahl Brandenburg habe ich das Malochen kennengelernt. Das Spielerische kam später, wenn wir richtig drin waren im Spiel. Erstmal sind wir dazwischengefahren. Da lief alles über die Zweikämpfe. Ich habe dort fünf Jahre Oberliga gespielt und bin zum Stammspieler gereift. Dann kam die Wende. Das Stahlwerk gab es bald nicht mehr. Und dennoch: Mit Stahl Brandenburg habe ich sogar noch die Qualifikation für die 2. Bundesliga geschafft! In der Relegation haben wir den FC Berlin, ehemals BFC, Union und Magdeburg hinter uns gelassen, wurden Erster in der Staffel und sind aufgestiegen. Aber die Gelder flossen nicht mehr so. Darum haben viele Spieler den Verein verlassen. Der bekannteste unter ihnen war Steffen Freund. Er ist zu Schalke 04 gewechselt.

Du bist nach Halle gegangen.
Die waren auch in der 2. Bundesliga. Es gab ja damals eine Nord- und eine Südstaffel, der HFC hatte sich für die Südstaffel qualifiziert. Aber wir sind leider nach einem Jahr abgestiegen, und so kam es dann, dass ich 1992 zu Hansa Rostock gewechselt bin. Zurück in die Heimat.

Wie war das, als 24-Jähriger in Rostock anzukommen und deinen Platz im Team zu finden?
Hansa war gerade aus der Bundesliga abgestiegen. Erich Rutemöller war der Trainer, Gerd Kische der Chef. Wir hatten eine gute Mannschaft, haben auch oben mitgespielt. Aber es war eine kräftezehrende Saison. Damals wurde in dieser 2. Bundesliga alles zusammengewürfelt. 1992/93 waren es 24 Mannschaften. Ich hatte einen super Einstieg und wurde sofort Stammspieler. Als problematisch erwies sich das zweite Jahr. Hansa hatte zu wenig Einnahmen, das Geld war knapp.

Jürgen Heinsch wurde Trainer, ein externer wurde nicht geholt. Erst in der nächsten Saison kam der Knall, denn 1994 übernahm Frank Pagelsdorf die Mannschaft. Er brachte einige Spieler von Union Berlin mit, wo er ja sehr erfolgreich gearbeitet hatte. Das war der Wendepunkt.

Inwiefern?
Pagelsdorf hat im Training ganz neue Methoden eingeführt. Gleich am ersten Tag erklärte er: „Jungs, ich bin hierhergekommen, um mit euch in die 1. Bundesliga aufzusteigen." Wir haben uns verwundert angeguckt: „Was ist denn mit ihm los? Der haut hier so 'ne Parole raus." Er hat uns getriezt und immer wieder nach vorn getrieben. Wir waren ehrgeizig und haben es tatsächlich geschafft, was vor der Saison keiner von uns Spielern geglaubt hatte. Aber dann holst du die Punkte und glaubst immer mehr daran. Der Glaube versetzt Berge. So sind wir 1995 aufgestiegen.

Der Verein hat dann bis 2005 ununterbrochen in der 1. Bundesliga gespielt. Du hast diese erfolgreichste Phase der Vereinsgeschichte zu großen Teilen mitgemacht …
… acht Jahre!

Wie hast du diese Ära in Erinnerung? Vor allem nach dem Aufstieg seid ihr ja ziemlich steil gegangen.
Ja, wir wurden auf Anhieb Sechster. Frank Pagelsdorf wechselte dann zum HSV, und es kam Ewald Lienen als Trainer. Unter ihm wurden wir 1997/98 nochmal Sechster und haben im UI-Cup gespielt. Leider lief es dann nicht mehr wie gewünscht. Wir sind immer weiter abgerutscht. Und dann kam Andreas Zachhuber … Worauf ich hinauswill: 29. Mai 1999, das entscheidende Spiel in Bochum. Es war natürlich prägend für viele Hansa-Fans, aber auch für uns Spieler, dass wir mit dem 3:2-Sieg am letzten Spieltag die Klasse gehalten haben. Auch danach war es immer so ein Auf und Ab. Aber damals herrschte eine solche Geschlossenheit im Verein. Jeder ist für jeden eingestanden. Das galt für die Verantwortlichen, aber ebenso für die Spieler und Trainer. Das hat alles super funktioniert. Mit unseren geringen Mitteln haben wir immer wieder die Klasse gehalten. In der Nachbetrachtung muss man sagen: Das war sensationell.

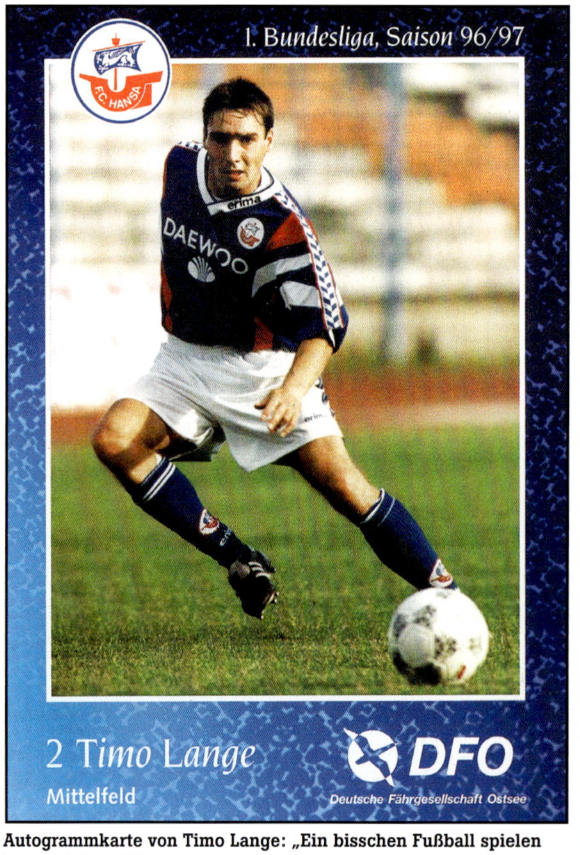

Autogrammkarte von Timo Lange: „Ein bisschen Fußball spielen konnte ich auch"

In Bochum warst du aktiv beteiligt. Es war nur ein Klassenerhalt von vielen, aber du hast selbst mal gesagt, es habe sich angefühlt „wie eine Meisterschaft". Was war für dich das Besondere an Bochum 99?
Es herrschte glühende Hitze, schwüles Wetter, gefühlte 45 Grad im Stadion. Wir haben getrieft, wir haben geschwitzt, wir waren nur am Trinken, vor dem Spiel, während des Spiels. Das war eigentlich Wahnsinn. Vor allem, wenn man sich klarmacht: Wir lagen 1:2 zurück. Dass wir nochmal zurückgekommen sind, war der Oberhammer! Aber es unterstreicht eben auch diese Geschlossenheit im Verein, von der ich eben sprach. Wir als Mannschaft haben uns zusammengerauft. Natürlich gehört auch Glück dazu, aber wir haben nach vorn gepowert wie die Wilden, obwohl wir kaum noch konnten. Auch die Bochumer waren k. o. – doch wir hatten mehr entgegenzusetzen. Wir wollten es unbedingt und haben es am Ende durch unsere Willenskraft tatsächlich geschafft.

Du hast das 1:0 für Olli Neuville aufgelegt. Später wurdest du ausgewechselt und hast selbst gesagt: „Ich war völlig kaputt, ich konnte nicht mehr." Mal ehrlich: Als du dann auf der Bank saßest, hast du da nicht innerlich aufgegeben?
Nee, wir haben nicht aufgegeben! Andreas Zachhuber hat uns immer wieder eingeimpft: Egal, wie es steht, wir versuchen bis zum Schluss alles! Ich wurde ausgewechselt, Abder Ramdane kam für mich rein. Dann haben wir das 2:2 gemacht. Draußen haben alle mitgefiebert, wir sind da rumgehüpft. Als dann das 3:2 fiel – Flanke Hilmar Weilandt, und Slawomir Majak köpft das Ding dem Torwart Ernst durch die Beine –, waren wir kaum noch zu halten. Es ging nur noch darum, die letzten acht, neun Minuten irgendwie über die Bühne zu kriegen. Es war der helle Wahnsinn. Was danach abgegangen ist ... ich weiß nicht mehr, wie lange wir gefeiert haben. Dann auch noch der Empfang in Rostock. Bis in die Abendstunden war es immer noch glühend heiß ...

Du bist mit 165 Spielen Hansas Rekordspieler in der Bundesliga. Was bedeutet dir das?
Wenn ich ganz ehrlich bin: Das kommt alles so im Laufe der Jahre. Man spielt, man will immer spielen. Das ist klar. Als über 30-Jähriger war ich natürlich kein Stammspieler im üblichen Sinne mehr. Aber auch durch diese Kurzeinsätze bin ich auf die 165 Spiele gekommen. Im Nachhinein bedeutet mir das schon etwas. Es ist eine tolle Sache, dass ich das geschafft habe, und es zeigt natürlich auch, wie lange ich dem Verein die Treue gehalten habe. Das ist ja heutzutage nicht mehr so üblich. Ich hab mich in Rostock immer wohlgefühlt und bei Hansa sowieso. Ich wollte da nie weg. Es ist einfach schön gewesen, für Hansa in der 1. Bundesliga zu spielen. So war das. Nicht mehr und nicht weniger. Das Leben geht immer weiter.

Was warst du für ein Spielertyp in deiner aktiven Zeit, und wie hat sich deine Rolle in der Mannschaft mit den Jahren verändert? Du warst ja dann auch Kapitän.
Wichtig war 1992, als ich zu Hansa kam. Ich wurde sofort Stammspieler und habe in dieser Zeit auch viel gelernt. Man lernt ja von jedem Trainer etwas. Ich war ein ruhiger Typ, als ich hier ankam, später wurde ich auch mal lauter. Jeder Spieler entwickelt sich ja auch weiter. Ich habe in der 1. Bundesliga viele Spiele gemacht, aber ich war nicht immer Stammspieler, das muss ich auch mal betonen. Als wir unter Frank Pagelsdorf aufgestiegen sind, war ich erstmal draußen. Es wurden viele neue Spieler geholt. Aus solchen Sachen lernt man einfach. Ich hab nie aufgesteckt, mich im Training immer reingehauen. Unter Ewald Lienen wurde ich wieder Stammspieler, dann auch Kapitän. Und wenn man 30 wird, dann sieht man den Fußball aus einem ganz anderen Blickwinkel als mit 18 oder 22. Im Rückblick ist die Zeit so schnell vergangen, und auf einmal ist die Profikarriere beendet.

Du bist ja der Fußballgott ...
... ja, den Namen haben sie mir verpasst.

Erinnerst du dich noch, wann du zum ersten Mal so gerufen wurdest? Und wo kommt das eigentlich her?
Genau weiß ich es nicht. Aber es ist auf jeden Fall in den Neunzigern entstanden. 1995 oder 1997. Ja, warum eigentlich Fußballgott? Ich bin ja die rechte Seite immer hoch- und runtergelaufen. Im läuferischen Bereich war ich halt sehr gut unterwegs, und dann kam ich natürlich über die kämpferische Schiene. Es ist bei den Zuschauern gut angekommen, dass ich mich immer dazwischengehauen habe. Ein bisschen Fußball spielen konnte ich auch, hab die eine oder andere gefährliche Flanke reingeschlagen, aus der dann ein Tor entstanden ist. Ich denk mal, die Zuschauer haben es honoriert, dass ich immer alles gegeben habe. Dass ich gekämpft habe wie ein Tier.

Es wird ja immer viel darüber philosophiert, was bei den Spielern unten auf dem Rasen ankommt: Blenden sie die Kulisse aus, oder nehmen sie die Atmosphäre wahr? Wie fühlt man sich, wenn man auf dem Spielfeld steht und als „Fußballgott" gefeiert wird?
Man hört das, man nimmt es auf, und man freut sich innerlich darüber. Selbst heute auf der Straße kommt es immer noch vor, dass ich „Timo Lange Fußballgott" gerufen werde.

Es ist ja doch erstaunlich, dass ein „Kampfschwein" wie du

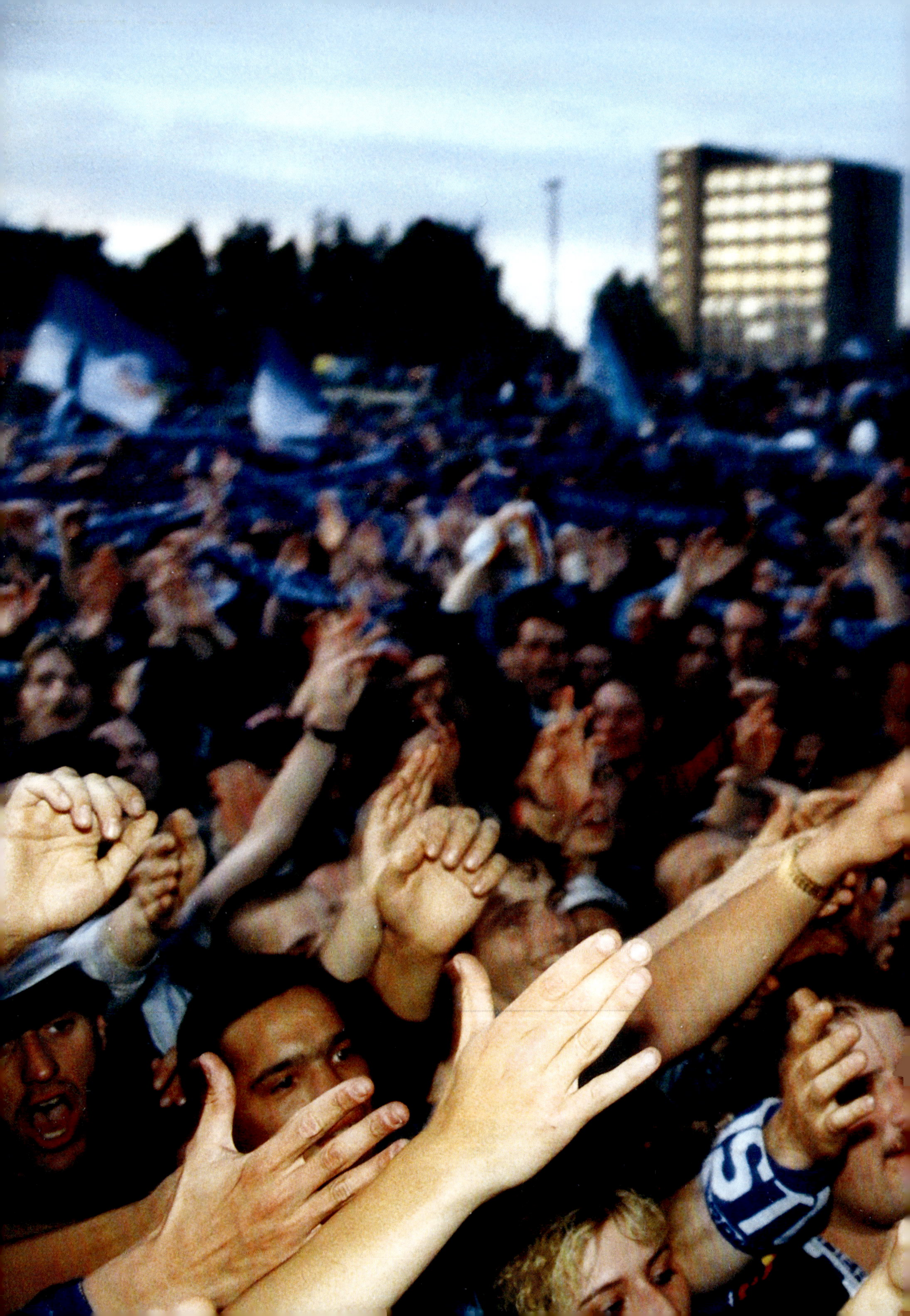

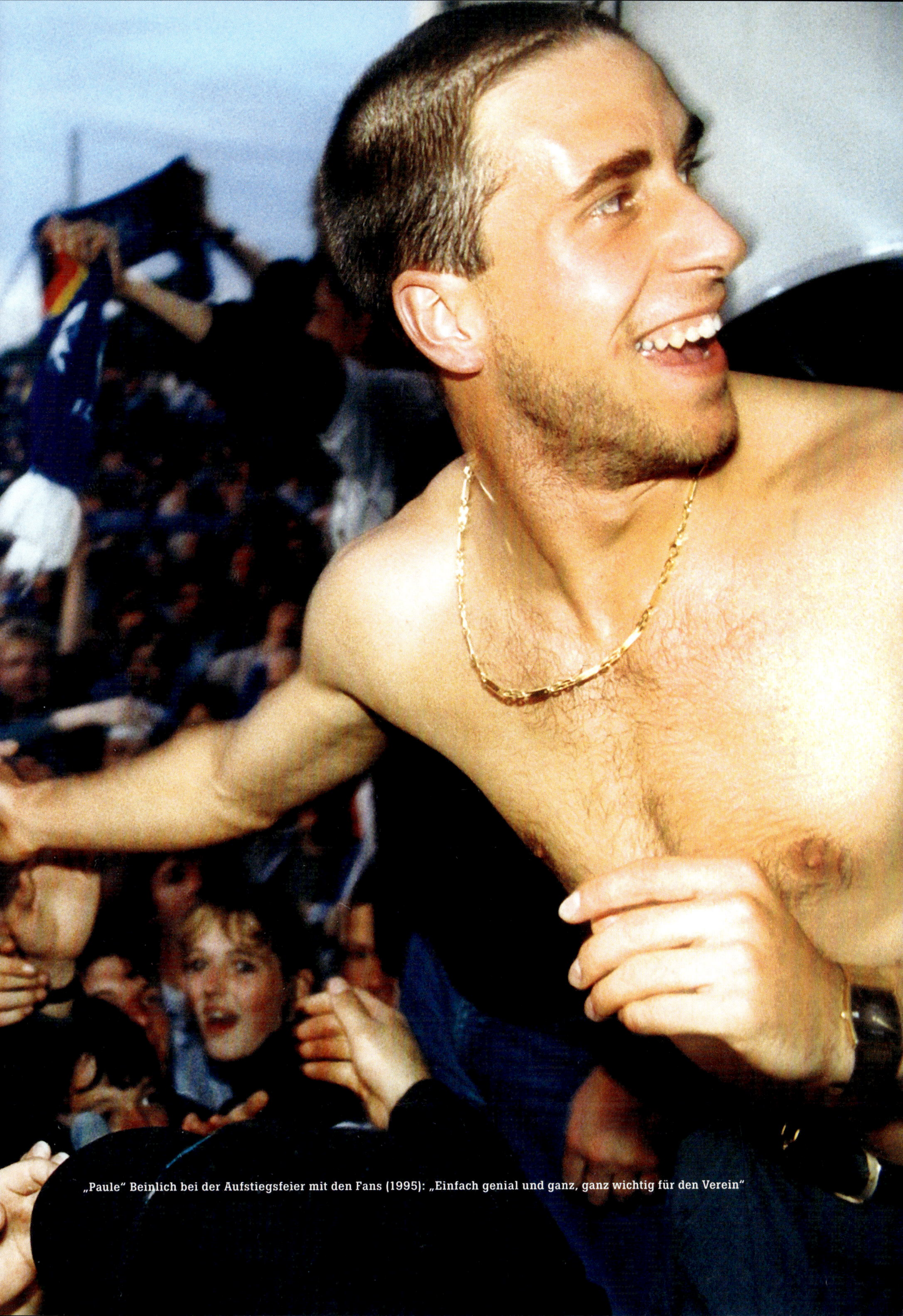

„Paule" Beinlich bei der Aufstiegsfeier mit den Fans (1995): „Einfach genial und ganz, ganz wichtig für den Verein"

zu solch einer Ehre kommt. Normalerweise werden nur die filigranen Supertechniker so geadelt.
Bei Hansa gab es zwei Spieler, auf die das zutraf und die für mich prägend waren in dieser ganzen Bundesliga-Zeit: Paule Beinlich und Oliver Neuville. Die beiden waren einfach genial und ganz, ganz wichtig für den Verein. Natürlich gab es auch noch andere, Hilmar Weilandt zum Beispiel. Aber warum gerade ich auserwählt wurde von den Fans mit so einem Schlachtruf? Keine Ahnung.

Was hatte eigentlich Jens Lehmann für ein Problem mit dir?
Das war 1999, er war damals Torwart bei Borussia Dortmund. Ich bin in den Strafraum rein, und es gab Elfmeter. Er hat mich angefaucht, ich solle mich nicht so theatralisch hinschmeißen, worauf ich einen Spruch machte: „Wat willst du denn?" oder sowas in der Art. Plötzlich packte er meinen Haarschopf mit seinen Handschuhen, als ob er mir ein Büschel Haare ausreißen wollte. Dafür hat er die Rote Karte bekommen.

Wurdest du denn gefoult?
Es gab ja damals noch keinen Videobeweis. Klar hat man versucht, jede Berührung zu nutzen, um vielleicht einen Elfmeter herauszuholen. Das war zu der Zeit ganz normal. Heute ist das natürlich nicht mehr machbar, weil es sofort überprüft wird. Aber ich glaube schon, dass ich berührt wurde.

Wenn man deine Karriere im Zeitraffer betrachtet, dann fällt auf, dass sie ziemlich geradlinig verlaufen ist und sehr erfolgreich war.
Das habe ich natürlich auch Hansa zu verdanken. Es war so abgesprochen, dass ich nach dem Ende meiner Profi-Laufbahn 2003 noch ein Jahr bei der Amateurmannschaft spiele. Ich sollte die jungen Spieler führen. Das hat funktioniert. Es hat mir auch Spaß gemacht. Aber es fiel mir schon schwer – mit 36 habe ich doch langsam meine Knochen gespürt. Für die nächste Saison wurde ich zum Cheftrainer der zweiten Mannschaft berufen. Zwischendurch habe ich noch schnell den A-Schein gemacht. Es war ein erfolgreiches Jahr: Wir wurden Staffelsieger in der Oberliga und haben den Landespokal gewonnen.

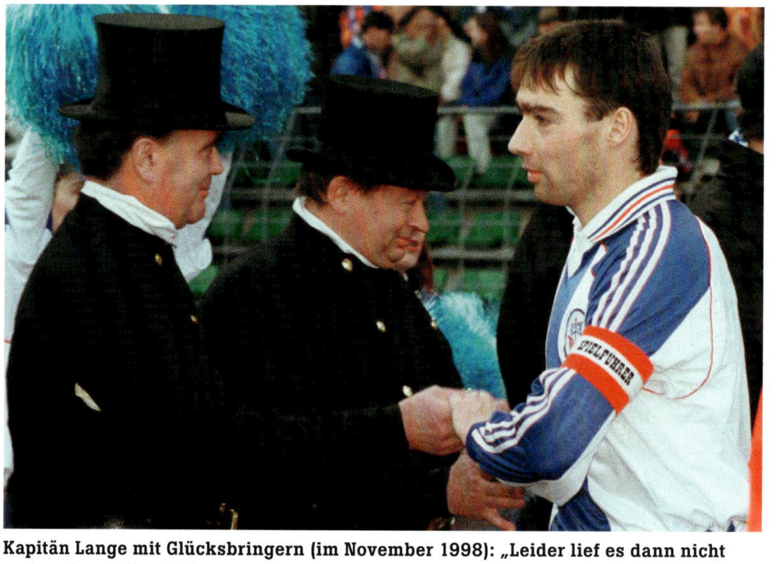

Kapitän Lange mit Glücksbringern (im November 1998): „Leider lief es dann nicht mehr wie gewünscht"

Hat dich das zum Co-Trainer qualifiziert, oder wie kam es, dass du Frank Pagelsdorf an die Seite gestellt wurdest?
Der Verein war der Meinung, dass ich das ganz gut gemacht habe mit den Jungs, und ich hab ja in der zweiten Saison die Amateurmannschaft auch vorbereitet. Bei den Profis wurden Jörg Berger und Frank Engel nach zwei oder drei Spielen beurlaubt. Dann holte man Frank Pagelsdorf zurück, und mir wurde mitgeteilt, dass ich an seiner Seite Co-Trainer werden sollte. Es ging auch darum, Spieler aus der Amateurmannschaft in der ersten Mannschaft mit einzubauen. Zum Beispiel Marc Stein. Den hatte ich bei den Amateuren, er wurde dann auch Stammspieler bei den Profis. Es waren sieben oder acht Spieler, die mittrainiert haben. Dieser Gedanke steckte dahinter.

Wie war es, mit „Pagel" zusammenzuarbeiten?
Er war sehr fordernd und hat den Spielern alles abverlangt, ist aber im Vergleich zu den Neunzigern viel ruhiger gewesen. Er hatte seine eigenen Vorstellungen, die er Perry Bräutigam und mir immer mitgeteilt hat. Perry war der Torwarttrainer, wir haben das ja zu dritt gemacht. Wir hatten beide

unter ihm gespielt und lernten ihn nun von der anderen Seite kennen. Er hat uns immer angehört, aber am Ende allein entschieden.

Apropos „ruhiger geworden“: Nach außen war er ja immer schon der große Schweiger, und als ziemlich stur galt er auch. Aber ihr wart ein Team auf Augenhöhe?
Auf jeden Fall. Es hat ja auch funktioniert. Wir waren erfolgreich und sind 2007 wieder in die 1. Bundesliga aufgestiegen. Wenn ich jetzt mal die gesamte Zeitspanne betrachte: Wir haben fast dreieinhalb Jahre zusammengearbeitet! Das ist schon eine gewaltige Zeit – verglichen mit dem Trainerverschleiß heutzutage.

Es gab ja damals dieses Rekordspiel gegen TuS Koblenz, dieses 9:0. Man dachte, hoppla, was ist denn hier los? Aber danach stagnierte Hansa, und im November wurde Pagelsdorf entlassen. Kann es sein, dass so ein Spiel dazu führt, dass man sich als Mannschaft weniger anstrengt?
Nach dem Spiel hat Frank Pagelsdorf gesagt: „Lieber hätte ich neunmal 1:0 gewonnen als einmal 9:0.“ Das sind prägende Sätze, die man nie vergisst. Danach haben wir fünfmal nicht gewonnen. Im fünften Spiel führten wir 2:0 gegen Osnabrück und bekamen in der Schlussphase noch zwei Gegentore. Danach wurde er beurlaubt – und ich mit. Aber der wahre Grund lag ganz woanders. Pagelsdorf hatte sich mit dem Manager Stefan Studer überworfen, und der Vereinsvorsitzende Dirk Grabow wartete nur auf den Zeitpunkt, an dem er ihn entlassen konnte.

Welche Saison bei Hansa war deine beste?
Der Bundesliga-Aufstieg 1995. Er hat ja für Rostocker Verhältnisse eine Ewigkeit gehalten.

Und dein schönstes Tor?
Das war ein Knallbonbon aus 18 Metern in den späten Neunzigern bei Bayer Leverkusen. In der 2. Liga haben wir mal 4:2 bei St. Pauli gewonnen. Da habe ich ein Tor vorbereitet und zwei selber gemacht. Auch in der 1. Bundesliga hab ich gegen St. Pauli oft getroffen. Der Verein lag mir anscheinend.

RB LEIPZIG – F.C. HANSA 1:2

Leipzig, 2013

Ich hatte Leipzig 2009 verlassen, nach 22 Jahren in dieser einst grauen, inzwischen aber jungen, wilden, unaufhaltsam aufstrebenden Stadt. Das einzige Hansa-Spiel, das ich hier jemals live gesehen hatte, war ein 4:0-Auswärtssieg der Amateure gegen die SG Sachsen (ehemals und heute wieder: Chemie) am 27. September 2008 im Zentralstadion gewesen. Addy-Waku Menga hatte zwei herrliche Tore beigesteuert, etwa 30 Hansa-Fans bevölkerten den Gästeblock in der weithin leeren WM-Schüssel, die beiden Jungs vom Chemie-Fanradio Leutzscher Welle, mein damals zehnjähriger Sohn Jons und ich waren die einzigen Lebewesen auf der gigantischen Pressetribüne … Und nun die Rückkehr nach L.E., wie wir das neue Leipzig in den frühen Neunzigern liebevoll getauft hatten: Hansa gastierte in der 3. Liga bei RB. Vor 23.000 Zuschauern schossen Blacha und Plath die Kogge zum heiligen 2:1-Auswärtssieg. Oben im Rang prangte das unvergessene Banner „In Leipzig wird es immer nur Lok und Chemie geben“, und wenn ich daran denke, dass es der gefürchtete Ex-Hool und spätere Lok-Präsident Steffen Kubald war, der, nun als Ordner in Diensten von Rasenballsport, mein Ticket abriss, dann kriege ich noch heute eine Gänsehaut.

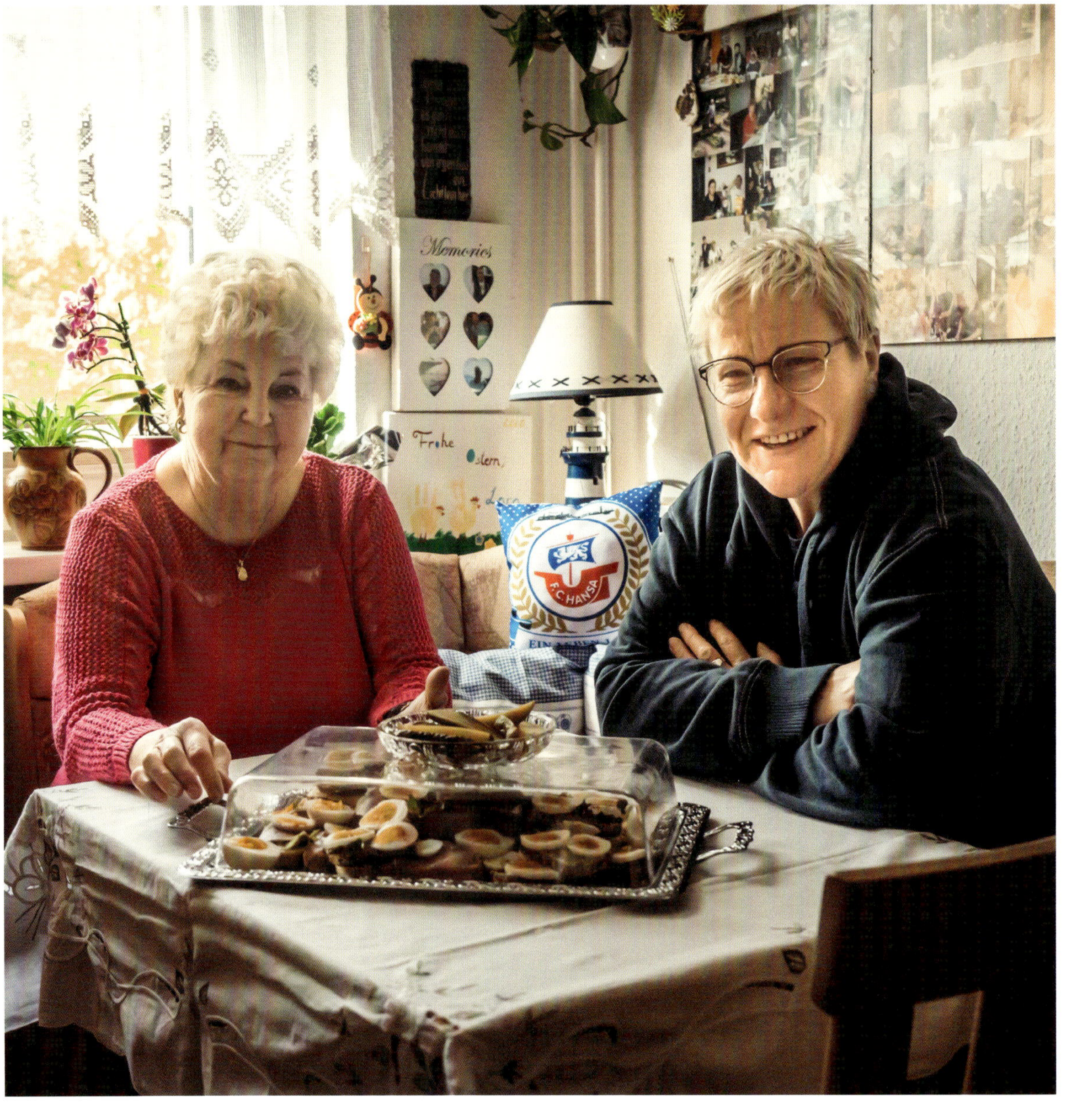

Powerfrauen

Marita Natzke und Heike Petereit haben den ersten Frauen-Fanclub der Kogge aufgebaut. Die Liebe zu Hansa geht bei den beiden auch durch den Magen.

Als der Anruf kam, war Oma Marita gerade beim Haare-Machen. Sie ließ ihre Stammkundin aus der Nachbarschaft kurz warten und ging ans Telefon. Dann musste sie erstmal kurz nach Luft schnappen: „Ich sach: Stefan Beinlich? Was denn?" Aber sie hatte richtig gehört. Kein Geringerer als „Paule" Beinlich, Hansa-Legende und nunmehr Leiter des Nachwuchsakademie des Vereins, wollte Marita Natzke aus Rostock-Schmarl höchstpersönlich sprechen.

Das Telefonat bescherte der energischen Mittsiebzigerin ein Ehrenamt, das sie seit November 2021 leidenschaftlich und, man kann es nicht anders sagen, euphorisch ausfüllt: Drei Tage in der Woche, in der Regel von Dienstag bis Donnerstag, erscheint sie im Internat und kümmert sich als Mädchen für alles um die jungen Hanseaten, kocht, backt und näht für sie, nimmt sich auch mal Zeit für Gespräche. Am Anfang, gibt sie zu, hätten die Jungs sie komisch angeguckt und wahrscheinlich gedacht: „Was will die denn jetzt?" Aber mittlerweile winken sie ihr schon von weitem zu, wenn sie das Internat betritt. „Oma Mariiita" ist da!

Dass der Verein auf sie aufmerksam wurde, war kein Zufall. Schließlich führt sie seit über zwei Jahrzehnten ihren eigenen Fanclub und pflegte zeitweise enge persönliche Kontakte zu einigen Spielern. Die Powerfrauen, gegründet 1998 in Bad Doberan, beließen es nämlich nicht beim regelmäßigen Besuch von Heim- und Auswärtsspielen der Kogge. Sie wollten mehr, suchten gezielt die Nähe ihrer Helden und gingen direkt auf sie zu: Nach dem Training verteilten Marita Natzke und ihre Mitstreiterin Heike Petereit am Zaun Einladungskärtchen, die einen gemütlichen Grillabend im Garten versprachen. Die Resonanz ließ nicht lange auf sich warten …

Heike: *Ich bin Köchin in einer Mutter-Kind-Klinik in Rerik. Mein Vater und mein Bruder haben früher immer Fußball geguckt. Ich mochte das nie, hab es eigentlich sogar gehasst. Aber irgendwann, da war mein Vater schon gestorben, hab ich gesagt: Ich möchte auch einmal ins Stadion! Mein erstes Spiel war auswärts in Dortmund, und von da an ging es los: jedes Auswärtsspiel, jedes Heimspiel. Wir hatten dann auch Jahreskarten.*

Es war eine Anzeige in der Zeitung, die Marita Natzke im Mai 1964 aus ihrem Heimatdorf Angern im heutigen Sachsen-Anhalt an die Ostsee lockte. In Sellin auf der Insel Rügen wurde eine Friseurin gesucht. Sie zog nach Norden, heiratete bald und bekam zwei Kinder, doch die Ehe hielt nicht lange. Mit ihrem zweiten Mann, einem Polizisten, zog sie nach Doberan weiter, wo sie sich nach dem Ende der DDR mit ihrem „Salon Marita" selbstständig machte. Hier lernte sie auch Heike kennen, die aus der *Ostsee-Zeitung* von dem neuen Fanclub erfahren hatte und diesem beitreten wollte.

Die Powerfrauen waren der erste rein weibliche Fanclub des F.C. Hansa und – davon ist Marita überzeugt – von ganz Deutschland. Aber das lässt sich nicht so einfach überprüfen. Dahinter steckt jedoch kein feministisches Projekt. Vielmehr hatte Marita nach ihrer zweiten Scheidung trotzig beschlossen: „Bei mir kommen nur Frauen rein!" Zunächst verkaufte sie eine Zeitlang im Fanprojekt Bockwurst und Bier. Dort lag ihr der langjährige Fanprojekt-Leiter Peter Schmidt in den Ohren, sie solle doch einen eigenen Fanclub aufmachen. Bis sie es eines Tages wirklich tat: Am 31. Januar 1998 wurden die Powerfrauen gegründet. Zwischenzeitlich schlossen sich ihnen bis zu 25 Frauen und junge Mädchen an – heute sind sie immerhin noch zu acht. Ein Mann ist neuerdings auch darunter. Seit Marita von Doberan nach Rostock umgezogen ist und keinen Garten mehr besitzt, finden die Grillabende bei Ralf statt.

Marita: *Wir haben viel unternommen und sind bald zu jedem Auswärtsspiel gefahren, entweder mit dem Fanbus oder mit dem Sonderzug, mit dem eigenen PKW oder einem Mietwagen. Wir waren überall in Deutschland, in fast jedem Stadion. Auf der Fahrt nach Bochum 1999 bin ich durch den ganzen Zug gelaufen und hab alle geschminkt. Ich kam nicht mal dazu, einen Piccolo zu trinken! Bald hieß es überall, wo ich auftauchte: „Hansa-Mutti! Ich auch! Und ich auch noch!" Das hat ganz viel Spaß gemacht. Es war so schön, wenn wir zusammen gefahren sind. Man sagt ja immer, Frauen seien zickig. Aber wir haben uns in all den Jahren nicht einmal gestritten.*

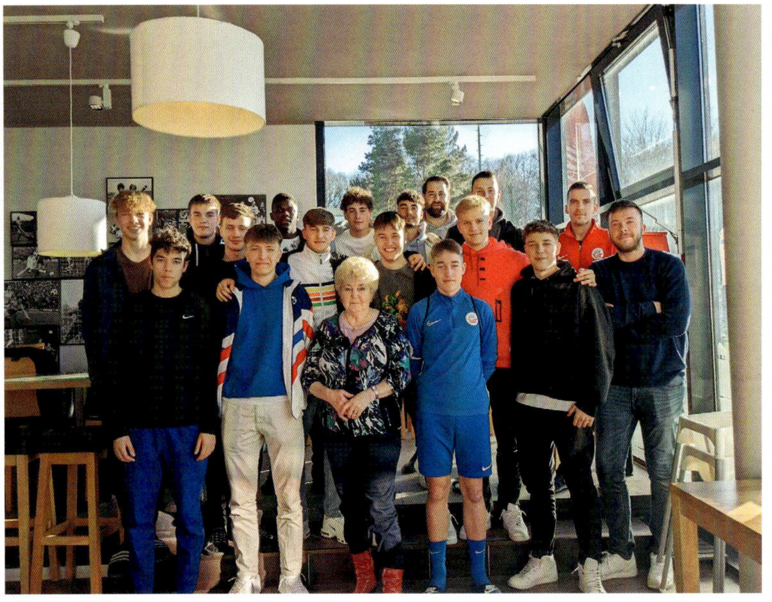

Marita Natzke mit Jugendspielern im Internat: „Du bist ja noch so frisch"

Heike: *Manchmal gab es Anfragen wegen Fußballturnieren. Viele denken ja dann, dass man auch Fußball spielt, wenn man einen Fanclub hat.*

Marita: *Wir nicht.*

Stattdessen wurde fröhlich in Maritas Garten gegrillt. Die Herren Profis ließen sich nicht lange bitten: Torwart Mathias Schober, die Verteidiger Delano Hill und Rayk Schröder, Timo Lange und auch ein gewisser René Rydlewicz zählten zu den Stammgästen. „Marita hatte einen schönen blau-weißen Grill", erzählt Heike, „und da ich ja in der Küche arbeite, hatte ich immer Grillfleisch und Wurst dabei. Sie sind alle gern gekommen."

Für Diskretion in der Doberaner Lessingstraße war ebenfalls gesorgt.

Marita: *Ich hatte um meinen Garten einen zwei Meter hohen Lamellenzaun errichtet. Da haben sich die Spieler so wohlgefühlt! Ich hatte auch einen überdachten Carport, da saßen wir immer, so dass das keine Fremden mitbekommen haben. Wir waren immer unter uns.*

Das kulinarische Moment scheint bei sämtlichen Aktivitäten der Powerfrauen eine zentrale Rolle zu spielen. Wäre es ein Trikot, dann trüge es die Nummer zehn. Auch bei unserem Interview ist es anwesend: Auf dem Tisch steht eine opulente Schnittchenplatte, zu deren Verzehr der Besucher immer wieder mit Nachdruck aufgefordert wird. Er gibt sein Bestes. Die Stadionwurst hat danach definitiv keine Chance mehr.

Auch im Hansa-Internat verwöhnt „Oma Marita" ihre Jungs. Sie kocht ihnen Nudeln und backt blecheweise Kuchen, zum Geburtstag gibt's eine Tafel Schokolade, mindestens. Um sich alle 22 Namen merken zu können, ließ sie anfangs einen Zettel herumgehen, auf dem sich die Jungkicker mitsamt ihrem Geburtsdatum eintragen mussten. Manch einer äußert inzwischen sogar Sonderwünsche.

Hasip: *Marita, kann ich mir bei dir was wünschen?*

Marita: *Kommt drauf an.*

Hasip: *Machst du mir einen großen Teller Eierkuchen und ein bisschen Nutella dazu?*

Dem Vernehmen nach wurde der Wunsch erfüllt, und man fragt sich nur leise, ob sich diese liebevolle Art der Zuwendung auf Dauer auch wirklich leistungsfördernd auswirkt. Marita weist solche Zweifel von sich: „Die trainieren sich das ab", erklärt sie entschieden. Ende der Debatte. Mittlerweile ist sie hier so glücklich, dass sie manchmal aus heiterem Himmel ganz sentimental wird. „Ihr müsst mich später hier raustragen, wenn ich mal umfalle", platzte es einmal aus ihr heraus. Milosz, Mittelfeldspieler bei den A-Junioren, beruhigte sie: „Marita, wir passen auf dich auf. Aber du bist ja noch so frisch!" Sie rollt das „rrr", wenn sie die Szene rekapituliert.

Der junge Mann hat ja recht: Frische und Energie kann man Marita (und auch Heike) wahrlich nicht absprechen. 2023 werden die Powerfrauen 25 Jahre jung. Ein schönes Alter.

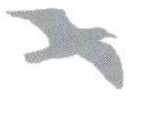

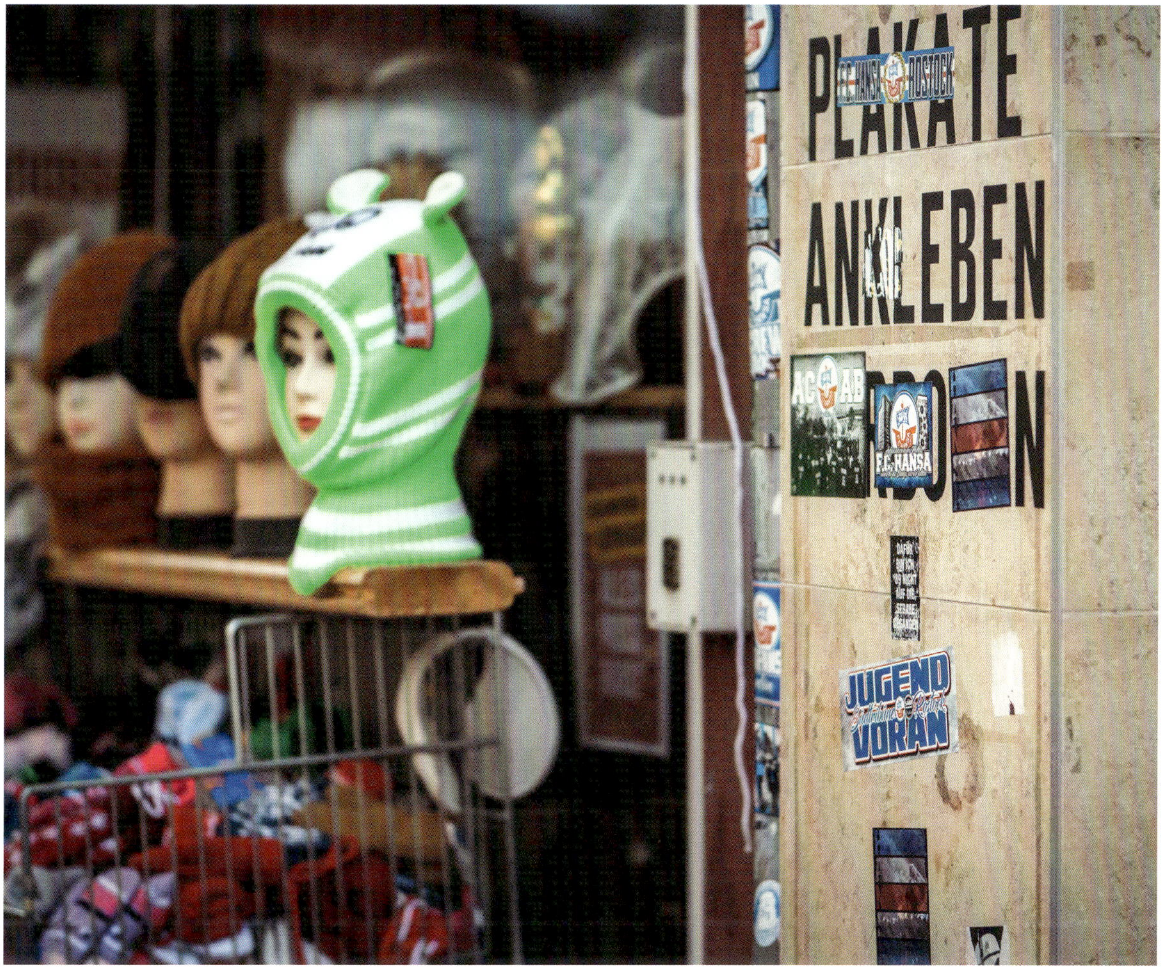

1. FC UNION – F.C. HANSA 5:4

Berlin-Köpenick, 2012

Beim ersten Abstieg in die 3. Liga habe ich noch hemmungslos geheult. Ich irrte durch die Theaterkantine des Schauspiel Hannover und musste von der Chefdramaturgin getröstet werden. Zwei Jahre später – wir schrieben den 29. April 2012 – war ich als Persönlichkeit gereifter und auf alles gefasst, als ich am vorletzten Spieltag nach Berlin aufbrach, um dem Auftritt der Hanseaten bei Union beizuwohnen. Sie hatten ohnehin nur noch theoretische Chancen. Aber es war eben auch meine ganz persönliche Premiere in der Alten Försterei. Zudem war ich nach dem Spiel mit Lopatta verabredet, einer schillernden Figur der Union-Szene, Schauspieler und guter Bekannter aus längst vergangenen Leipziger Tagen. Das Spiel war ein Spektakel. Hansa führte früh 2:0, lag bald darauf 2:3 hinten, glich zweimal aus und verlor am Ende 4:5. Alles klar zum Abstieg … An einer Getränkebude wartete ich auf Lopatta. Diesmal würde mich der Eiserne Häuptling trösten müssen, dann wäre es vielleicht weniger schlimm. Aber er kam nicht. Dann kam er doch, hatte aber nur Augen für seine neue blonde Freundin und ließ mich nach fünf Minuten stehen. Da begriff ich, dass es wirklich aus war. Ich hoffe, wir sehen uns bald wieder, Lopatta – in dieser oder jener Liga!

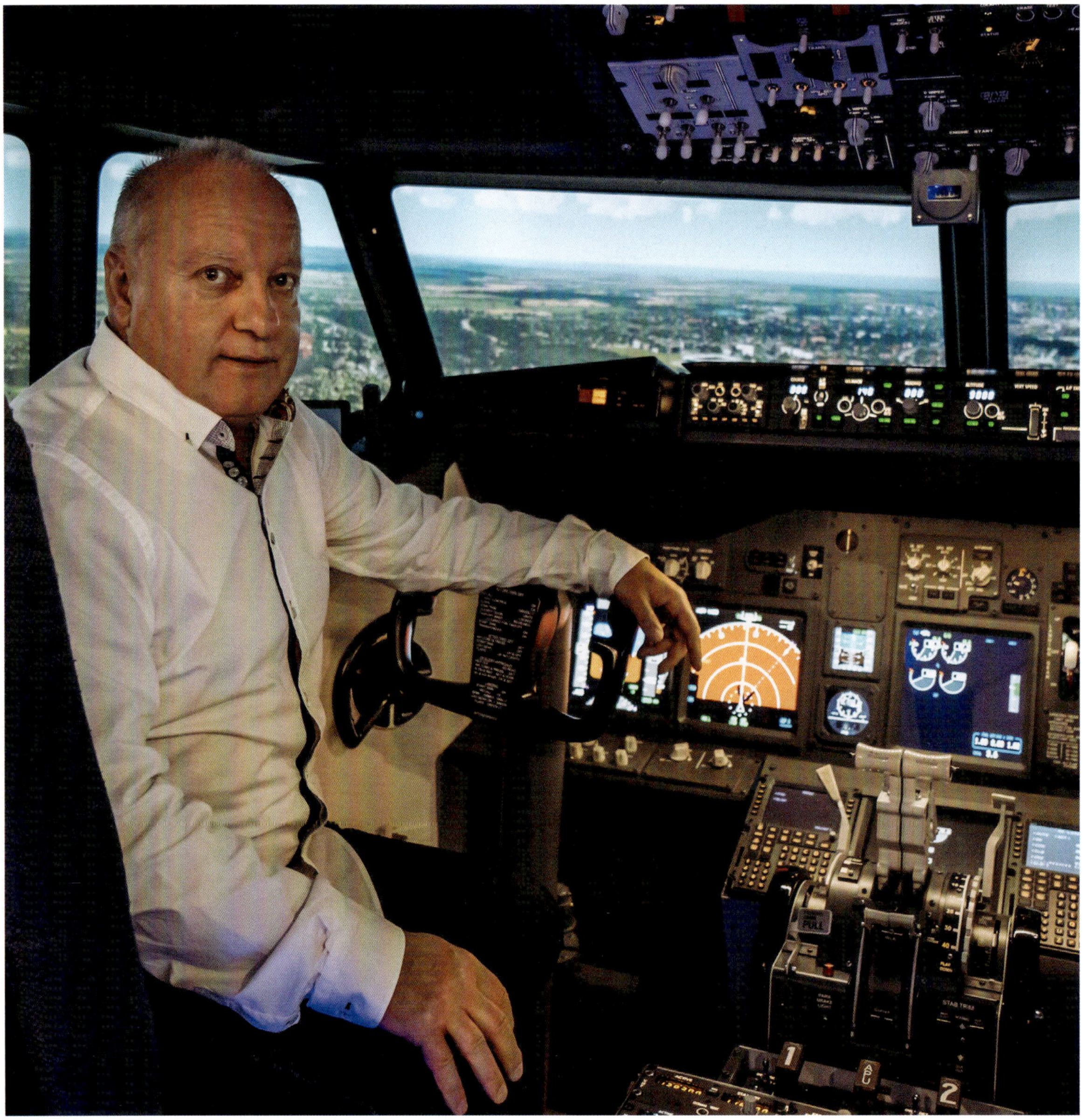

Ein Trikot für Max

Eigentlich wollte Udo Klingenberg seinem Sohn nur einen Geburtstagswunsch erfüllen. Die Geschichte einer Verwechslung

Wer Udo Klingenberg treffen will, muss sich auf den Weg nach Evershagen machen. Hier, in einem schmucklosen Flachbau, residiert der Flugsimulator Rostock, den er 2016 mit einem Partner an den Start gebracht hat und in dem man sich den Traum vom Fliegen erfüllen kann, ohne abzuheben. Ein Herzensprojekt für den gebürtigen Stralsunder, der eine abenteuerliche berufliche Laufbahn hinter sich hat: Er lernte Tischler und Bootsbauer, war Feuerwehrmann und Drogenfahnder. Zu Hansa kam er durch seinen Vater, der damals, 1975, Mannschaftsleiter bei Vorwärts Stralsund war. Udo ist jahrzehntelang zu Hansa gefahren, engagierte sich aber auch für den FCH: Er hat das Fanprojekt mit aufgebaut und höchstpersönlich das Dach des heutigen Fanhauses gestrichen.

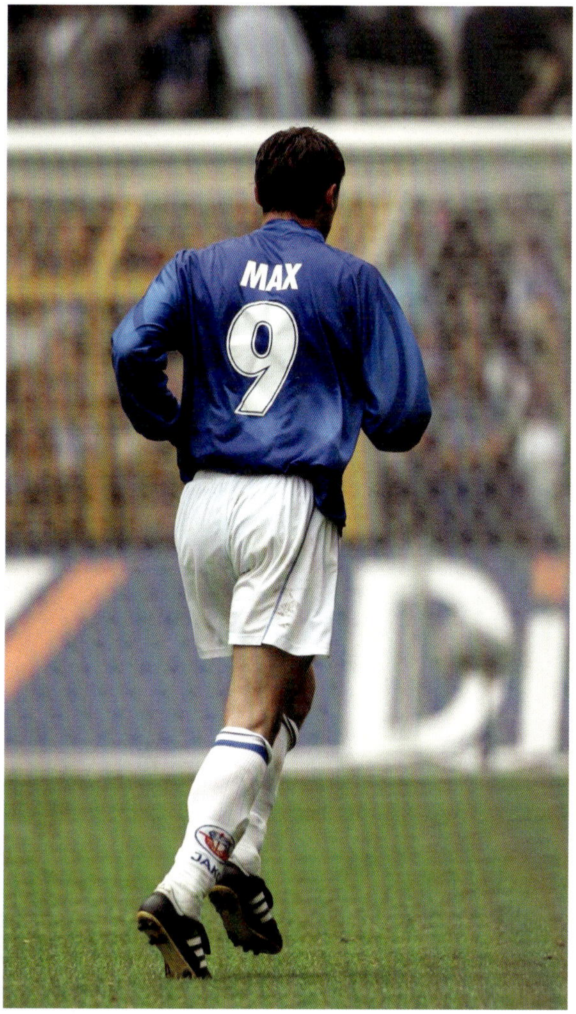

Torjäger Max (2004): „Mensch, ich hab doch noch gar nicht unterschrieben!"

Beim Verein wurden sie irgendwann auf „diesen Verrückten" aufmerksam und beförderten ihn zum Funktionär: Von 1996 bis 2004 gehörte Udo Klingenberg dem Aufsichtsrat des F.C. Hansa an. „Ich hab die glorreichen Zeiten noch mitgemacht", sagt er nicht ohne Stolz und schwärmt besonders von den Auswärtsfahrten nach München. Dreimal hat Hansa die Bayern in deren Stadion geschlagen (1991, 1996 und 2000) – Udo war immer mit dabei. Die schönste Geschichte aber handelt von seinem Sohn Max und einer überraschenden Begegnung im Juni 2003.

Udo Klingenberg: *Der Junge hat zwar erst im Oktober Geburtstag, aber er triezte mich schon im Sommer: „Du, Papa, ich möchte jetzt bitte ein eigenes Trikot haben! Und da soll Max draufstehen und meine Rückennummer neun!" Er hatte selbst kurze Zeit bei Hansa gespielt, dann bei mir in Hohen Luckow und beim SV Reinshagen, später sollte er viele Jahre bei Schifffahrt/Hafen auflaufen, bis hoch zur Verbandsliga. Bei Hansa war er mit allen Trainern befreundet, ob das Juri Schlünz war oder Zacher. Die nahmen ihn alle auf den Arm. Am meisten herzte ihn der „Onkel Frank" – Frank Pagelsdorf. Naja, ich nahm ihn also mit ins Lager in der Geschäftsstelle, und er freute sich riesig. Kaum waren wir fertig, stürmte er die Treppe hoch ins Büro der damaligen Vorstandssekretärin und sagte stolz zu ihr: „Guck mal, Tante Karin, mein neues Trikot!" Und sie schmunzelte schon, naja, das konnte ja keiner ahnen … Plötzlich erschien der damalige Manager Herbert Maronn in der Tür, in Begleitung von Martin Max. Der stutzte und platzte heraus: „Mensch, Herr Maronn, ich hab doch noch gar nicht unterschrieben! Und jetzt läuft hier schon so ein kleiner Steppke mit meinem Trikot rum …"*

Maronn hatte ihm Warnemünde gezeigt und war mit ihm im Hotel Neptun gewesen, um ihm Rostock schmackhaft zu machen. Und nun das. Doch mein Sohn klärte ihn ganz schnell auf: „Nein, das ist mein Trikot. Ich heiße Max. Das hat nichts mit Ihnen zu tun."

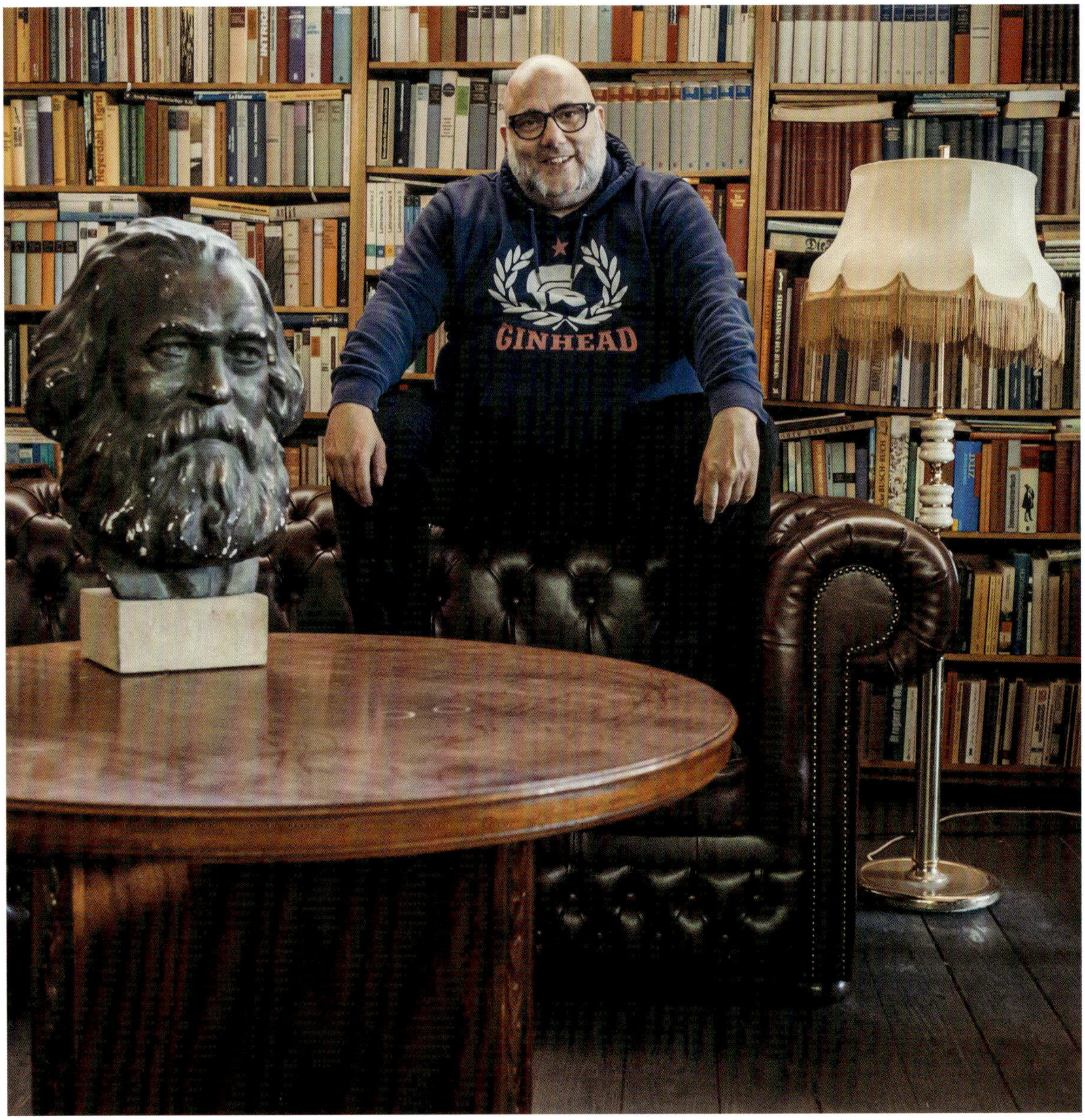

Schnapsman

Rastlos zwischen Rum und Reggae: Frank Schollenberger tanzt auf vielen Hochzeiten – ein schillernder Hanseat mit Bodenhaftung.

Draußen, im Stadthafen, weht ein rauer Wind. Kühler Nieselregen sickert in die Kleider der wenigen Spaziergänger. Man möchte lieber im Bett bleiben an so einem Sonntagmorgen. Drinnen, im Lager, steht Frank Schollenberger zwischen Rum- und Whiskeyfässern. Das hier ist sein Reich. Hier reifen die Schätze, die er später in Flaschen abfüllen, mit originellen Etiketten versehen und in seiner Weinhandlung verkaufen wird. Nebenan im geräumigen Gastraum beherrscht eine große kubanische Flagge die Szenerie. Es gibt eine kleine Bar, eine Armada von Schnapsflaschen aus aller Herren Länder, gemütliche Ledersessel und ein riesiges Bücherregal, das bis zur Decke reicht. Und jede Menge Platz, um wahlweise geistige Getränke zu verkosten oder wild zu tanzen. Schollenberger hat die Location im März 2020 gemietet, am Vorabend der Corona-Pandemie. Dumm gelaufen. Aber halb so wild. Dieser Mann strahlt Zuversicht aus.

Schollenberger, Jahrgang 1970, ist Wein- und Spirituosenhändler mit Läden in Rostock und Bad Doberan, dazu ausgebildeter Barkeeper und Sommelier. Seine Leidenschaft besteht im Ausgraben und Neu-Positionieren historischer Getränkemarken. Aber damit wäre seine Persönlichkeit nur unzureichend beschrieben. Denn Schollenberger ist ein Unikum. Nebenher gibt er seit Jahren das Stadtmagazin *0381* heraus, er hat von 2008 bis 2018 den Zwischenbau betrieben, einen Club in der Südstadt, die Berliner Folk-Punk-Band The Pokes hat ihm einen eigenen Song gewidmet („Schnapsman") – und seit Juni 2020 sitzt er im Aufsichtsrat des F.C. Hansa Rostock.

Letzteres war so noch nicht abzusehen, als es den kleinen Frank 1977 an der Seite seines Onkels zum ersten Mal ins Ostseestadion verschlug. Er hat es bis heute nicht vergessen: Zehnmal sah der Junge den Ball im Netz zappeln, Hansa deklassierte Motor Wolgast in der DDR-Liga mit 10:0. Seit jenem Tag war „Scholle" infiziert mit dem Hansa-Virus. „Hansa", sagt er, „ist seit meinem siebten Lebensjahr ein ständiger Begleiter. Das gehört einfach dazu."

Frühe Prägungen verlöschen nicht, im Gegenteil. Mit zunehmendem Alter kehren sie zurück, werden stärker denn je empfunden. Der redegewandte Schollenberger kann sich noch gut erinnern, wie er als Knirps bei einem Heimspiel der BSG Schiffahrt/Hafen erstmals Live-Fußball erlebte und wenig später von der Aussichtsplattform des Funkturmes fasziniert auf das bunte Gewimmel in der Stadtweide herabblickte. Oder wie er nach dem Umzug seiner Familie aufs Dorf nach Hansa-Spielen mit dem Überlandbus von Rostock zurückfuhr: An der Haltestelle Schillingallee warteten sie auf den Bus, lauter Halbstarke, und plötzlich zog der Pulk der Gästefans an ihnen vorbei. „Das war beeindruckend, wenn da so ein Haufen Unioner oder HFC-Fans die Schillingallee runtergeeiert kam. Der eine oder andere von uns hat dann schnell seinen Schal versteckt, damit er nicht den unfreundlichen Gästen in die Hände fiel."

Als ihn nur wenige Jahre später die sozialistische Gesellschaft feierlich in den Kreis der Erwachsenen aufnahm, stellte der junge Herr Schollenberger seine persönliche Reife auf besondere Art unter Beweis. Er riskierte damit den Unmut von Familie und Gästen, aber in Wahrheit hatte er gar keine andere Wahl.

Frank Schollenberger: *Am Tag meiner Jugendweihe stand ein Heimspiel gegen den BFC Dynamo an. Als Hansa-Fan geriet man da natürlich in einen Gewissenskonflikt, denn wenn damals der BFC in die Stadt kam, war es ungefähr so, als wenn heute die Bayern kommen würden. Man musste einfach dabei sein! Ich hab also die feierliche Jugendweihe-Stunde über die Bühne gebracht. Dann bin ich nach Hause gegangen und ins Stadion gefahren. Während die bucklige Verwandtschaft Kaffee und Kuchen zu sich nahm, feuerte ich Hansa gegen den BFC an. Mein Vater fand das nicht so sexy, aber die Geschenke flossen trotzdem üppig, denn ein Teil meiner Verwandten sympathisierte insgeheim mit meiner Entscheidung.*

Als Hansa-Fan sei er nie der Kuttentyp gewesen, erzählt Schollenberger. Er sieht die großen Jungs noch heute vor sich, wie sie in den siebziger und achtziger Jahren „mit Jeansjacke, Tramper, Hirschbeutel, Shell-Parka und langen Haaren" im Mittelblock standen. Er selbst war in einer anderen Subkultur zu Hause, bewegte sich eher im Grenzbereich zwischen Punk und Skinhead, hörte Ska, Reggae und Soul. Schollenberger muss grinsen. „Das Thema lange

Haare ist an mir vorbeigegangen." Da blieben Missverständnisse nicht aus, erst recht nicht im Umfeld von Hansa-Spielen. Skins waren in jenen Jahren schließlich eher unter den Fans der Berliner Vereine zu vermuten, vor allem beim verhassten BFC. Und so ist es kein Wunder, dass Scholle, der Hansa-Fan, mitten in Rostock auch schon mal als Feind ausgemacht wurde.

Frank Schollenberger: *Wieder spielte Hansa gegen den BFC Dynamo. Ich war mit kurzen Haaren, Militärhose und Springerstiefeln unterwegs. Auf der Brücke Parkstraße traf ich auf ein paar Hansa-Hotten, die mich für einen BFCer hielten. Zuerst tauchte ein etwas kleinerer Langhaariger auf und pöbelte mich an. Den hab ich weggeschubst. Dann bauten sich seine großen Freunde vor mir auf – so Werftlöwen, Riesenkerle – und wollten mich von der Brücke schmeißen. Zu meinem Glück kam in diesem Moment eine Bande Alt-Hauer mit Jeansjacken und langen Haaren vorbei. Sie schnauzten die anderen an: „Seid ihr doof? Man hört doch an der Stimme, dass der Rostocker ist!" Das hat mich gerettet, denn danach hat sich die Situation aufgelöst. Das war ´ne krasse Erfahrung. Ich sah mich schon von der Brücke segeln.*

Jahr für Jahr hatte bei Schollenbergers verlässlich ein Lederball unterm Weihnachtsbaum gelegen. In Bargeshagen, wohin die Familie 1982 gezogen war, beförderte

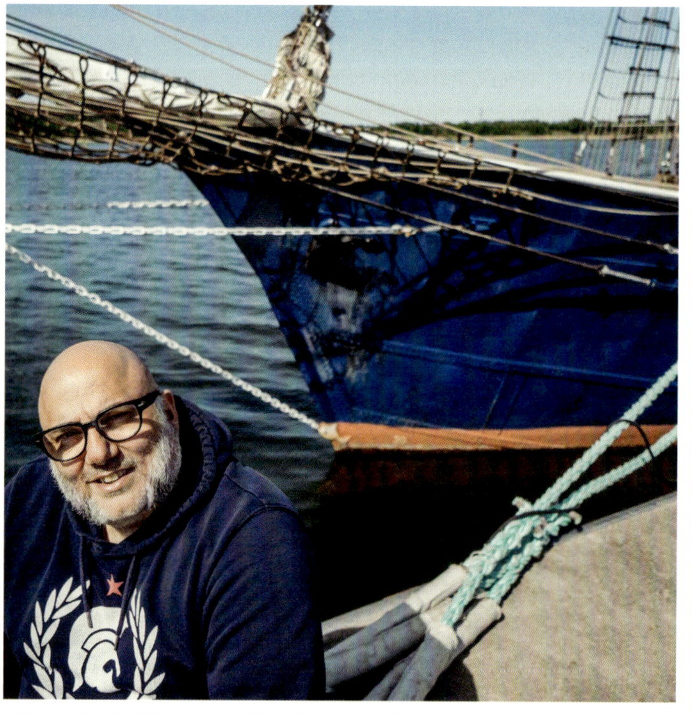

das Spielgerät seinen Besitzer auf Anhieb zum Anführer der kickenden Dorfjugend. Eine Rolle, die Captain Scholle wie auf den Leib geschrieben war und die er mit wachsendem Pioniergeist ausfüllte: Als die Jungs eines Tages beim Herumstromern Schienen einer alten Feldbahn entdeckten, marschierten sie damit schnurstracks zum örtlichen Klempner und baten ihn, die nutzlos gewordenen Metallteile zu Toren zusammenzuschweißen. Was er zu ihrem Erstaunen tatsächlich tat. Sie buddelten die Pfosten ein, strichen sie und knüpften Netze daran, die jemand beim Fischkombinat besorgt hatte. „So hat der Fußball in Bargeshagen angefangen. Der heutige Sportplatz hinter dem ehemaligen Gemeinderat ist auf diese Weise entstanden. Da haben wir dann geknödelt."

Doch das war erst das Vorspiel zur Gründung des ruhmreichen 1. FC Obotrit Bargeshagen, benannt nach den Ureinwohnern Mecklenburgs, als dessen Präsident Frank Schollenberger firmierte. Er kümmerte sich um Sponsoren, sorgte so für schicke Trikots und coole Trainingsanzüge, kreidete den Platz bei Bedarf höchstpersönlich ab, spielte im Team beidfüßig sämtliche Positionen und stellte sich zur Not auch mal ins Tor – *he did it all.* Und sagt plötzlich diesen Satz, der sein schillerndes Wesen verblüffend einfach auf den Punkt bringt: „Im Prinzip bin ich einer, der alles ein bisschen kann und das dann eben gut verkauft."

Das gilt auch für seinen Sponsoren-Auftritt beim F.C. Hansa. Die Bande mit dem schlichten Schriftzug „Schollenberger" kennt wohl jeder regelmäßige Stadiongänger, denn der prüfende Blick hinüber in den Block der mitgereisten Anhänger des Gegners gehört für die meisten Hansa-Fans zum Ritual beim Betreten der Arena. „Wir präsentieren die Pyrotechnik der Gästefans", kommentiert Schollenberger trocken die raffinierte Standortwahl.

Selbst einmal ein Amt bei seinem Lieblingsverein zu bekleiden, war dagegen nicht Teil seines Lebensplans. „Aber anscheinend gab es Leute, die mich vorgeschlagen haben, und dann ist es auch blöd zu kneifen.“ So nahmen die Dinge ihren Lauf: 2016 wurde Schollenberger als 1. Nachrücker gewählt, vier Jahre später zog er tatsächlich in den Aufsichtsrat ein. Bei seiner Vorstellung auf der Mitgliederversammlung habe er weiche Knie bekommen, gesteht er.

Frank Schollenberger: *Ich hab ja sonst ein loses Mundwerk und stell mich auch vor Leuten hin, aber bei Hansa ging mir das plötzlich nahe. Da war ich nicht so cool und hab nicht so locker vom Hocker geschnattert. Der Aufsichtsrat ist ein demokratisches Gremium zur Kontrolle. Dass Leute wie du und ich dort landen können, zeichnet Hansa ja am Ende auch aus. Ein Frank Schollenberger würde bei RB Leipzig sicher nicht im Aufsichtsrat landen. Ich finde die Idee der Mitgestaltung total gut. Wir vom Aufsichtsrat sind alle ansprechbar für die Fans. Da ist keiner dabei, der mit verdunkelter Limousine am Stadion vorfährt oder mit dem Hubschrauber eingeflogen wird. Das sind alles Leute mit Hansa-Herz aus verschiedenen Bereichen, die ein Spiegelbild des Vereins abgeben. Es ist doch eigentlich ganz gut, dass die Aufsichtsratsmitglieder nicht bekannter sind als die Spieler. Da wird lieber mal ein Interview nicht gegeben, als sich vor die Kamera zu drängeln. Ich stehe voll dahinter.*

Ob als Fan, Sponsor oder Aufsichtsrat – Frank Schollenberger lebt Hansa auf mehreren Ebenen. Doch wer hätte gedacht, dass er auch beim Aufstieg in die 2. Bundesliga seine Finger mit im Spiel hatte? Man kennt das ja zur Genüge: Manche Vereine bemühen in der Not Schornsteinfeger oder Wahrsagerinnen, um das finale Spielglück zu erzwingen. Bei Hansa hingegen tat sich Unglaubliches, so noch nie Dagewesenes: Die Spurensuche führt in den Logenbereich der Westtribüne. Dort oben lagert ein Fass Rum. Es sollte, so die Idee, eigentlich nur „den Geist des Stadions einatmen“ und zu einem edlen Tropfen heranreifen, der vielleicht eines Tages an die Fans ausgeschenkt werden würde. Schließlich aber entpuppte es sich als Trojanisches Pferd: „In diesem Fass“, beteuert Scholle, das Schlitzohr, „haben wir den Aufstiegsgeist ins Ostseestadion geschmuggelt. Daraufhin sind wir aufgestiegen.“

F.C. HANSA – SCHALKE 04 2:1

Rostock, 1986

Im November 1986 war der Westen noch weit weg, und die Ankündigung, dass der F.C. Hansa sich in einem „internationalen Fußballvergleich“ mit Schalke 04 messen würde, kam einer Sensation gleich. Das Zuschauerinteresse war entsprechend groß und noch größer die Freude über den 2:1-Sieg der Hanseaten, den ein gewisser Axel Kruse mit seinen beiden Toren herausgeschossen hatte (acht Monate später sollte er ein Match im Intertoto-Cup bei B 1903 Kopenhagen zur Flucht nach West-Berlin nutzen). Mit leuchtenden Augen verfolgte ich die Pressekonferenz nach dem Spiel und machte mich dann beglückt auf den Heimweg. Beim Griff in die Tasche plötzlich der Schock: Das ist nicht mein Anorak! Er sieht zwar genauso aus, dunkelblau mit weißen Streifen, aber er ist es nicht … Die verzweifelte Suche im Presseraum ergab: Die Zwillings-Jacke, die ich mir versehentlich geschnappt hatte, gehörte Stadionsprecher Karl-Heinz Kordt. Die Verwechslung war rasch aufgeklärt, aber meine kurze Begegnung mit „Kalle“, der seit 1954 die Stimme des Ostseestadions war und im Januar 2021 im Alter von 87 Jahren gestorben ist, werde ich niemals vergessen.

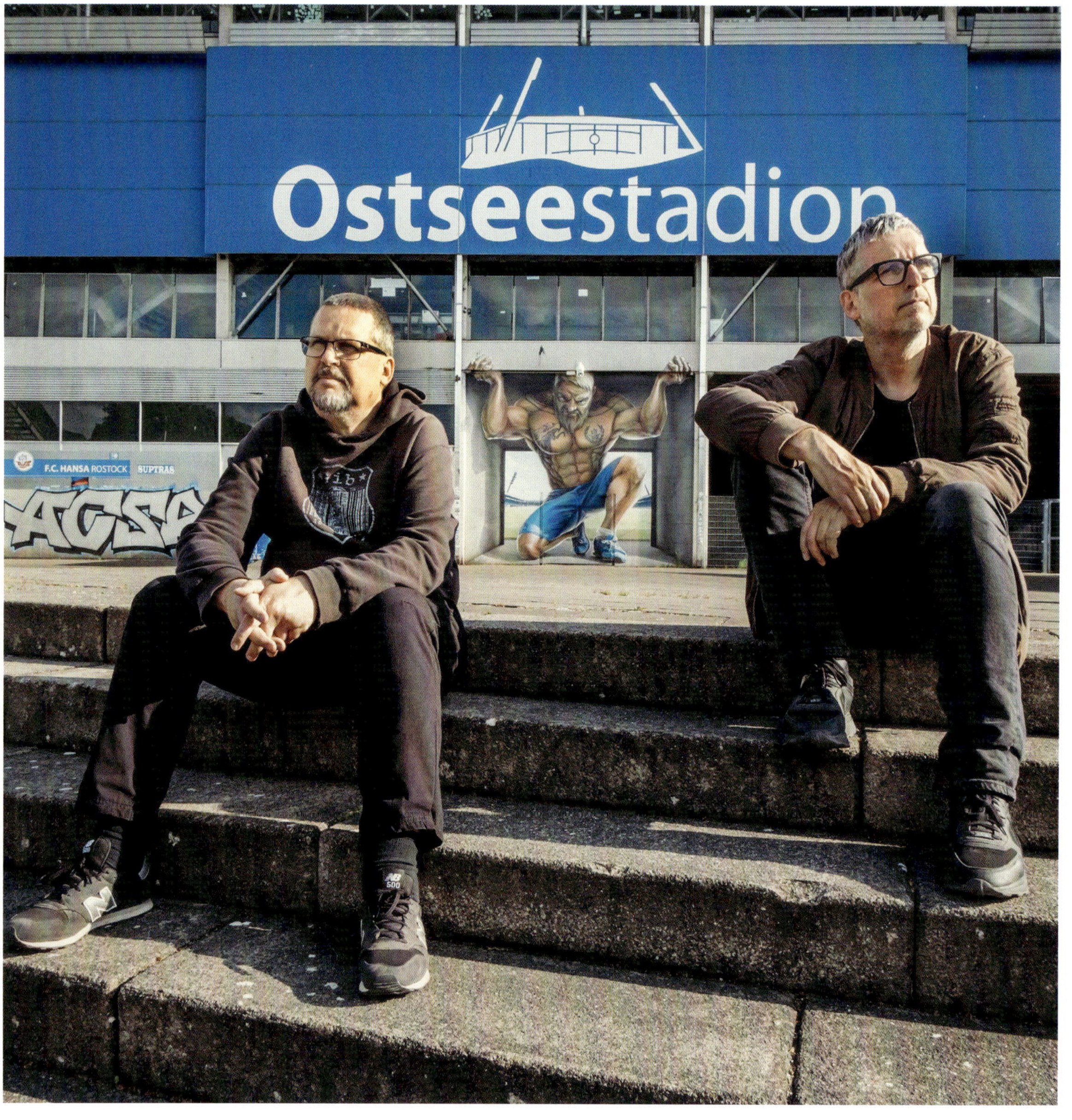

Zusammen

Dritte Wahl gehören zu Rostock wie der Sand und das Meer. Vor über zwei Jahrzehnten haben sie Hansa eine Hymne geschenkt, die noch heute nachhallt.

Zwei Herren im gesetzten Alter. Brüder. Und Musiker. Gunnar spielt Gitarre und singt, Krel sitzt am Schlagzeug. Der eine Anfang, der andere Mitte fünfzig. Dritte Wahl sind in die Jahre gekommen. Die Rockerrente ist noch nicht in Sicht, aber so langsam erscheint sie am Horizont. Doch die Band ist intakt, die Fans bleiben treu, die Verkaufszahlen steigen kontinuierlich. Nur die Pandemie hat sie etwas ausgebremst. „Berufsverbot", grummelt Krel, „das ist schon nervig." Gunnar spricht von „zwei beschissenen Jahren", in denen sie zwar ihr bisher erfolgreichstes Album „3D" herausbrachten, die Tour jedoch absagen mussten. „So richtig meckern kann ich trotzdem nicht", erklärt er mit einem Seitenblick auf die Weltlage. „Wir sind eigentlich ganz gut durchgekommen."

Dritte Wahl existieren seit 1986. In der Trio-Besetzung mit Frontmann Busch'n, Gunnar und Krel wurden sie in den Neunzigern deutschlandweit bekannt. Busch'n starb 2005 an Krebs – heute komplettieren Stefan (Bass, Gesang) und Holger (Keyboard, Gitarre) die Band. Über die Jahre und Jahrzehnte sind sich Dritte Wahl bemerkenswert treu geblieben. Die Songs kommen meist ohne Umschweife zur Sache, es dominiert ein satter, druckvoller Gitarrensound, über dem Gunnars raue Stimme die Welt anklagt. Auf „3D" kultivieren sie ihr Unbehagen an der Gegenwart und feiern ein unbestimmtes gesellschaftliches Außenseitertum. Diese Musik ist kernig und kompromisslos, mitunter mitreißend. Dritte Wahl pur eben.

Die beiden Brüder leben in unterschiedlichen Städten: Gunnar zog 2006 zu seiner Freundin nach Münster, Krel ist in Rostock geblieben. Da liegt die Frage nahe, wie das eigentlich funktioniert, wenn der Kopf der Band 450 Kilometer von den anderen entfernt lebt?

Krel: *Das geht erstaunlich gut. Mit Telefon und Internet kannst du mittlerweile alles machen. Du musst nicht mal mehr ins Studio gehen, kannst zu Hause etwas aufnehmen, das Material verschicken, und dann kann es woanders bearbeitet werden. Gunnar hat von „Geblitztdings" die halbe Scheibe in Norwegen eingespielt, als er sich dort gerade ein halbes Jahr aufhielt. Vor 20 Jahren hätte das kaum funktioniert. Aber heutzutage – wenn irgendwas anliegt, rufst du an, schickst E-Mails rum, Gunnar sendet mir neue Song-Entwürfe und Texte, ich korrigier die und schick sie zurück.*

Es ist lange her, dass Dritte Wahl dem F.C. Hansa eine Hymne gewidmet haben, die noch heute manchmal spontan in der Kurve intoniert wird. Schwere metallische Gitarren, ein weit ausholender melodischer Bogen und dann dieser Refrain: „Wenn wir zusammen geh'n / wenn wir zusammen steh'n / werden wir niemals, niemals untergeh'n". Im Jahr 2000 war das. Unter dem Namen Kollektiv Hein Butt haben sie damals fünf Songs eingespielt, „Stadionrock von Fans für Fans", darunter eine Punkrock-Version des Horst-Köbbert-Klassikers „Wie der Wind auch weht" und eine Adaption des guten alten DDR-Schlagers „Ja, der Fußball ist rund wie die Welt" von Frank Schöbel. Und eben „Zusammen". Es war ein launiges Experiment, ein Sidekick – und eine Liebeserklärung an Hansa. Der Blogger Hanseator hat „Zusammen" 2020 als Rostocker Beitrag zum „Grand Prix de la Vereinslieder Song Contest" eingereicht und seine Wahl gut begründet: „Zusammen", schreibt er, „erfüllt meine Anforderungen an ein Vereinslied wie kein anderes: eine einprägsame, gut mitsingbare Melodie, die in Verbindung mit dem ans Herz gehenden Text, der euphorische Gedanken an Hansastadt, Ostseestrand und natürlich das gemeinschaftliche Stadionerlebnis weckt, beim Anhören sofort Gänsehaut auslöst, und der Kloß beim Mitsingen im vollbesetzten Hansa-Block will auch jedesmal wieder neu verschluckt sein."

Gunnar und Krel, der eigentlich Jörn heißt, sind Rostocker Jungs. Ihr Vater hat früher bei Empor gespielt, das Ostseestadion mit aufgebaut und seine beiden Söhne natürlich irgendwann zum Fußball mitgenommen. Gunnar erinnert sich dunkel, dass bei seinem ersten Heimspiel zwei Tore fielen, die er beide verpasste, „weil ich gerade irgendwo anders hingeguckt habe". Kein Wunder: Er stand oben auf der Stadionkrone, die Hände an das Geländer vor ihm gepresst, den schützenden Körper des Vaters im Rücken. „Diese Menschenmassen und das Gesinge! Als Kind steht man da mit offenen Augen und staunt.“ Krel geht bis heute nicht das legendäre 4:4 gegen den BFC Dynamo aus dem Kopf. Er musste damals das Stadion zehn Minuten vor dem Abpfiff verlassen und konnte hinterher nicht glauben, dass die komfortable 4:2-Führung nicht zum Sieg gereicht hatte …

Gunnar: *Kurz nach der Wende hab ich Hansa dann so ein bisschen abgeschworen. In der Zeit war echt schlimmes Volk unterwegs, da hatte ich keinen Bock mehr auf den Verein. Dann aber fingen Freunde von mir an, wieder regelmäßig hinzugehen. Wir haben uns unterhalten, und ich hab sie gefragt: Warum macht ihr das? Warum geht ihr da hin? Da sagte einer zu mir: Wir können doch den Arschlöchern nicht unseren Verein überlassen! Das fand ich schlüssig und bin dann auch zurückgekehrt, weil ich dachte, ja, klar, wenn jetzt gar keine vernünftigen Leute mehr zu Hansa kommen, dann geht alles den Bach runter.*

Speziell die überlieferte Erzfeindschaft zum FC St. Pauli birgt immer noch das Potenzial, die Geister der Vergangenheit wieder wachzurufen. Dabei ist der krampfhaft konservierte Hass der Fanlager aufeinander nach elfjähriger Abstinenz aufgrund unterschiedlicher Ligazugehörigkeit eigentlich größtenteils nur noch Folklore. Was dem ekstatischen Jubel der 25.000 Zuschauer im Ostseestadion nach dem ersehnten Derbysieg am 2. April 2022 keinen Abbruch tat. Die Rivalität wird bleiben. Aber der Hass hat keine Basis mehr. Dritte Wahl haben einen eigenen Weg gefunden, mit dem Thema umzugehen: Ironie.

Gunnar: *In Hamburg mach ich immer so meine Witze drüber. Wir haben ja sehr viele St. Pauli-Fans bei uns im Publikum. Aus dem linken Spektrum sympathisieren halt viele mit dem Verein. Ich letztlich auch, weil ich so viele Freunde habe, die da mitfiebern. Wenn wir in Hamburg spielen, dann mach ich immer so Ansagen: „Ja, hallo und herzlich willkommen beim Treffen der anonymen Hansa Rostock-Fans!“ Dann gibt es so ein bisschen Buh. Die Leute lachen in sich hinein. Ich finde es gut, da mal so ein bisschen den Ernst rauszunehmen. Für viele ist Fußball viel zu ernst. Warum soll man einen anderen Fußballverein hassen? Ich gehe hier in Münster auch oft zu Preußen, und ich versteh das nicht: Die eigene Mannschaft führt, und die Leute fangen an zu singen: „Scheiß Arminia Bielefeld!“ Dann denke ich: Feuert doch euren Verein an! Was habt ihr mit Bielefeld zu tun? Die spielen in der zweiten Liga und ihr in der vierten. Die sind so weit weg von euch! Manchmal ist das ja auch bei Hansa so, und es wird „Scheiß St. Pauli“ gerufen. Dann denke ich: Warum? Wozu? Wem hilft das jetzt?*

In „Zusammen“ heißt es an einer Stelle: „Und Freundschaft mit den Gästefans, sie sind genau wie wir. Sie lieben ihren Club und trinken gerne mal ein Bier.“ So weit muss man ja nicht gleich gehen, aber man kann zumindest mal darüber nachdenken. Inzwischen gehört das Lied nicht mehr zum Repertoire von Dritte Wahl. Obwohl, „gerade im M.A.U. wird auch immer mal ein Hansa-Song gespielt“, sagt Krel. Zu den Heimspielen der Kogge geht er nach wie vor „halbwegs regelmäßig“. Für Gunnar ist das von Münster aus etwas schwieriger, er fährt dafür ab und zu auswärts. „Ich fiebere immer noch mit und schaue die Spiele nachmittags auf Sky oder im Stadion. Aber es ist nicht mehr so wie früher. Wenn wir verlieren, ist für mich nicht der ganze Tag versaut.“

Manchmal läuft im Ostseestadion ein Song von Dritte Wahl. Dann steht Krel mit seinen Jungs unten im Block 1 und freut sich. Oder ein paar Fans stimmen bei einem Konzert spontan einen der einschlägigen Sprechchöre an. Sie sind zu Klassikern geworden.

„Wie der Wind auch weht …“

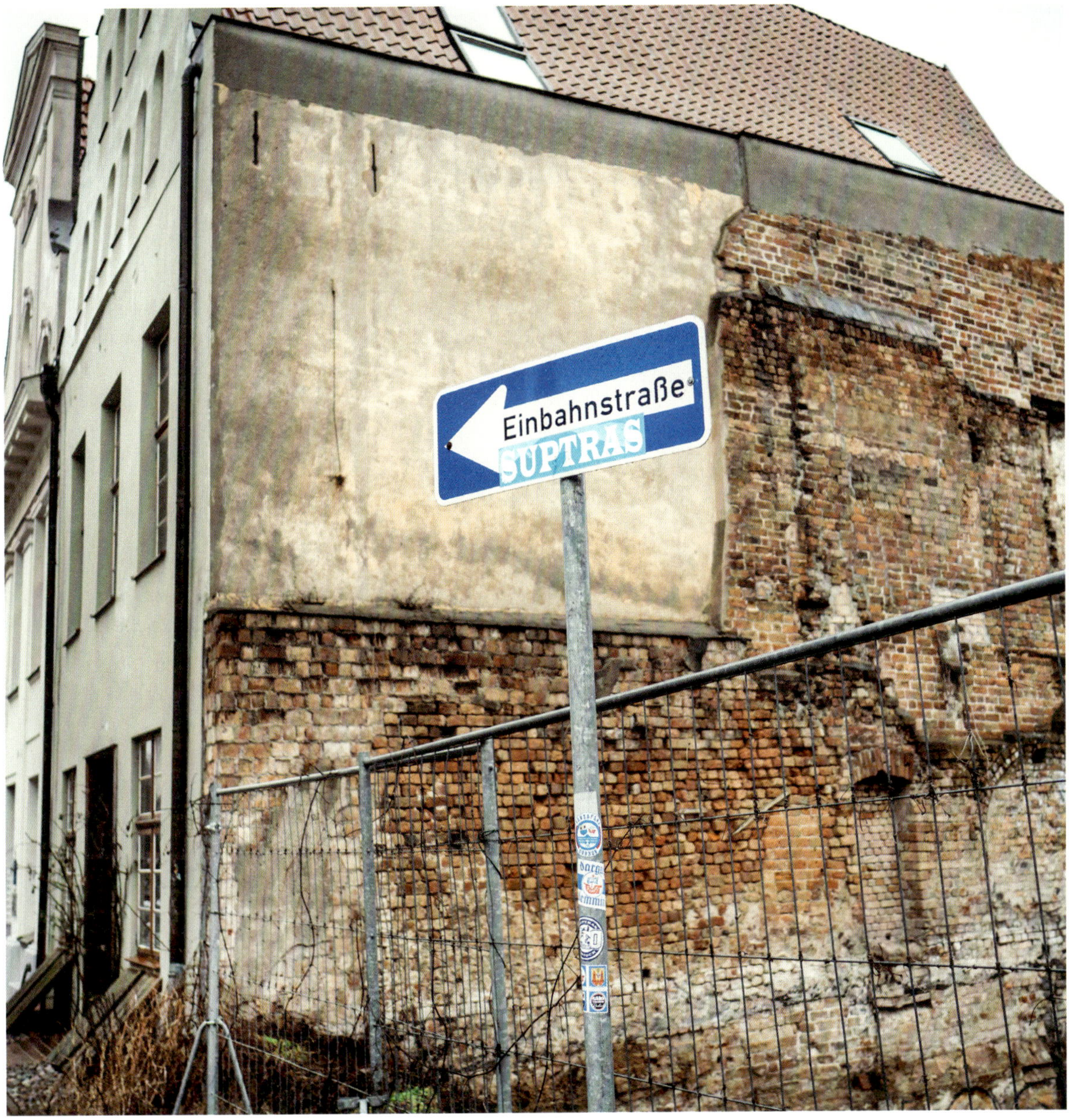
Einbahnstraße
SUPTRAS

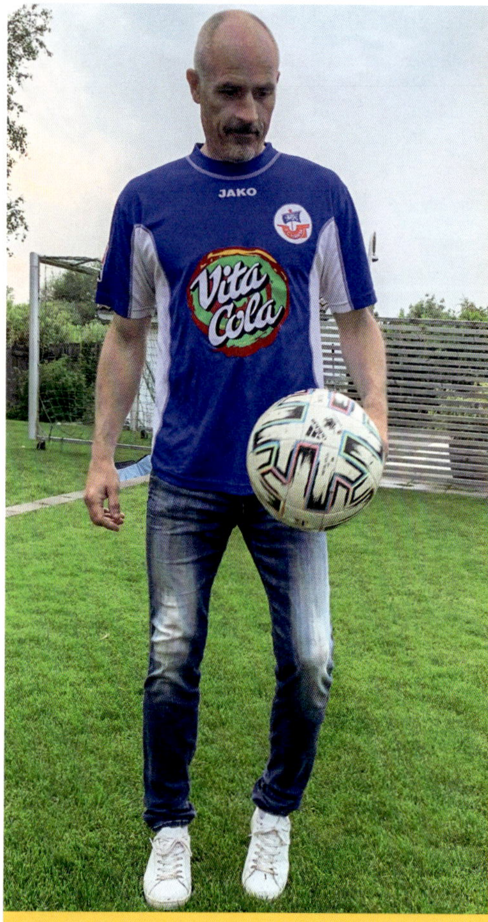

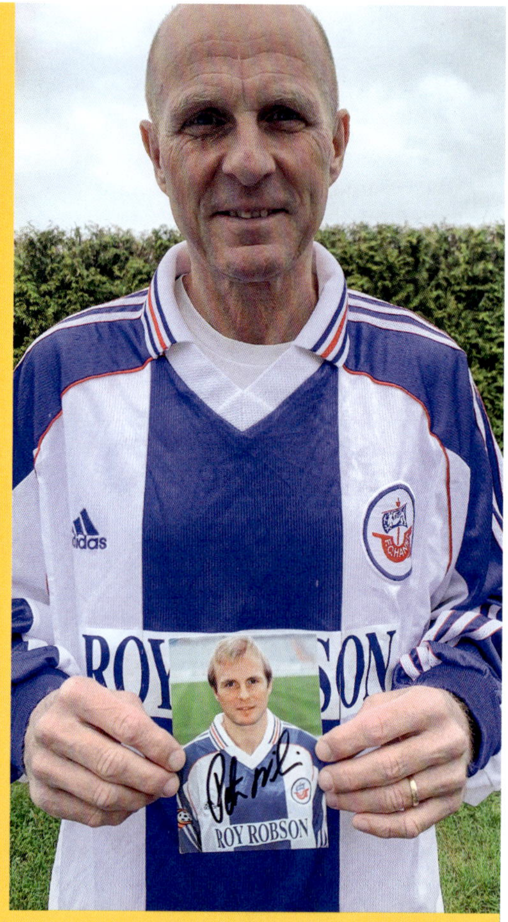

Hansa und die Schweden

Magnus Arvidsson und Peter Wibrån über die Schweden-Ära des F.C. Hansa, einen Mentalitätsschub im Team und ihr blindes Verständnis auf dem Rasen

Die Reise nach Schweden war von langer Hand geplant. Doch dann verhindert eine Baustelle an der Strecke irgendwo zwischen Dänemark und Schweden die geplante Zugfahrt von Berlin nach Växjö. Der nahe Redaktionsschluss erlaubt leider keinen zweiten Versuch, und so sitzen sie mir nun doch im digitalen Raum gegenüber: Peter Wibrån und Magnus Arvidsson, zwei prägende Köpfe der Schweden-Ära des F.C. Hansa, die acht Jahre währte und vielen Fans der Kogge noch heute in bester Erinnerung sein dürfte. Wibrån war 1998 der Erste. Ihm folgten seine Landsleute Arvidsson, Marcus Lantz, Andreas Jakobsson, Rade Prica, Joakim Persson und Marcus Allbäck, später kamen noch Andreas Dahlén und Freddy Borg hinzu. Nicht zu vergessen Svante Ingelsson und Nils Fröling. Neben den Schweden heuerte über die Jahre auch eine starke dänische Fraktion bei der Kogge an, und dann war da noch das halbjährige Gastspiel des Finnen Jari Litmanen …

Gut möglich, dass es eine Wahlverwandtschaft zwischen Südschweden und Norddeutschen gibt. Die offenkundige gegenseitige Zuneigung spricht dafür. Und doch erscheint es reizvoll, das Geheimnis dieser fußballerischen Liebesbeziehung näher zu erkunden. Zu verschieden waren und sind die Spielertypen, als dass man sie alle über einen Kamm scheren könnte. Da ist Wibrån, der unermüdliche Läufer und Kämpfer. Arvidsson, der schnelle und wendige, technisch beschlagene Stürmer. Lantz, der coole Abräumer. Jakobsson, dieser nahezu perfekte, unerreicht elegante Innenverteidiger. Und Prica, der von den Fans innig geliebte Heißsporn, dem nicht immer alles gelang. Und doch: Die Schweden haben Hansa ganz überwiegend Glück gebracht. Das gilt auch umgekehrt.

Peter Wibrån genießt dabei bis heute einen Sonderstatus. Nicht nur, weil er für Hansa 147 Spiele bestritten und dabei 15 Tore erzielt hat, sondern weil er wie wohl kein anderer Profi die Sehnsucht der Fans nach einem Spieler erfüllte, der alles für den Verein gibt und sich ehrlich mit ihm identifiziert, statt dies nur in mehr oder weniger vorgestanzten Statements treuherzig zu behaupten. Wibrån und Arvidsson lernten sich erst in Rostock kennen. Heute sind sie miteinander befreundet. Auf und neben dem Platz harmonierten die beiden in fantastischer Weise. Magnus Arvidsson hat noch bis vor kurzem ein Drittligateam trainiert, inzwischen arbeitet er für eine Firma, die Strom und Internet verkauft. Peter Wibrån leitet die Nachwuchsakademie seines Heimatvereins Östers Växjö.

Hallo Peter, hallo Magnus – wo seid ihr gerade?
Magnus Arvidsson: Ich bin in Bastad, ich wohne hier. Das liegt 50 Kilometer von Helsingborg entfernt.
Peter Wibrån: Ich wohne in Växjö. Das ist auch in Südschweden.

Peter, du warst 1998 der erste Skandinavier bei Hansa und hast die Rostocker „Schweden-Ära" eingeleitet. Wie ist der Verein auf dich aufmerksam geworden?
Wibrån: Ich war damals bei Helsingborgs IF in der ersten schwedischen Liga. Wir haben 1996 und 1997 zwei Freundschaftsspiele gegen Hansa gemacht. Dann noch ein drittes in Rostock, an einem Länderspielwochenende. Da haben sie mich gesehen. Danach waren sie ein paar Mal in Schweden, um Spiele mit mir anzuschauen. Anfang November 1998 gab es den ersten Kontakt mit meinem Berater. Dann ging es ganz schnell. Am 24. November habe ich unterschrieben.

Stimmt es, dass dir kurz vor deinem Umzug nach Rostock plötzlich Zweifel gekommen sind, ob du diesen Schritt wirklich gehen solltest?
Wibrån *(lacht)*: Ja, ich wollte eigentlich nicht. Meine Frau auch nicht. Wir hatten kein gutes Gefühl. Aber mein Berater hat mich überredet – und wir bereuen es nicht, dass wir die Chance ergriffen haben, nach Rostock zu wechseln! Ich war damals 29 Jahre alt, es war vielleicht meine letzte Möglichkeit, im Ausland zu spielen.

Magnus, wie war das bei dir? Du bist Peter ein halbes Jahr später zum F.C. Hansa gefolgt.
Arvidsson: Ich war 26 und hatte vorher anderthalb Jahre in der ersten schwedischen Liga gespielt. Die Bundesliga bedeutete eine große Chance für mich. Dass Peter schon da war, hat mir den Einstieg erleichtert. Wir haben in meinem ersten Jahr fast alles

zusammen gemacht, sind gemeinsam zum Training gefahren und haben uns bei Spielen ein Hotelzimmer geteilt.

Die schwedische Phase beim F.C. Hansa dauerte acht Jahre – von 1998 bis 2006. Ihr wart beide dabei – Peter fünf, Magnus sieben Jahre. Wie habt ihr diese Zeit erlebt?

Arvidsson: Ich hatte sieben sehr schöne Jahre in Rostock. Es war meine beste Zeit als Fußballer. Ganz ehrlich: Ich war von einem kleinen schwedischen Verein aus Trelleborg gekommen und dachte, ich würde vielleicht ein, zwei Jahre bleiben und dann zurückkehren.

Wibrån: In der Bundesliga zu spielen, das ist einfach wunderbar. Das Zuschauerinteresse in Deutschland ist enorm. Hansa ist ein familiärer Verein. Man kennt sich, und jeder gibt alles für Hansa. Das spürt man auch als Spieler. Auf uns Schweden traf das in all den Jahren übrigens genauso zu.

Welche Menschen fallen euch zuerst ein, wenn ihr an die Jahre in Rostock zurückdenkt?

Wibrån: Axel Schulz. Er war und ist für mich *die* Legende des F.C. Hansa Rostock. Ich weiß nicht, wie lange er schon bei Hansa arbeitet …

… praktisch sein ganzes Leben.

Arvidsson: Axel hat uns zum Beispiel geholfen, Deutsch zu lernen. Er hat sich um alle Spieler gekümmert, nicht nur um uns Schweden.

Wibrån: Ich möchte aber auch noch Juri Schlünz und Andreas Zachhuber nennen.

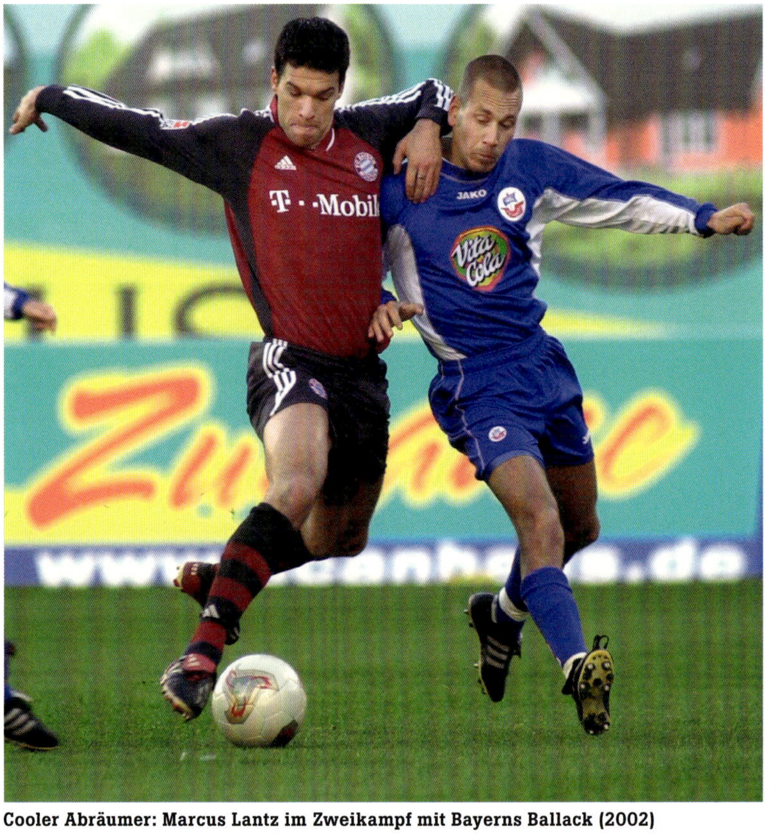

Cooler Abräumer: Marcus Lantz im Zweikampf mit Bayerns Ballack (2002)

Und welche Spiele sind für euch unvergessen?

Wibrån: Bochum 99. Was danach passiert ist – unglaublich. Es waren 10.000 Fans im Stadion. Als wir am Flughafen in Rostock ankamen, waren da alle diese Leute. Auf der Fahrt zum Stadion hat uns ein Autokorso begleitet. Man hätte glauben können, wir wären Deutscher Meister geworden …

Arvidsson: Ich erinnere mich an ein Auswärtsspiel bei Bayern München im März 2004. Sie waren klar besser und führten früh 2:0. Keiner glaubte mehr an uns. In der zweiten Halbzeit haben wir dann drei Tore gemacht, und Bayern hat durch einen Elfmeter ausgeglichen. Ich habe das 2:2 geschossen. Das fühlte sich sehr gut an.

Ihr beide seid in Rostock zu Publikumslieblingen geworden. Dabei seid ihr ganz unterschiedliche Spielertypen. Wie würdet ihr euch gegenseitig beschreiben?

Arvidsson: Peter ist ein Mannschaftsspieler. Er gibt auf dem Platz immer alles. Und natürlich ist er ein sehr guter Mittelfeldspieler, der 90 Minuten zwischen den Strafräumen hin- und herrennt. Und er war wichtig in der Kabine. Du warst doch auch ein oder zwei Jahre Kapitän, oder?

Wibrån: Ein Jahr. Magnus konnte Spiele entscheiden. Mit seiner Schnelligkeit, Wendigkeit und Technik brachte er die gegnerischen Verteidiger zur Verzweiflung. Unser Zusammenspiel war auch gut. Auf dem Platz hatte ich immer das Gefühl, dass wir uns

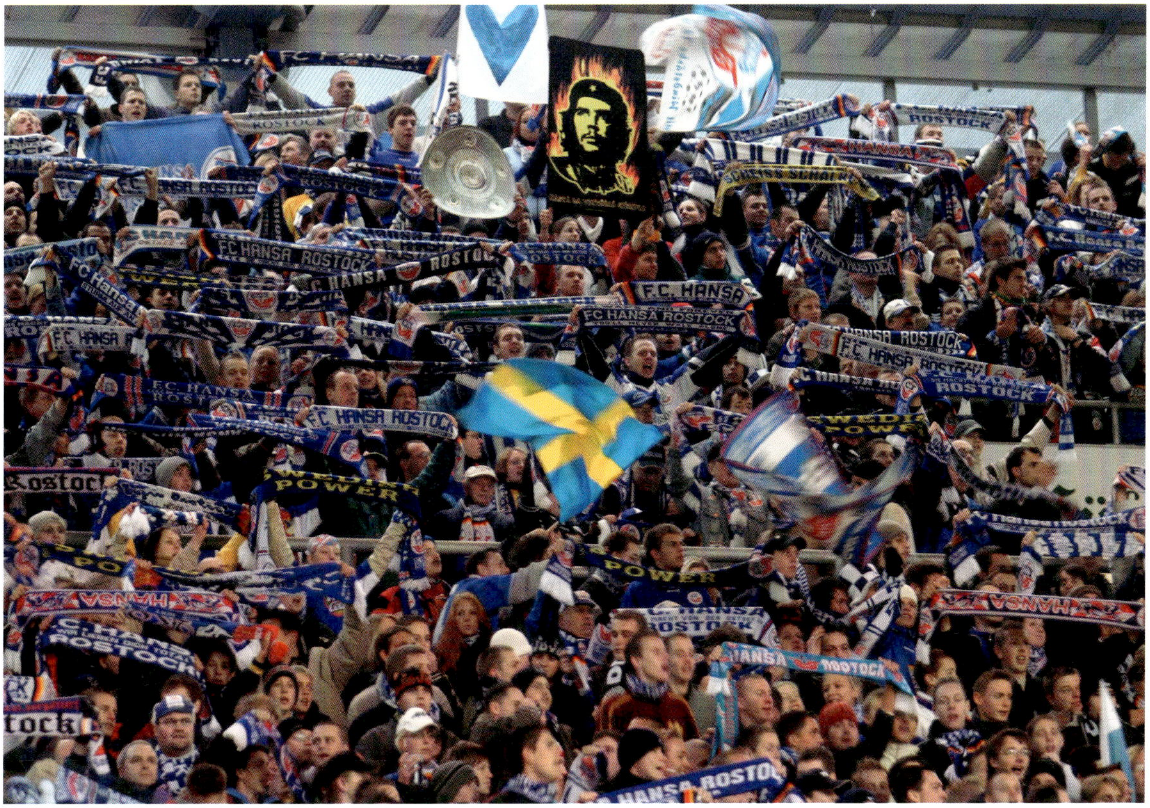

Schwedische Fahne im Hansa-Block: Eine Wahlverwandtschaft

finden. Ich konnte blind zu ihm passen, weil ich wusste, wohin er laufen wird.

Warum haben Hansa und die Schweden so gut zusammengepasst?
Arvidsson: Ich glaube, die schwedische und die norddeutsche Mentalität sind ähnlich. Fast alle Schweden spielen sehr mannschaftsdienlich, und wenn du mal nicht spielst, kämpfst du weiter und gibst im Training alles.
Wibrån: Das ist auch meine Auffassung. Die Schweden gaben alles für Hansa, und die Zuschauer honorierten das.

Es sollen bis zu 2.000 schwedische Fans zu Hansa-Spielen angereist sein. Was habt ihr davon mitbekommen?
Arvidsson: Zu den Heimspielen sind natürlich Freunde und Familien gekommen. Ich glaube, viele von den Südschweden haben ganz viele Spiele in Rostock gesehen – und in der Stadt Alkohol gekauft *(lacht)*.
Wibrån: Es kamen auch zahlreiche schwedische Mannschaften, die ihren Saisonausklang in Rostock feierten. Ich habe viele von ihnen nach den Spielen getroffen und mit ihnen geredet. Es waren eine Menge Schweden da, fast bei jedem Heimspiel. Ich werde noch heute darauf angesprochen.

Vom Verein gibt es nur lobende Worte über den Charakter und die Mentalität der Schweden. Da heißt es unter anderem: „charakterlich einzigartig", „ehrliche Arbeiter, die offen ihre Meinung äußern". Wenn wir das mal umdrehen: Wie ging es euch eigentlich mit den deutschen Teamkollegen?
Wibrån: Ich hatte keine Probleme. Mit niemandem.
Arvidsson: Ich auch nicht.
Wibrån: Vielleicht ist die deutsche Spielweise etwas egoistischer. Aber du brauchst eben verschiedene Typen in einer Mannschaft. Es können nicht alle Schweden sein.

Gab es auch Dinge, die euch in Rostock nicht so gut gefallen haben oder über die ihr euch vielleicht insgeheim lustig gemacht habt?
Wibrån: Meine Kinder waren ja hier im Kindergarten. Zum Einschlafen mussten sich immer alle

auf eine Seite drehen. Das kannten wir so nicht aus Schweden. Es ist halt eine andere Kultur.

Magnus, du hast 27 Tore gemacht und bist damit Hansas Rekord-Torschütze in der 1. Bundesliga, wahrscheinlich für eine kleine Ewigkeit …
Arvidsson: … das hoffe ich nicht!

Wie hast du das geschafft?
Arvidsson: Um das Jahr 2000 zu Beginn der zweiten Halbzeit rein und habe gleich das 2:4 gemacht [das Spiel endete 5:2 für Hertha]. Im nächsten Spiel gegen Kaiserslautern spielte ich von Anfang an und traf zum 4:2 [das war auch der Endstand].
Warum hat das Tore-Schießen bei dir so gut geklappt, aber zum Beispiel bei deinem Stürmerkollegen Rade Prica eher selten?
Arvidsson: Rade hat das sehr gut dass es so etwas im deutschen Fußball noch nie gegeben hatte: sechs ausländische Spieler aus einer Nation in der Startelf, oder habt ihr das erst hinterher erfahren?**
Arvidsson: Hinterher.
Wibrån: Ich glaube, wir haben es gewusst. Jedenfalls war uns klar, dass wir Schweden mehr als die Hälfte des Teams stellten. Davon reden die Leute in Schweden heute noch. Ich weiß nicht mehr, wer

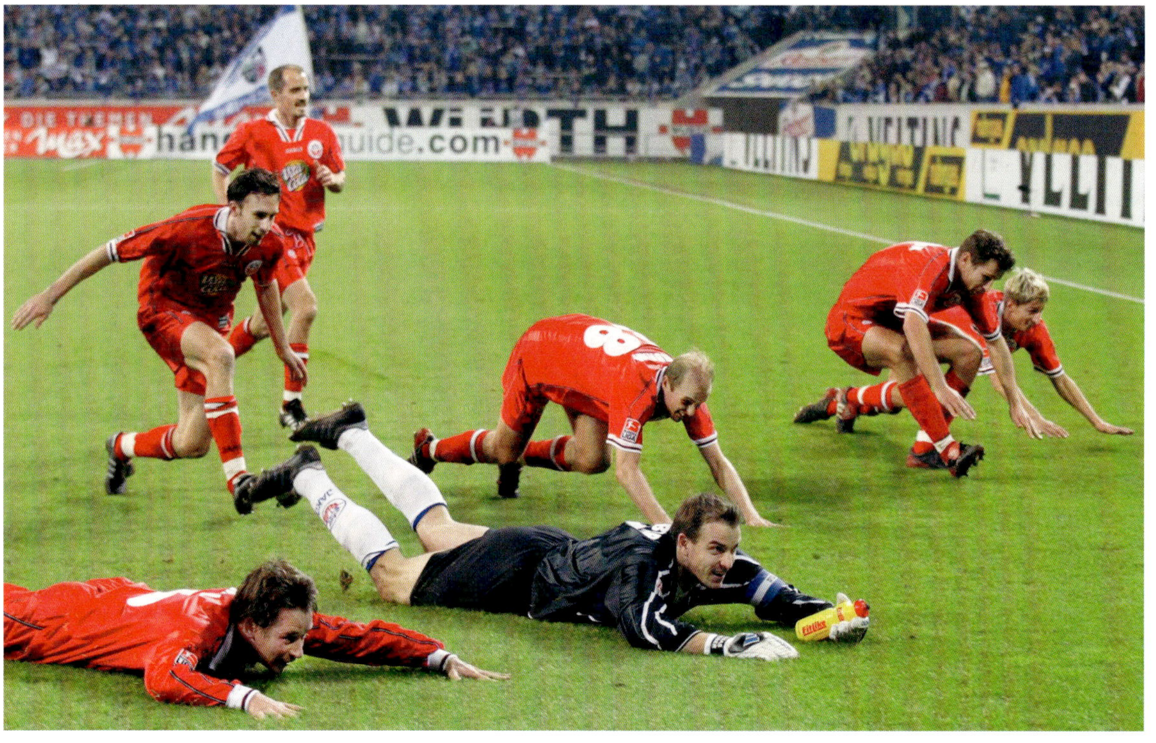

Diver mit vier Schweden (in der Mitte hinter Torwart Schober: Prica, Arvidsson, Wibrån und Jakobsson)

herum haben viele Mannschaften in Deutschland Manndeckung gespielt. Das kam mir sehr entgegen, weil ich so schnell war. Ich hatte in Deutschland mehr Raum als in Schweden, wo mit Viererkette gespielt wurde. Außerdem habe ich einen sehr guten Start in Rostock erwischt. Mein erstes Spiel war im August 1999 auswärts bei Hertha BSC. Wir lagen 1:4 hinten, ich kam gemacht bei Hansa. Er war erst 22 Jahre, als er herkam, und stand am Beginn seiner Karriere. Er hat auch ein paar sehr wichtige Tore für uns geschossen.
Am 1. Februar 2003 gab es das berühmte „Schweden-Spiel" in Nürnberg, mit dem der F.C. Hansa Bundesliga-Geschichte geschrieben hat. War euch damals beim Auflaufen bewusst, das 1:0 erzielt hat – du oder Rade?
Arvidsson: Keine Ahnung.

Es war Rade Prica in der 42. Minute – und du, Magnus, hast die Vorarbeit geleistet.
Arvidsson: Okay, war das so? Ich kann mich noch an die sechs Schweden erinnern, aber das Spiel und das Ergebnis habe ich vergessen.

Wisst ihr noch, wer die anderen vier Schweden waren?
Wibrån: Magnus, ich, Rade Prica, Joakim Persson, Marcus Lantz und Andreas Jakobsson.

Stimmt genau. Was ist eigentlich aus Andreas Jakobsson geworden?
Arvidsson: Er verkauft heute Kunstrasen.
Wibrån: Ich treffe ihn manchmal in Växjö, wenn er hier zu Besuch ist. Wir waren auch schon zusammen im Skiurlaub. Wir drei haben uns öfter getroffen nach der Rostock-Zeit.

Worin bestand das „schwedische Moment" bei Hansa? Wie habt ihr die Mannschaft geprägt?
Wibrån: Ich hoffe, dass wir die Mentalität etwas verändert haben. Du musst immer versuchen, der Mannschaft zu helfen. Nicht nur im Spiel und im Training, sondern auch in der Vorbereitung. Genug schlafen, dich richtig ernähren – du musst Fußball 24 Stunden am Tag leben! Und wenn du 0:3 zurückliegst, machst du trotzdem weiter und versuchst, das Spiel zu wenden! Das geht nicht immer, aber du musst zeigen, dass du alles für den Verein und die Mannschaft tust.

Magnus, du bist 2005 mit Hansa aus der Bundesliga abgestiegen – „und das mit der besten Mannschaft in meinen sieben Jahren", wie du einmal gesagt hast. Wie konnte das passieren?
Arvidsson: Gute Frage. Im Jahr davor sind wir Neunter geworden. Damals gehörte Martin Max zur Mannschaft, ein ganz wichtiger Spieler. Leider ist er dann weggegangen. Sagen wir mal so: Ich habe 27 Tore in sieben Jahren gemacht – und er 20 in einer Saison.

Peter, du bist nach deiner aktiven Zeit noch als Scout für Hansa tätig gewesen.
Wibrån: Ja, als Andreas Zachhuber noch Trainer war, hat er mich gefragt, ob ich Hansa helfen kann, Spieler in Schweden zu sichten.

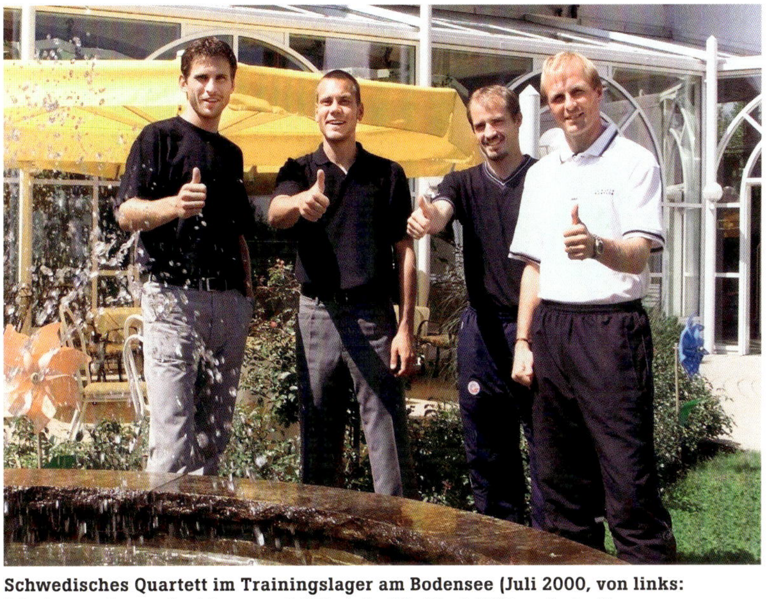

Schwedisches Quartett im Trainingslager am Bodensee (Juli 2000, von links: Jakobsson, Lantz, Arvidsson und Wibrån): „Die Mentalität verändert"

Welche Spieler hast du nach Rostock weiterempfohlen?
Wibrån: Helgi Danielsson [ein Isländer], Andreas Dahlén und Freddy Borg, mit dem ich noch selbst zusammengespielt habe.

Zuletzt gab es ja eine kleine schwedische Renaissance bei Hansa in der 2. Bundesliga. Hattest du bei den Transfers von Svante Ingelsson und Nils Fröling auch deine Finger im Spiel?
Wibrån: Nein, die habt ihr selber gefunden.

Verfolgt ihr Hansa heute noch von Schweden aus?
Arvidsson: Ich gucke mir die Ergebnisse an. Aber in den letzten zwei Jahren haben ich keine Spiele mehr gesehen.
Wibrån: Ich schaue jede Woche auf die Homepage und lese die Artikel. Im Fernsehen habe ich drei oder vier Spiele gesehen, darunter das in Dresden. Da hat Fröling zweimal getroffen. Meine Tochter Mathilda ist mit einem Fußballer zusammen, der mit Svante Ingelsson befreundet ist. Ich habe also immer noch eine Verbindung zu Hansa.

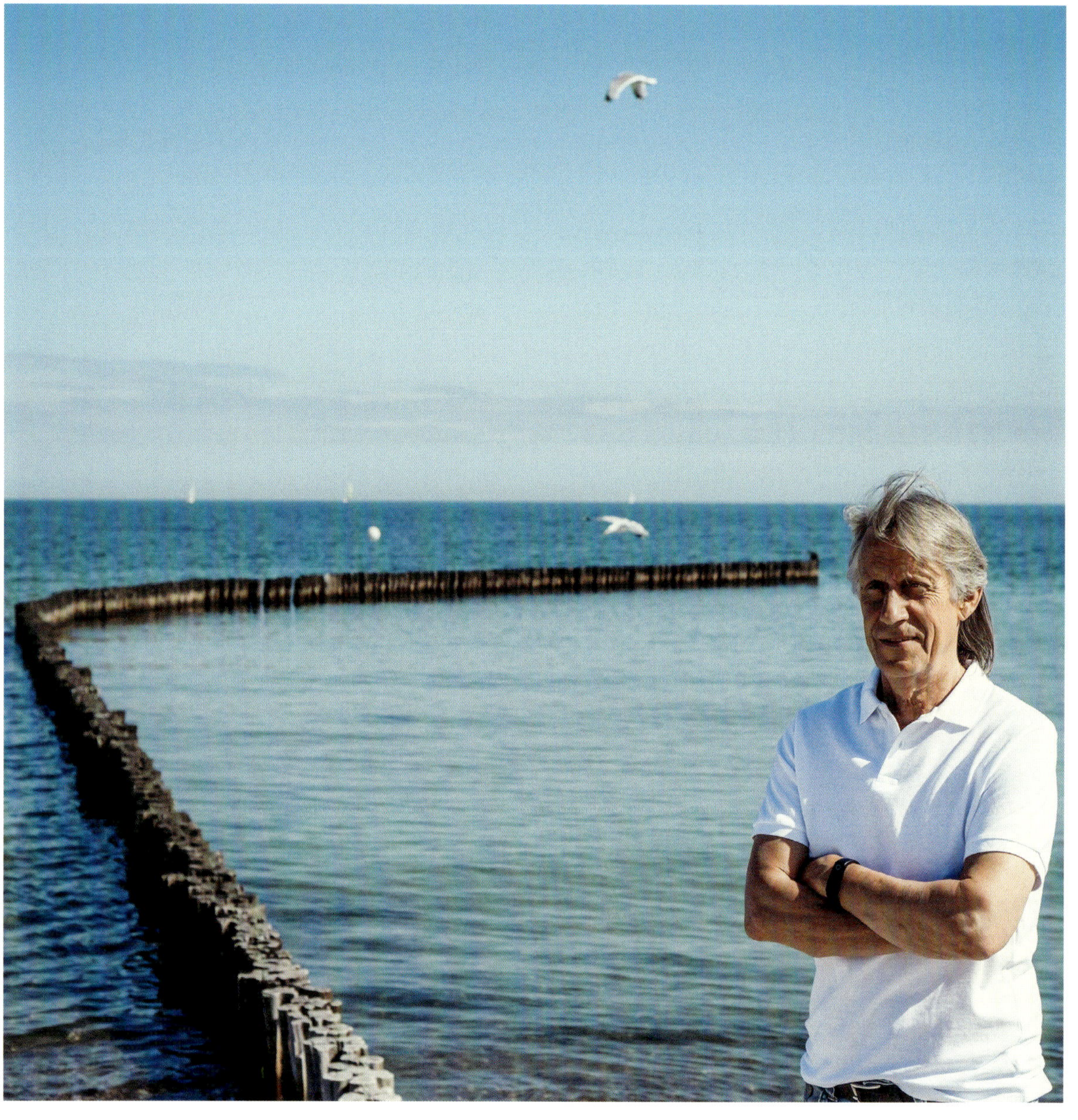

DYNAMO DRESDEN – HANSA ROSTOCK 1:4

Dresden, 1983

Axel Schulz wusste, wo das Dynamo-Tor steht. Und war auch sonst richtig gut drauf an jenem Tag im Mai.

Der 20. Mai 1983 war ein besonderer Tag im Leben des Axel Schulz. Er kann sich nur nicht mehr so richtig daran erinnern – dabei war es sein 24. Geburtstag. Und doch lässt sich die entscheidende Szene rekonstruieren: An jenem 24. Spieltag der Oberliga gegen 15:15 Uhr kurvte der feine Techniker halbrechts in den Dynamo-Strafraum, nahm blitzschnell Maß und schob den Ball mit der rechten Innenseite platziert flach ins lange Eck. Der Außenseiter aus Rostock führte überraschend 1:0, und 21.000 Zuschauer guckten in die Röhre. Zwar konnten die Sachsen durch Minge nur zwei Minuten später ausgleichen, doch schon in der 21. Minute verwandelte Christian Radtke einen direkten Freistoß per Aufsetzer zur erneuten Führung. So ging es in die Halbzeit. Nach der Pause machten Zachhuber (67.) und Rillich (74.) den Sack zu.

39 Jahre

lagen zwischen dem 4:1-Triumph des F.C. Hansa bei Dynamo Dresden 1983 in der Oberliga und dem Auswärtssieg der Kogge mit gleichem Resultat in der 2. Bundesliga. Axel Schulz und Jens Härtel blicken auf die geschichtsträchtigen Derby-Siege zurück.

Die Überraschung an der Elbe war perfekt. „Schnelligkeit, Übersicht und gedankliche Frische" seien die Stärken der Rostocker gewesen, analysierte Otto Pohlmann im Fachorgan *fuwo*, dem Ost-Pendant zum *kicker*. Axel Schulz wurde zum „Spieler des Tages" gekürt. „Erstaunlich, wie der drahtige Mittelfeldakteur in Dresden seine Kreise zog. Am 4:1-Sieg, sensationell in der Höhe, hatte Schulz großen Anteil", lobte die *fuwo*.

Ein Auswärtssieg in Dresden sei schon damals die „absolute Ausnahme" gewesen, weiß Axel Schulz zu berichten. „Die haben klasse Fußball gespielt, wenn sie ihre Kombinationsmaschine anwarfen. Dazu kam, dass in Dresden immer eine spezielle Stimmung im Stadion herrschte. Da ist man sehr gern hingefahren." Auch wenn der Mannschaftsbus seinerzeit sechs bis sieben Stunden für die Tour brauchte. Die Rückreise an jenem 20. Mai dürfte jedoch kurzweilig verlaufen sein …

Axel Schulz, geboren 1959, ist der dienstälteste Vereinsmitarbeiter des F.C. Hansa. Von 1967 an durchlief er alle Nachwuchsteams der Kogge. Zwischen 1977 und 1993 bestritt er 364 Pflichtspiele und erzielte dabei 61 Tore. Dreimal kam er in der DDR-Nationalmannschaft zum Einsatz. Nach seinem Karriereende war er von 1996 bis 2009 Pressesprecher der Kogge und ist bis heute als Koordinator Sport im Verein tätig.

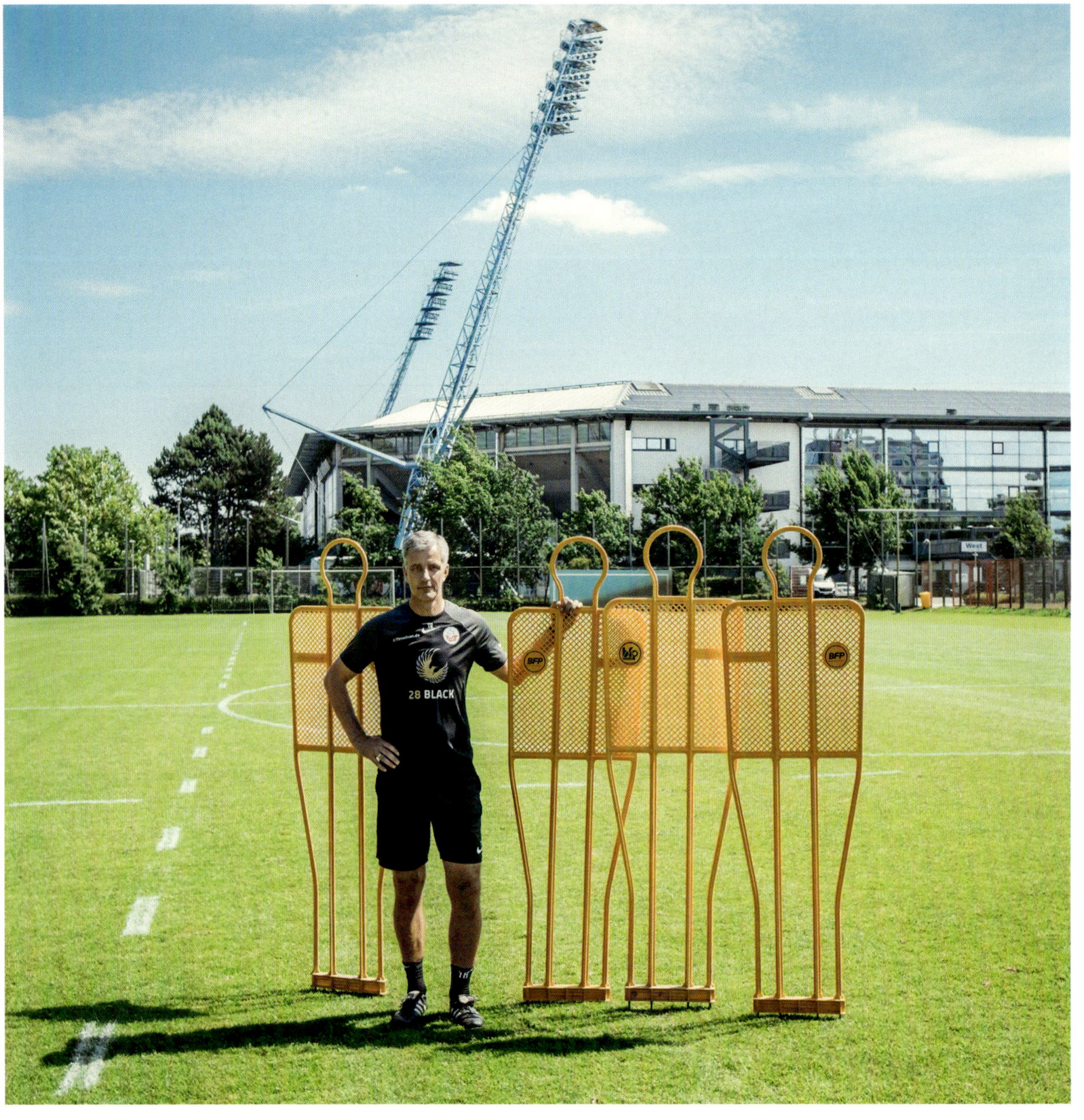

DYNAMO DRESDEN – HANSA ROSTOCK 1:4

Dresden, 2022

Jens Härtel hatte ein anderes Spiel erwartet. Aber an diesem Tag fackelten seine Jungs nicht lange – und schrieben Geschichte.

Der Cheftrainer muss etwas geahnt haben. Es sei „an der Zeit, Geschichte zu schreiben“, hatte Jens Härtel vor dem Spiel erklärt, welches sich dann tatsächlich zu einem Spektakel entwickeln sollte, das in die Vereinshistorie einging. In der Liga war die Kogge zuvor siebenmal hintereinander sieglos geblieben – und in Dresden gar 39 Jahre. Doch an diesem 6. Februar 2022 spielte Härtels Elf die Dynamo-Abwehr in der Anfangsphase regelrecht schwindlig. Die Angriffswellen rollten mal über links, mal über rechts oder zentral auf den K-Block zu, wo sich die schwarz-gelben Fans immer verzweifelter die Haare rauften. In nur zwölf Minuten trafen John Verhoek und Nils Fröling je zweimal ins Tor der Sachsen. 4:0 nach 18 Minuten – wie bitte war das möglich? „Es macht immer etwas mit einer Mannschaft, wenn du mal deine erste Chance nutzt“, sagt Jens Härtel. „Dass wir an dem Tag gleich die ersten vier verwerten würden, davon war nicht unbedingt auszugehen. Aber es ist manchmal so. Dann läuft's, und wenn's läuft, muss man's laufen lassen. Das haben die Jungs an dem Tag perfekt umgesetzt.“ Der Coach hatte ein intensives Derby erwartet, doch nun sah er seine Mannschaft das Spiel klar dominieren. „Wir waren viel griffiger, haben die Zweikämpfe gewonnen, hatten Spielfreude, der Platz war gut, und wir haben die Tore richtig gut herausgespielt“, so seine Analyse. Den Stellenwert dieses Derbysieges weiß keiner besser einzuschätzen als Härtel selbst. „Ich bin in der DDR aufgewachsen und kenne die Geschichte der Ost-Clubs, habe sie regelrecht aufgesaugt und teilweise selbst miterlebt.“ Und so ist dieser Rostocker Triumph in Dresden „etwas ganz Besonderes – für den Verein und für mich als Sachsen“.

Im Spielbericht der „Sportschau“ fängt die Kamera Härtel in seiner Coaching-Zone ein. Der Kommentator sagt: „Kurz vor der Pause umspielt ein feines Lächeln die Lippen von Jens Härtel. So entspannt hat man ihn in der ersten Hälfte eines Fußballspiels noch nie gesehen.“ Härtel dementiert nicht, auch wenn in dem Moment in ihm noch die Sorge vor einer möglichen Dresdner Aufholjagd mitschwang. „Aber nach 70 Minuten war mir klar, dass wir das Spiel auf keinen Fall mehr aus der Hand geben würden. Da ist man dann schon entspannter als sonst.“

Jens Härtel, geboren 1969 in Rochlitz, wurde im Januar 2019 Cheftrainer des F.C. Hansa Rostock. Er spielte für Lok und Sachsen Leipzig, Union Berlin und den FSV Zwickau. Vor seinem Engagement in Rostock trainierte er u. a. den Berliner AK, die U19 von RB Leipzig und den 1. FC Magdeburg, den er von der Regionalliga in die 2. Bundesliga führte.

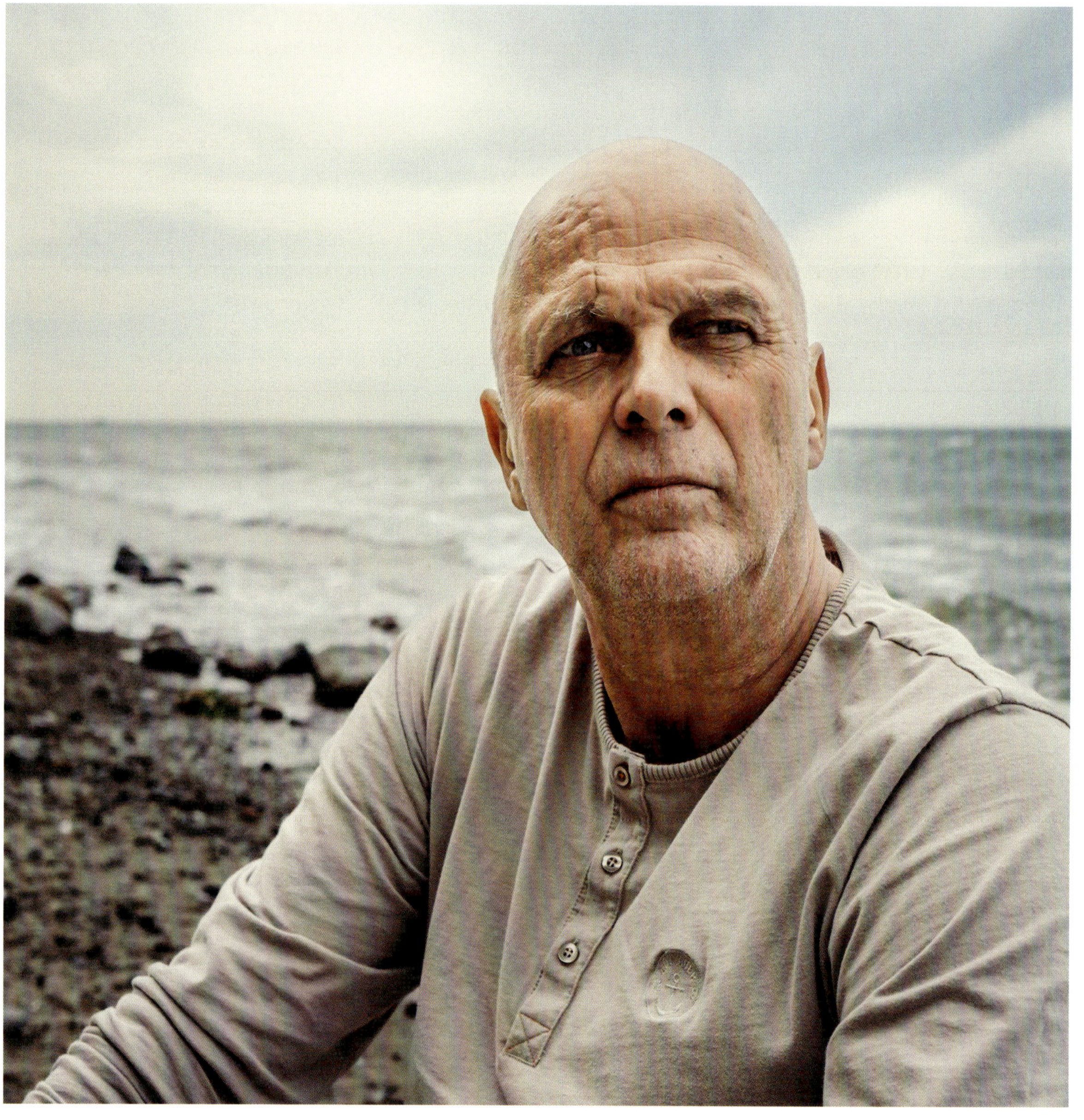

Danke, Doci

Doc Bartel hat an Bord der Kogge alles erlebt. Porträt eines bemerkenswerten Mannschaftsarztes

Der Mann, der seit 1990 für die Gesundheit der Hansa-Profis sorgt, ist – krank. Eine fiese bakterielle Infektion hat Dr. Frank Bartel im Oktober 2021 außer Gefecht gesetzt. Vier Monate lang musste er pausieren, dann ging es ihm endlich besser. Aber nur kurz: Bald kehrten die Schmerzen zurück. „Das nervt", grummelt der Schmerztherapeut und bekämpft das Übel „im Selbstversuch" mit starken Antibiotika.

Trotzdem ist Doc Bartel live am Start: Zum Interview in seiner Praxis in der Rostocker Altstadt empfängt er stilecht im Hansa-Trikot, hellwach und auskunftsfreudig. Im Wartezimmer hängen Mannschaftsfotos aus besseren Tagen. Kein Wunder, schließlich verarztet der erfahrene Mediziner das Personal der Kogge bereits seit mehr als drei Jahrzehnten und hat praktisch alles mitgemacht, was dem Verein im neuen Deutschland widerfahren ist. Euphorische Aufstiege, tragische Abstürze, die Corona-Pandemie, zuletzt die Rückkehr in die 2. Bundesliga.

Sein Metier kennt der Mannschaftsarzt des F.C. Hansa aus dem Effeff. Er hat schließlich selbst mal Fußball gespielt – bei Lok Halberstadt in der DDR-Liga. Um ein Haar wäre er als 14-Jähriger sogar bei der Hansa-Jugend gelandet. Damals lebte die Familie in Perleberg, über die Bezirksauswahl Schwerin geriet er in den Fokus der Talentsucher und wurde zum Sichtungsturnier nach Rostock eingeladen. Doch der Junge sollte Arzt werden wie sein Vater – und diese berufliche Perspektive konnte ihm der Verein nicht bieten. „Auf dem Heimweg gab es bitterböse Tränen", erinnert sich Bartel. Und fügt lächelnd hinzu: „Dass meine große fußballerische Liebe später meine Arbeitswelt wurde, war ein Zufall."

Der Zufall hat einen Namen: Juri Schlünz. Hansas Mittelfeld-Ass hatte sich 1990 am Sprunggelenk verletzt und wurde nach einer wahren Ärzte-Odyssee an Bartel überwiesen, der als Spezialist für manuelle Therapie galt. Die Behandlung schlug sofort an: Schon nach wenigen Tagen konnte Schlünz wieder spielen. Das sprach sich im Verein herum und brachte dem „Wunderheiler" vom Warnowufer den populären Nebenjob an Bord der Kogge ein: Aus Dr. Bartel wurde Doc Bartel. Er weiß nicht mehr genau, von wem der Anruf kam: War es Gerd Kische? Oder doch Manager Herbert Maronn? Nur an sein „Vorstellungsgespräch" bei Cheftrainer Uwe Reinders kann er sich noch genau erinnern.

Frank Bartel: *Das war sehr putzig. Ich kannte mich mit diesen Gegebenheiten ja nicht aus. Reinders hatte mich zum Trainingsplatz bestellt, seine Einheit aber mal wieder etwas verlängert. Und ich dachte mir, naja, gehst du mal auf ihn zu. Ich bin praktisch direkt auf den Sportplatz marschiert. Da hat der einen Zinnober veranstaltet: „Geh runter! Geh'n Sie runter!" Ich dachte, ich kann gleich wieder aufhören. Total genial, der Reinders. Mit ihm hatte ich schon ein paar Reibungspunkte. Wir sind beide Alphatiere, und das ist nicht ganz einfach. Aber er war zu der Zeit ein guter Trainer, und wir haben uns nie ganz böse beharkt.*

Die Arbeit eines Mannschaftsarztes beginnt mit der Saisonvorbereitung. Als Erstes steht die Untersuchung der einzelnen Spieler an, gefolgt von der Betreuung im Trainingslager. „Durch die relativ hohe Belastung passiert dort viel. Da gilt es, Kleinigkeiten gleich auszumerzen." Und natürlich ist „Doci", wie ihn die Profis nennen, rund um die Spiele im Dauereinsatz. Der Trainer will wissen: Wird Spieler X noch fit bis zum Anpfiff? Wer es in den Kader schafft, hängt manchmal auch von Doc Bartels Diagnose ab. Jeden Mittwoch hält er gemeinsam mit den beiden Physiotherapeuten Frank Scheller und Tobias Hamann eine Arztsprechstunde für die Profis im Ostseestadion ab. Nur die akuten Fälle werden in der Praxis behandelt. Immer breiteren Raum nimmt in letzter Zeit das „Drumherum" ein, „die Betreuung der Angehörigen bis hin zu den Kindern und dann die Vermittlung zu ärztlichen Kollegen". Doc Bartel kennt seinen Status. Er ist bestens vernetzt in der Hansestadt wie in der Ärzteschaft, und so gelingt es ihm immer wieder, kurzfristige Termine für seine Schäfchen zu organisieren.

Sein dramatischster Rettungseinsatz ereignete sich – wie könnte es anders sein – beim legendären Saisonfinale in Bochum 1999. Es war kein schmerzender Fuß, keine Oberschenkel-Zerrung und keine zwickende Wade, die er zu versorgen hatte, sondern das linke Ohr von Oliver Neuville, das nach einem unglücklichen Zweikampf mit dem Bochumer Waldoch beinahe abgerissen war. „Als ich das durchtrennte Ohr sah, hab ich sofort gesagt: Auswechseln! Aber Olli wimmerte: Nein, Doci, nein, ich spiel weiter! Dann haben wir ihm erstmal diesen Turban umgelegt." Neuville erzielte noch vor der Pause das 1:0 für Hansa – mit Turban. Später lieferte er die Vorlagen zum Ausgleich durch Victor Agali und zum Siegtreffer durch Slawomir Majak. Auf TV-Bildern ist zu sehen, wie Doc Bartel nach dem Abpfiff den kleinen Deutsch-Italiener in den Arm nimmt und fast zärtlich auf die linke Wange küsst. Er hatte das Ohr in der Halbzeit notdürftig mit drei Stichen genäht und nach dem Spiel – obwohl selbst noch extrem emotional geladen – in der Kabine die Feinarbeit erledigt, während draußen 10.000 Hansa-Fans tobten und der Rest des Teams längst ausgelassen mit Bier, Champagner und Zigarren feierte.

Doc Bartel und die Emotionen am Spielfeldrand – das ist ein Kapitel für sich. Denn er ist eben nicht nur Arzt, sondern auch Fußballer und leidenschaftlicher Fan. Und er ist verdammt dicht dran am Geschehen – liegt es da nicht nahe, gelegentlich seinen Einfluss geltend zu machen und dem Schiedsrichter zu flüstern, dass er gerade falschgelegen hat? Nicht alle Unparteiischen können souverän damit umgehen, und so hat Doc Bartel im Laufe seiner langen Karriere wohl öfter Rot gesehen als die meisten Hansa-Profis.

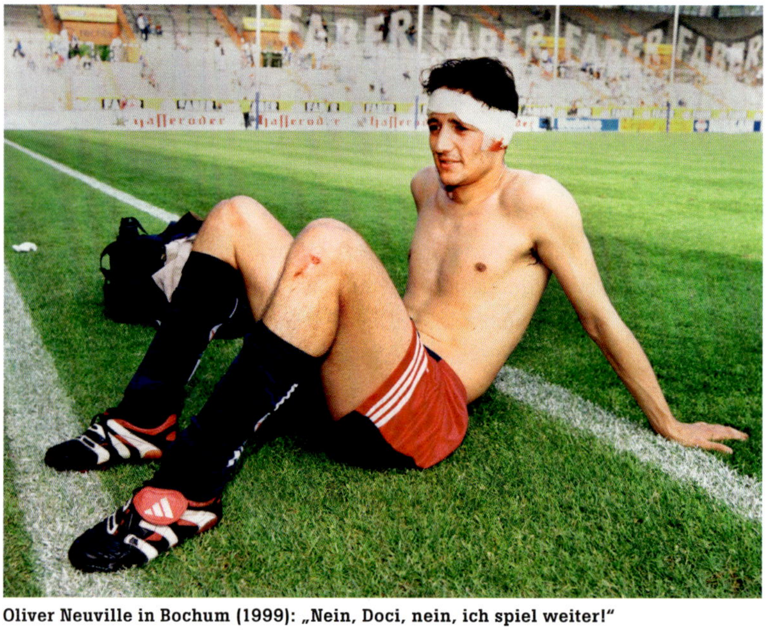

Oliver Neuville in Bochum (1999): „Nein, Doci, nein, ich spiel weiter!"

Frank Bartel: *Rot in dem Sinne gab es ja früher nicht. Man hat uns runtergeschickt. Du musstest dann die Bank verlassen, was ja schon aberwitzig ist – als Mediziner. Das ist mir bestimmt zehn-, zwölfmal passiert. Man geht auf den Platz, kümmert sich um den verletzten Spieler und sagt dann vielleicht zum Schiri: „Das hätte man aber sehen müssen, dass das ein böses Foul war!" Dafür kriegt man manchmal schon Rot. Mein letztes Mal ist schon länger her – das muss mein Freund Ittrich gewesen sein. Da hast du keine Chance. Das wäre bei einem Herrn Gräfe nicht vorgekommen. Es waren aber auch oft Missverständnisse. Ich bin ein ehrlicher Typ. Manchmal war es eine Dummheit von mir, aber eigentlich habe ich mittlerweile ein ausgeglichenes Verhältnis zu den Schiedsrichtern. Ich bilde mir immer noch meine Meinung, bin aber deutlich ruhiger geworden.*

Die Corona-Pandemie hat das Arbeitsfeld von Doc Bartel unfreiwillig erweitert. Er ist nun auch Hygienebeauftragter des Vereins. Dass die Kogge von Anfang an relativ unbeschadet durch diese Zeit kam, ist auch ihm, seiner klaren Haltung und seinem Arbeitstempo zu verdanken: Es wurde geimpft, basta. Überhaupt machte der F.C. Hansa eine gute Figur in der Krise. Noch in der 3. Liga gehörte der Verein zu den entschiedenen Befürwortern des sogenannten Re-Starts, und während andere Teams immer wieder mit Spielabsagen wegen teils zweistelliger Infektionszahlen zu kämpfen hatten, war der Trainings- und Spielbetrieb in Rostock kaum eingeschränkt. Die Aufstiegsmannschaft ist inmitten der Pandemie zusammengewachsen.

Frank Bartel: *Wir hatten von Anfang an einen sehr strikten Hygieneplan und waren mit die Ersten,* *die das konsequent durchgezogen haben: Training in Kleingruppen, wenig Kontakt in der Kabine, tägliche PCR- oder Antigen-Tests. Dann startete zügig die Impfkampagne. Wir waren schon im Juni 2021 mit der Zweitimpfung und Ende Februar 2022 mit der Boosterung durch. Natürlich gehört auch ein bisschen Glück dazu, aber entscheidend war die Disziplin der Spieler und Betreuer. Ich selbst habe Geburtstage und Massenveranstaltungen in dieser Zeit gemieden. Und ich habe mich ganz selten an die Empfehlungen der Stiko gehalten. Das ging mir viel zu langsam. Ich habe gesagt: „Das ist alles Quatsch. Wir impfen!" Im Einzelfall musste man viel reden, vielleicht auch mal ein bisschen Druck ausüben. Aber es ist einfach sonst zu kompliziert in so einer Gemeinschaft. Bei uns war das Thema damit durch.*

Ein einziges Mal in seiner drei Jahrzehnte umfassenden Ära als Mannschaftsarzt hat Doc Bartel kurzzeitig das Handtuch geworfen. Das war Ende Februar 2010, als der damalige Manager Rydlewicz den Trainer Andreas Zachhuber ohne Not in die Wüste schickte und damit den lang anhaltenden Niedergang des F.C. Hansa einleitete. „Wenn das so ist, dann geh ich jetzt", entschied sich Bartel und staunte dann doch über die Chuzpe des Managers, der am 1. März persönlich in seiner Praxis erschien und die Unterzeichnung seines Aufhebungsvertrags einforderte. „Das geht ja schnell bei dir", entgegnete er, „aber das mach ich gern." Das entscheidende Relegations-Rückspiel gegen den FC Ingolstadt (0:2) verfolgte Bartel nur noch auf der Tribüne. Der Abstieg spülte dann auch Rydlewicz hinweg, der durch Stefan Beinlich ersetzt wurde. Mit „Paule" verbindet Doc Bartel eine langjährige Freundschaft, und so kam es, wie es kommen musste: Beinlich holte Bartel zurück. Vier Monate nach seinem Rücktritt war er wieder da.

Was treibt ihn an, nach all den Jahren und Jahrzehnten? Wie hat sich der Verein F.C. Hansa Rostock verändert? Hat er, Doc Bartel, noch Freude an der Arbeit im schnelllebigen und oft hartherzigen Fußballgeschäft?

Frank Bartel: *Die Motivation ist anders. Früher war ich fast so alt wie die Spieler oder Trainer. Heute bin ich deutlich älter. Die Spieler könnten locker meine Kinder sein. Es ist eine andere Fußballer-Generation. Aber ich bin natürlich Fußballfan, auch dadurch, dass ich selbst mal im bezahlten Fußball gespielt habe. Und wo ist man dichter dran als auf der Auswechselbank? Mir macht es immer noch Spaß. Ich hab natürlich viel Erfahrung, hab fast alles schon mal gesehen, so dass mir die Diagnostik relativ leicht fällt. Aber wenn ich jetzt mal das große Ganze betrachte: Es ist nicht mehr so, wie es mal war. So eine Gemeinschaft gibt es nicht mehr. Früher wurde nach Siegen auch mal einer getrunken und bis morgens um vier oder sechs in der Discothek gefeiert. Das ist lange vorbei.*

Auf die Frage, was ihm sonst noch wichtig sei, überlegt er kurz. Dann sagt er: „Freundschaften!" Und nennt sie beim Namen: Andy Thiem, der Zeugwart, Herbert Maronn, der langjährige Manager, Andreas Zachhuber, Juri Schlünz, Paule Beinlich. „Das sind echte Freunde, mit denen ich vieles mache. Aber auch für sie. Denn inzwischen sind sie alle etwas älter. Sie brauchen Ärzte. Gute Ärzte. Alles kann ich nicht. Aber ich kann vieles organisieren." Und dann ist da noch seine Familie. „Das alles wäre nicht möglich gewesen ohne die Unterstützung und das Verständnis meiner Frau Monika und meiner Kinder Björn und Kai."

Doc Bartel ist ein handfester Typ: Alphatier und Workoholic, Raubein und Rebell. Aber immer geradeaus, kein Falschspieler. Ein Mann, der zu seinem Wort und zu seinen Entscheidungen steht. Und dessen warme helfende Hände auf dem Platz manchmal Wunder wirken.

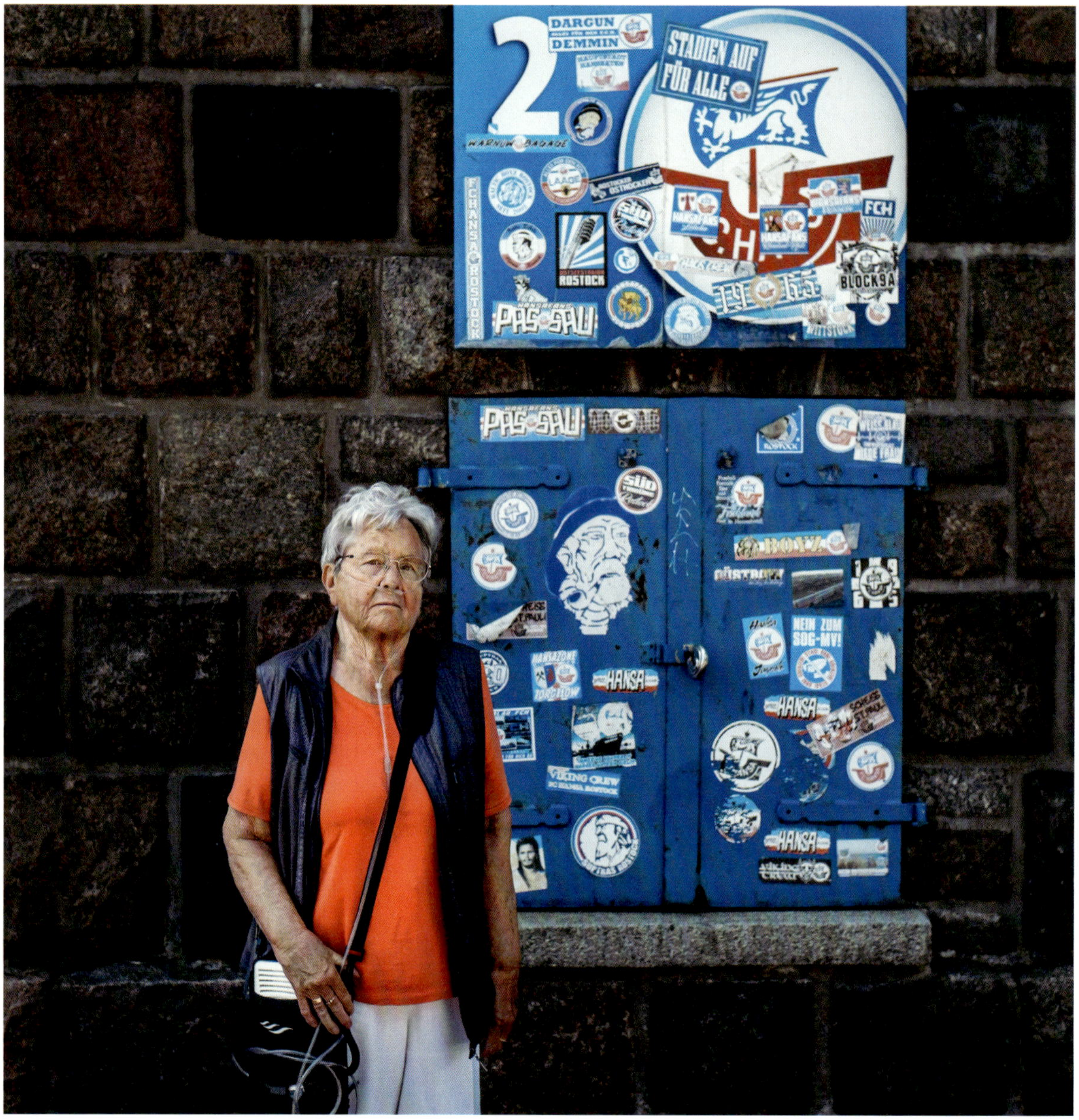

Die Frau von Kasse 2

Bei Ilka Wussow haben Generationen von Hansa-Fans ihre Eintrittskarten gekauft. Erst eine schwere Erkrankung zwang die dienstälteste Kassiererin zum Aufhören.

Och, sagt Ilka Wussow, wenn sie an die unzähligen Hansa-Fans denkt, die in mehr als sechs Jahrzehnten vor ihrem Kassenhäuschen am Ostseestadion nach Karten anstanden, „es gab liebe Fans. Und es gab Idioten." Wie das nun mal so ist beim Fußball, scheint sie damit sagen zu wollen. Einer wie ihr machte das nichts aus. Denn die dienstälteste Hansa-Kassiererin, mittlerweile krankheitsbedingt im Ruhestand, ist noch nie auf den Mund gefallen. „Ich war nicht immer artig und hatte 'ne große Klappe, auch inner Schule schon", erklärt sie selbstbewusst. „Mich wollte keiner als Lehrling haben." Eine Arbeit hat sie trotzdem gefunden, zunächst als Zeichnerin beim VEB Schiffselektronik. Das geplante Studium der Elektrotechnik verhinderte ein schlimmer Autounfall, bei dem sich die junge Frau das Rückgrat brach. So wurde sie schließlich Konstrukteurin – und blieb es bis 1996.

Zu ihrem lebenslangen Nebenjob als Kartenverkäuferin kam sie schon früh durch ihre Mutter. Das war in der Saison 1957/58. Damals gab es den F.C. Hansa noch gar nicht, und der SC Empor spielte in der DDR-Liga, wo ihm am Ende als Tabellenzweiter der Wiederaufstieg in die Oberliga gelang.

Ilka Wussow: *Meine Mutti war alleinerziehend und hat natürlich jede Gelegenheit zum Geldverdienen wahrgenommen. Als sie bei Empor Kassierer und Ordner suchten, meldete sie sich. Und weil sie mich ja nicht allein zu Hause lassen konnte, war ich ihr Anhängsel. Zuerst haben wir beide zusammen verkauft – sie die Karten und ich die Programme für 20 Pfennig. Da war vorne so'n Bretterzaun mit so'm Fensterchen drin, und da standen wir hinter. Da war ich zwölf.*

Manchmal sind sie danach noch nach Marienehe weitergezogen, wenn in der Sporthalle ein Handballspiel oder ein Boxkampf ausgetragen wurde. Viel verdient haben sie dabei nicht. „Aber ist ja egal", sagt Ilka Wussow. „Kleinvieh macht auch Mist." Eines Tages wurde sie gefragt, ob sie es sich zutrauen würde, selbst Karten zu verkaufen. Und ob – ihre Probezeit absolvierte sie mit Bravour: „Ich hatte nie minus, es ging immer alles gut, und dann war ich voll drin." Zusammen mit ihrer älteren Kollegin Christa Pohling, die 1977 dazustieß, bildete die Reutershagenerin später fast 40 Jahre lang ein unzertrennliches Gespann. „Die beiden waren immer im Doppelpack unterwegs", erinnert sich der frühere Hansa-Spieler und heutige Sportkoordinator Axel Schulz an die zwei. Kein Wunder, schließlich wohnten Frau Wussow und Frau Pohling schräg gegenüber. „Wir konnten uns gegenseitig ins Fenster gucken", erzählt Ilka Wussow. Die Damen hielten Kaffeekränzchen und beschenkten sich gegenseitig zum Geburtstag. „Sie hatte immer Kasse 1 und ich Kasse 2. Wenn eine von uns Mittag gemacht hat, dann wurde die eine Kasse zugemacht und die andere blieb auf. Und umgekehrt. Das haute immer hin."

2016 ist Christa Pohling an Krebs gestorben. Ilka Wussow verkaufte noch ein paar Jahre weiter, bis ihre gesundheitlichen Probleme dies nicht mehr zuließen. Sie leidet an Lungenfibrose. Weil sie schwer Luft kriegt, ist ihr Körper ständig mit einem Sauerstoffschlauch verbunden. Sie nennt ihn „meinen Schnorchel", er ist überlebenswichtig für die alte Dame. Wenn sie spricht, kommt es vor, dass sie nach wenigen Sätzen den Faden verliert. Dann schaltet sich beherzt ihr Mann Udo ein, ein temperamentvoller Herr Anfang achtzig, der die Geschichte seiner Frau besser kennt als sie selbst. „Sie wurde vielseitig eingesetzt", berichtet er in energischem Tonfall. „Wenn im Fanshop Not am Mann war, hat sie dort ausgeholfen. Oder bei der Post in der Geschäftsstelle mit angepackt." Ilka Wussow nickt. „Ja, ich hab alles gemacht", sagt sie leise. Herrn Wussow fällt noch mehr ein: „Einige sind immer nur zu dir gekommen", hilft er ihr auf die Sprünge, „die wollten immer 'ne bestimmte Karte haben!" Da wird sie plötzlich munter, es ist, als hätte ihr Mann die Erinnerung wieder angeknipst. Also, erzählt sie, gern habe sie das ja nun nicht gemacht, einzelne Karten herauszuziehen, viel lieber verkaufte sie immer schön oben vom Stapel weg. Und auf einmal leuchten ihre Augen: „Ja, genau! Das ging immer flott weg. Es hat Riesenspaß gemacht. Und so vom Erzählen hätt' ich schon wieder Lust …"

Zum 50-jährigen Dienstjubiläum wurde Ilka Wussow mit der Goldenen Ehrennadel des F.C. Hansa ausgezeichnet. Das muss 2007 gewesen sein. Danach, so scheint es, hat man sie beim Verein vergessen. Jedenfalls wurde ihr später, als sie keine Karten mehr verkaufen konnte, kein Abschied zuteil, was sie bis heute traurig macht. Vielleicht lag es ja daran, dass ihr langjähriger Chef Ronald Adam nicht mehr da war. Der schlaksige Ex-Verteidiger der Kogge kümmerte sich als Ticketing-Verantwortlicher stets rührend um „seine“ Kassenfrauen. Aber auch manche Fans zeigten sich im Laufe der Jahre dankbar: „Wir haben öfter mal eine Tafel Schokolade bekommen“, jetzt lächelt Ilka Wussow wieder, „einmal auch eine Flasche Wein.“

Überhaupt die Fans – was hat sie alles mit ihnen erlebt? Wie denkt sie heute über sie?

Ilka Wussow: *Es kamen ja meist immer die Gleichen. Da fiel es richtig auf, wenn einer mal ein, zwei Spiele nicht da war. Dann wurde der gefragt: Warst du krank oder was? Es war ein gutes Verhältnis zu den Fans. Ich konnte aber auch gallig werden, wenn mir einer dämlich kam. Manche wurden aggressiv. Denen sagte ich dann: „Wenn ihr noch lange meckert, mach ich das Fenster zu! Dann kriegt ihr gar keine Karten!“ Dazu hab ich mich dann meist noch aus meinem Stuhl hochgeleiert … Manchmal gab es Stunk und Stank. Deshalb hatten wir später auch ein Gitter vor der Scheibe. Aber normalerweise ging es eigentlich.*

Mehr als Fans, die sich nicht benehmen konnten, machten Ilka Wussow die miserablen Arbeitsbedingungen im Kassenhäuschen zu schaffen. „Zu DDR-Zeiten wurde es mal rekonstruiert, aber schon bald fiel der Putz wieder von den Wänden. Um unser Häuschen sauberzuhalten, mussten wir selber den Schrubber in die Hand nehmen, damit die blühenden Wände nicht zu sehen waren.“ Dazu passt ihr verrücktestes Erlebnis beim Kartenverkauf. „Als von oben Wasser runtertropfte! Über uns waren ja die Toiletten. Da war was übergelaufen und ist durchgekommen.“ Die Kollegin Pohling von Kasse 1 habe in ihrer Not sogar einen Regenschirm aufspannen müssen …

Auf die Frage, wie sich die Arbeit zu DDR-Zeiten von später unterschieden habe, antwortet sie fast philosophisch: „Es hat sich eigentlich nichts verändert. Nur der Preis.“ Früher kostete eine Tribünenkarte 2,60 DDR-Mark – heute sind es 26 Euro. An guten Tagen nahm Frau Wussow von Kasse 2 schon mal um die 10.000 Euro ein. Grund genug für ihren Arbeitgeber, die Tageseinnahmen abzusichern: Wenn freitags Vorverkauf war, wurde sie nach Kassenschluss abgeholt und samt Bargeld nach Hause chauffiert. Am Samstag morgen ging es dann „mit dem ganzen Geld und Klimbim“ wieder zurück zum Ostseestadion.

Und heute? Was bleibt nach all den Jahren, welche Rolle spielt der F.C. Hansa noch in ihrem Leben? „Wir gucken beide zusammen Fußball“, erklärt Ilka Wussow. Die Details liefert wieder einmal ihr Mann, den sie liebevoll „Opa“ nennt und der selbst zeitweise eine Jahreskarte besaß („Block 33, Reihe 10, Platz 1“).

Udo Wussow: *Meine Frau ist der größte Fußballfan. Da kann sonstwas im Fernsehen sein, 'ne bunte Sendung – da gibt's Fußball! Heute Abend kommt wieder ein Gartenfreund. Der bringt 'ne Flasche Whiskey mit, und dann schauen wir Sky. Wir sind große Hansa-Fans. Meine Frau kennt die Spieler besser als ich.*

Es ist der Tag des Heimspiels gegen St. Pauli, das Hansa am späten Abend durch Nico Neidharts unfassbares Billardtor 1:0 gewinnen wird. An solchen Tagen, wenn das Ostseestadion restlos ausverkauft war, bekam Ilka Wussow früher manchmal selbst eine Karte. Denn die Kassen waren zu, es gab ja nichts mehr zu verkaufen. Doch das ist lange her. Heute zieht es die Wussows meist ins Grüne. „Gartenarbeit macht auch Spaß“, finden sie. „Hauptsache, die Zeit vergeht.“ Und die Zeit vergeht schnell im Alter. „Tja“, resümiert Udo Wussow, „das Beste ist weg. Das Ende kann man sehen.“ Graupapagei Jako ist kürzlich gestorben, ebenso Donar, der treue Eurasier-Rüde. Nur im Aquarium tummeln sich die bunten Zierfische, als gäbe es kein Morgen. Einen neuen Hund haben sie sich nochmal angeschafft, Wilson, er döst in der Küche und weigert sich beharrlich, am Interview teilzunehmen.

Im Haus gegenüber weht eine Hansa-Fahne vom Balkon. Die hänge dort immer an Spieltagen, erklärt Frau Wussow. Sie selbst hat heute spielfrei.

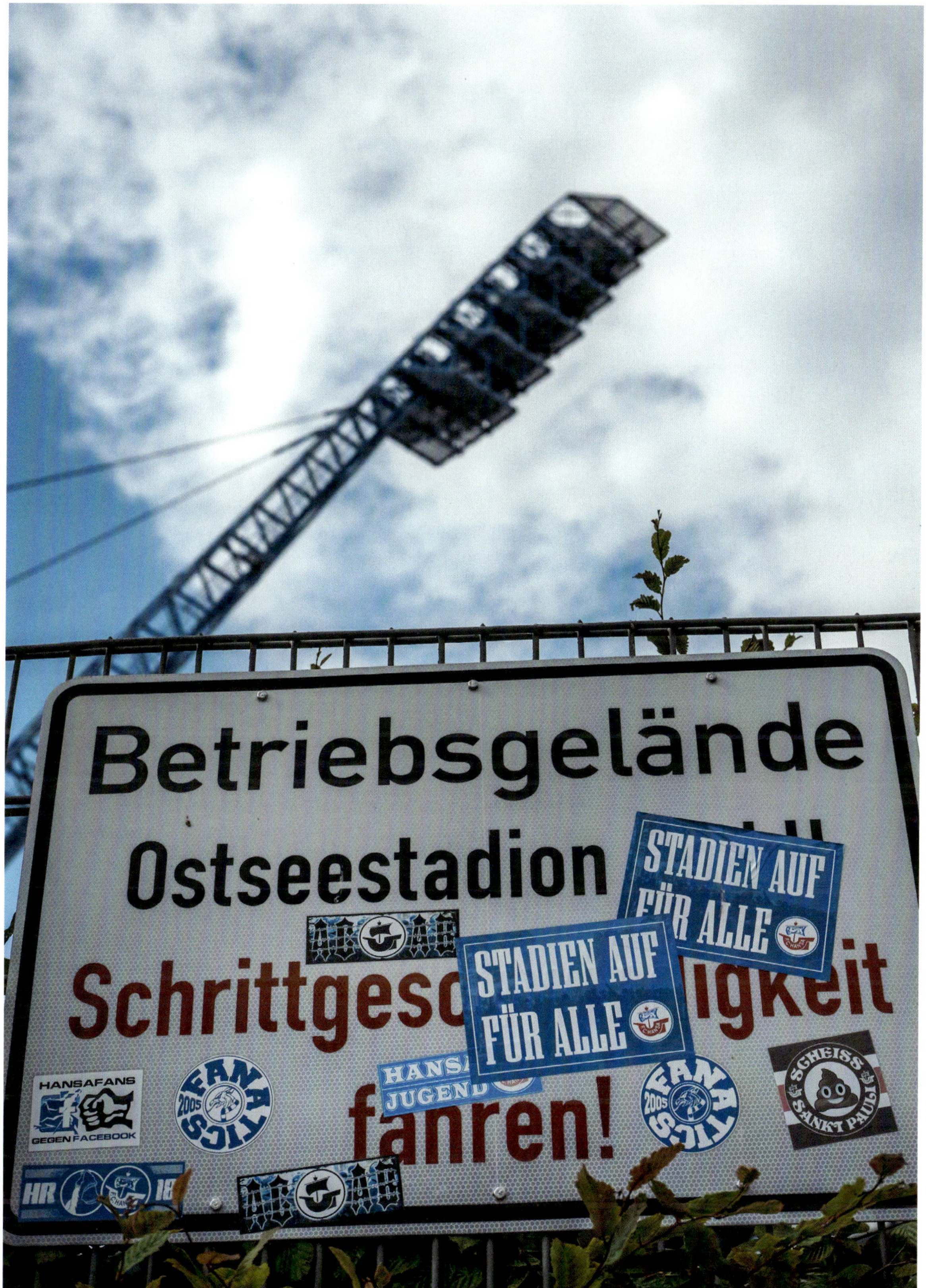
Betriebsgelände
Ostseestadion
Schrittgesc igkeit
fahren!
STADIEN AUF FÜR ALLE
STADIEN AUF FÜR ALLE
HANSAFANS GEGEN FACEBOOK
FANATICS 2005
FANATICS 2005
SCHEISS SANKT PAULI

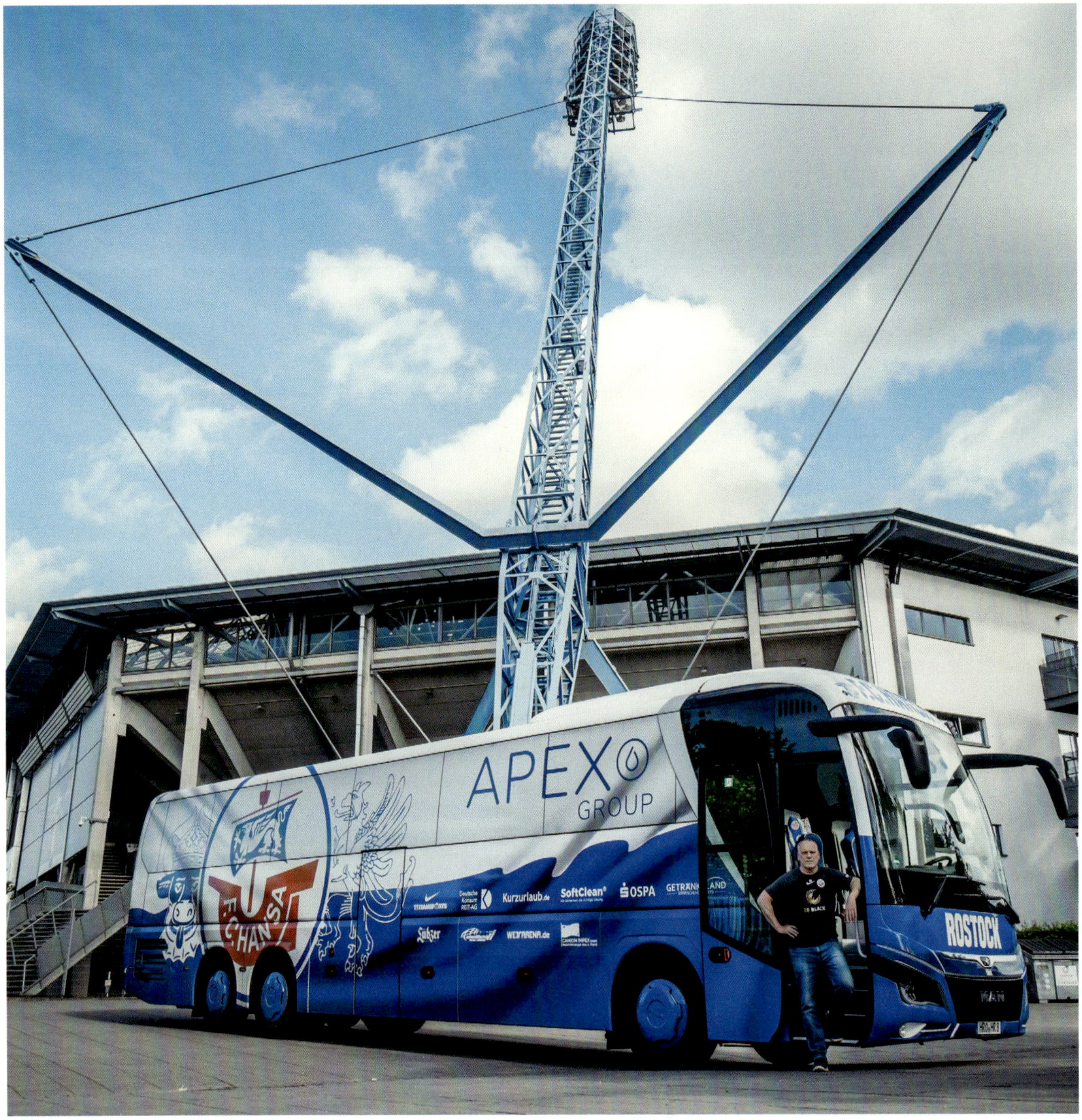

„Ich bin hier nicht der Busfahrer“

Trainer oder Chauffeur? Axel Rietentiet ist beides. Die Geschichte einer ungewöhnlichen Karriere im Zeichen der Kogge

Als Ende Mai 2021 bekannt wurde, dass Axel Rietentiet vom Trainerstuhl der Hansa-Amateure ans Steuer des Mannschaftsbusses der Profis wechseln würde, staunten viele seine Bekannten nicht schlecht. „Was machst du?", bekam er immer wieder zu hören. „Ich denke, du bist Trainer?" Auch die neuen Spieler im Trainingslager in Kremmen (Brandenburg) machten große Augen, denn das Fernsehteam vom NDR, das hier gerade einen Beitrag drehte, interessierte sich nicht die Bohne für die Herren Mamba oder Munsy, sondern nur für ihren Chauffeur. „Riete", stellten sie ihn zur Rede, „was ist hier eigentlich los?" Nur bei der Luftwaffe in Sanitz, wo Rietentiet als Sportbeauftragter in Zivil arbeitet und das Betriebliche Gesundheitsmanagement betreut, wunderte sich keiner. „Die Bundeswehr weiß Bescheid. Die Kollegen stehen dahinter", erklärt Riete stolz. „Alles Hansa-Fans."

Als Fußballer hat Axel Rietentiet einiges erreicht. Er kickte ein paar Jahre bei Hansa und machte sogar zwei Europapokalspiele (gegen Banik Ostrava) – doch eine Verletzung im letzten Test vor der historischen Saison 1990/91 bremste seine Spielerkarriere zur Unzeit aus. Als Trainer der U23 schaffte er zweimal den Klassenerhalt in der Regionalliga. Später stieg er mit dem FC Schönberg aus der Oberliga in die Regionalliga auf und hielt dort wiederum zwei Jahre die Klasse, bis sich der Hauptsponsor zurückzog. Nach einem eher unglücklichen Intermezzo beim Rostocker FC landete Rietentiet wieder bei der U23 von Hansa. Mit seinem Engagement als Busfahrer der Kogge ist nun auch Riete selbst in die 2. Bundesliga aufgestiegen – und hat dabei mal eben zwei Ligen übersprungen. Es gibt Tage, an denen er die Menschen um sich herum am liebsten bitten würde: „Kann mich mal einer kneifen?"

Axel Rietentiet: *Auf dem Papier bin ich zwar Busfahrer, aber einer mit der A-Trainerlizenz, der zweithöchsten in Deutschland. Ich werde nicht als Busfahrer gesehen, sondern als Mitglied des Stabes. Ich bin überall mit dabei – in der Kabine, ich sitze bei Auswärtsspielen auf der Bank. Ich bekomme alles mit, bin total involviert und habe einen guten Draht zur Mannschaft. Ich habe auch ein gutes Verhältnis zum Trainerteam. Jens Härtel und ich, wir ticken ähnlich. Im Bus sitzt er hinter mir, aber er kommt dann hin und wieder nach vorn auf den Reiseleitersitz. Dann unterhalten wir uns ein bisschen, reden über Fußball, fachsimpeln. Das war auch ein Grund, warum ich das mache: Ich bin hier nicht der Busfahrer. Ich bin Trainer – mit einem Busführerschein.*

Warum er diesen Busführerschein eigentlich gemacht hat, weiß er selbst nicht so ganz genau. Passiert ist es in seiner Schönberg-Zeit. Wer weiß, vielleicht war er damals ja nicht ganz ausgelastet, abseits des Fußballplatzes? Jedenfalls hat er es getan, „just for fun", wie er im typischen Riete-Slang sagt, und dass er mal Kfz-Mechaniker gelernt und in einem Autohaus gearbeitet hat, kann man natürlich unter Vorbelastung verbuchen. In Schönberg haben sie Energie Cottbus (mit Pele Wollitz als Trainer) und den Berliner AK (mit Steffen Baumgart) geschlagen, „das waren unglaublich geile Spiele". Nur mit den Busfahrten hat es nicht so richtig hingehauen, die waren immer unendlich lang. Also hat sich Riete mal kurz Lars Flaegel von Flaegel Reisen aus Gadebusch zur Brust genommen, „bis heute einer meiner besten Kumpels", wie er sagt.

Axel Rietentiet: *Lars hat uns damals in Schönberg gefahren. Wir haben so rumgeflachst: „Nach viereinhalb Stunden muss der Bus 45 Minuten stehen. Das nervt. Lars, weißt du was? Ich mach den Busführerschein – was hältst du davon?" Da hat er sich totgelacht und erklärt: „Bevor du einen Busführerschein hast, hab ich einen Trainerschein!" Das war im September 2016. Im Dezember hatte ich meinen Führerschein: „So, hier isser."*

Probeweise eingestiegen in seinen neuen Job ist er übrigens schon zu Drittligazeiten. Nachdem der damalige Fahrer seinen Hut nehmen musste, sprang Riete mitten in der Saison ein – zunächst für zwei Auswärtsfahrten. Daraus wurde schnell mehr, „und es lief! Ich habe auswärts kein Spiel verloren, Türkgücü, Sechzig, Bayern, ich hab einen Riesenspaß daran gefunden, und man hat sich mit Aberglauben hochgeschaukelt." Etwaige Zweifel der Teamkollegen hat er höchstpersönlich mit der Ansage zerstreut: „Jungs, macht euch keinen Kopp. Mit mir verlieren wir nicht!" Hat auch geklappt – bis zum 0:1 in Lübeck am letzten Spieltag der Hinrunde.

Lübeck, da war doch mal was. Hier hatte der junge Axel Rietentiet 1991 vorgespielt in der Hoffnung, nach über einjähriger Verletzung sein Comeback starten zu können. Doch der Versuch misslang, er war einfach noch nicht fit genug. Die Vorgeschichte beschäftigt ihn bis heute, denn sie hat ihn einiges über das Leben als Fußballprofi gelehrt.

Axel Rietentiet: *Ich bin 1982 zum F.C. Hansa gekommen auf die damalige Sportschule der DDR. Schöne Zeit, coole Zeit. Ich habe alle Altersklassen durchlaufen und durfte als 18-, 19-Jähriger in die erste Mannschaft reinschnuppern. Das war für mich eine unglaublich gute Geschichte als junger Bengel. Ich hab mich nach anfänglichen Schwierigkeiten als Abwehrspieler durchgesetzt und war schließlich sogar Stammspieler. Dann kam die Wende, und es kam Uwe Reinders. In der neuen Saison haben wir tatsächlich diese Riesenchance genutzt und sind aufgestiegen. Ich zählte mit zum Kader, hatte mich aber leider im letzten Testspiel schwer verletzt. Das war so bitter. Mein Vertrag lief aus – und dann hab ich ganz schnell den Kapitalismus kennengelernt. Uwe Reiners sagte zu mir: „Axel, verletzte Spieler kann ich nicht gebrauchen. Du kannst gehen." Das war hart. Ich war 21, und dann stehst du da und sagst, puh, was machst du jetzt? Du warst noch nicht gesund und konntest dich noch nicht mal bei anderen Vereinen für ein Probetraining anbieten."*

Es war der große Hansa-Förderer Wolfgang Holz, der ihn in dieser Situation unterstützte und ihm einen Job im BMW-Autohaus Wigger in Rostock besorgte, den er stolze 17 Jahre lang ausübte. 2006 stieg Riete dann als Co-Trainer an der Seite von Thomas Finck bei den Hansa-Amateuren ein und übernahm die Mannschaft, als Finck 2010 zusammen mit Torwarttrainer Marco Kostmann plötzlich die Profis vor dem Abstieg retten sollte. Die Mission scheiterte, nicht nur, weil Finck keine Trainerlizenz besaß und so über Nacht Kostmann als Chef einspringen musste. Manager René Rydlewicz hatte sich verzockt und dabei auch noch einen verdienten Mann wie Andreas Zachhuber in die Wüste geschickt.

Doch das ist Schnee von gestern, Gott sei Dank. Riete ist heute „sehr zufrieden" mit seinem Leben. Er liebt es, den Hansa-Bus zu fahren, er hat mehr Zeit für seine Familie und trat im Herbst 2021 sogar nochmal kurz als Trainer in Erscheinung: Als Dank für die regelmäßigen Freistellungen des Sportbeauftragten durfte das Sanitzer Bundeswehr-Team im Ostseestadion gegen die Hansa-Profis antreten und schlug sich wacker (1:10). „Das hat riesig Spaß gemacht", sagt Riete. „Da konnte der F.C. Hansa etwas zurückgeben."

Den Umgang mit jungen Spielern hat Axel Rietentiet ohnehin nicht verlernt. Als ihn während der Saisonvorbereitung einige der Neuen ahnungslos „Bussi" riefen, war er nur kurzzeitig genervt. „Sie haben dann schnell mitgekriegt, wer ich wirklich bin." Seitdem ist Ruhe an der Bussi-Front.

FC ST. PAULI – F.C. HANSA 0:1

Hamburg, 1997

Der Gästeblock wird wie immer voll gewesen sein. Mich aber verschlug es an diesem 24. April 1997 in den Heimbereich des FC St. Pauli, zusammen mit Ole und Doro, Freunden aus Hamburg. Wie ich es als damals in Leipzig lebender Journalist geschafft habe, für uns Pressekarten zu besorgen, ist mir heute ein Rätsel – als Berichterstatter über dieses Nordderby war ich wohl unentbehrlich. Egal wie, wir waren drin! St. Pauli agierte einfallslos bis verkrampft, während Hansa das Spiel kontrollierte und in der 60. Minute durch Baumgart das Tor des Tages erzielte. Spätestens jetzt konnten mich die Umstehenden im Block als Rostocker zuordnen, was sich nach dem Abpfiff überraschend sogar als Vorteil entpuppte: Denn nachdem die Hostess, die mit ihrem Getränketablett durch die Reihen lief, keine Abnehmer unter den enttäuschten St. Pauli-Fans mehr fand, servierte sie uns spontan drei Freibier zur Feier des Tages. Auswärtssieg – aber sowas von!

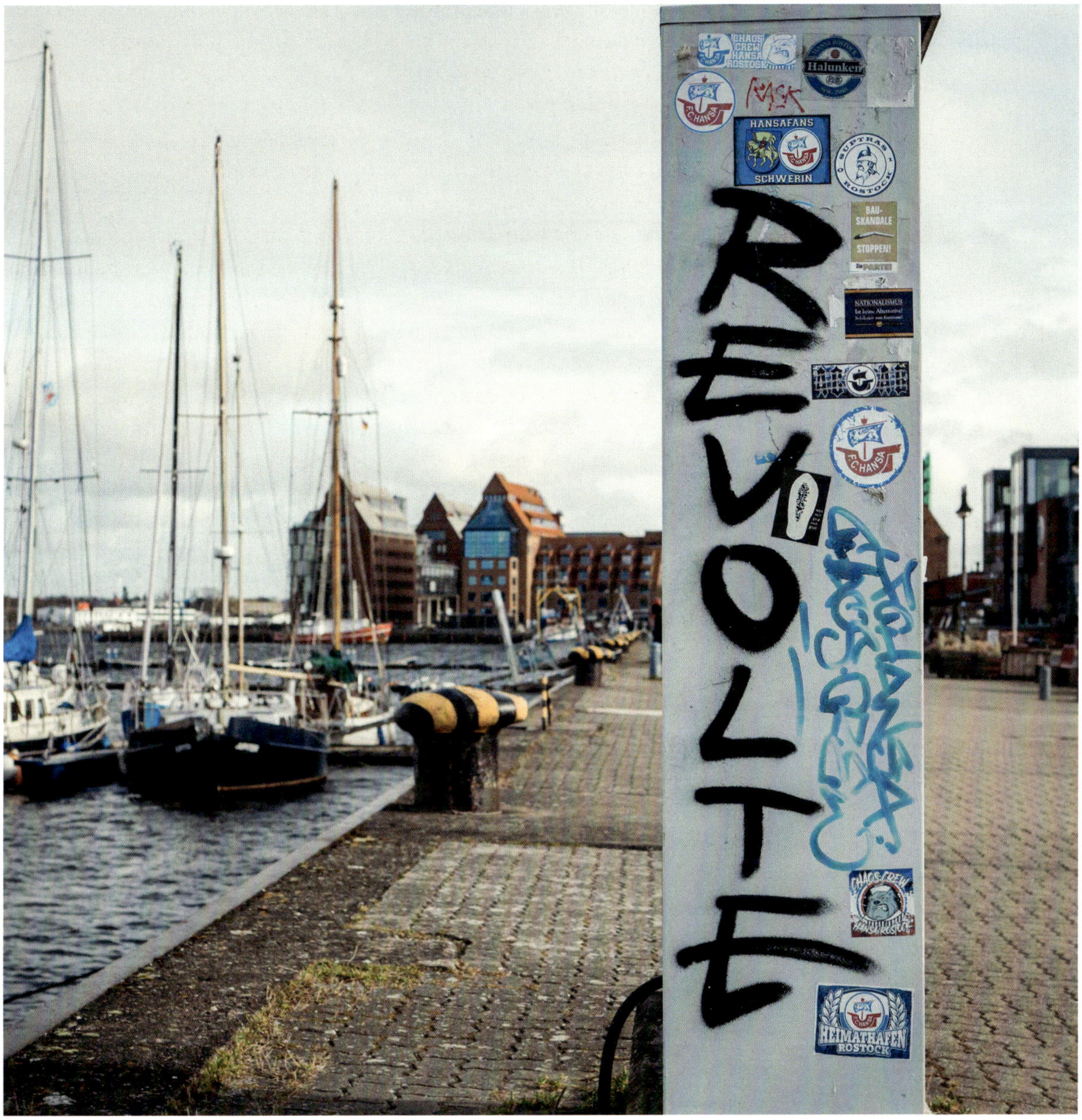
CHAOS CREW HANSA ROSTOCK
Halunken
F.C. HANSA
HANSAFANS
SCHWERIN
SUPTRAS ROSTOCK
REVOLTE
BAU-SKANDALE STOPPEN!
NATIONALISMUS
F.C. HANSA
CHAOS-CREW
HEIMATHAFEN ROSTOCK

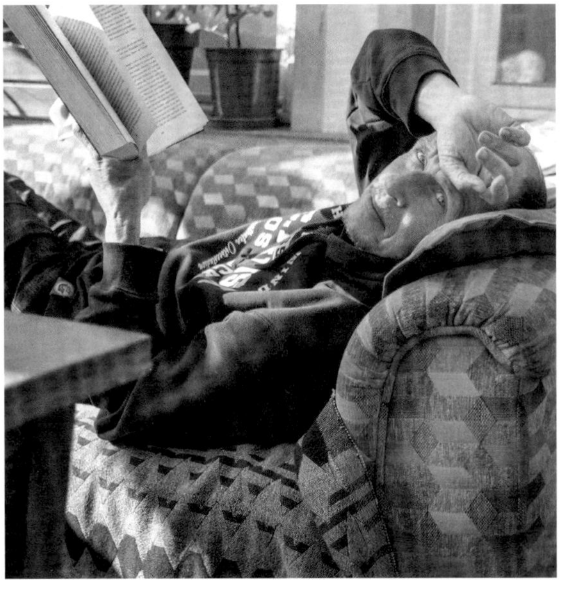

Der Autor

Björn Achenbach, geboren 1965 in Kühlungsborn, aufgewachsen in Bad Doberan und seit Ende der siebziger Jahre Hansa-Fan mit Leib und Seele. 1986/87 Volontariat bei der Tageszeitung *Der Demokrat* in Rostock und von 1987 bis 1991 Studium der Journalistik in Leipzig. Parallel dazu Kulturredakteur bei der *Leipziger Anderen Zeitung* (DAZ), einer der ersten unabhängigen Zeitungen Ostdeutschlands. Von 1991 bis 1994 Pressesprecher des Gewandhauses zu Leipzig. Von 1995 bis 2009 Chefredakteur des Leipziger Stadtmagazins *kreuzer.* Von 2009 bis 2018 Leiter der Presse- und Öffentlichkeitsarbeit am Schauspiel Hannover. Seit 2018 Leiter der Abteilung Kommunikation und Marketing am Hans Otto Theater Potsdam.

2014 erschien „Hansa ist mein Leben" im Hinstorff Verlag, Rostock.

Danke an: Arvid, Steffen, Axel, Thomas, Eva, Olav, Inga, Jonna und Jons

Noch mehr über den FCH!

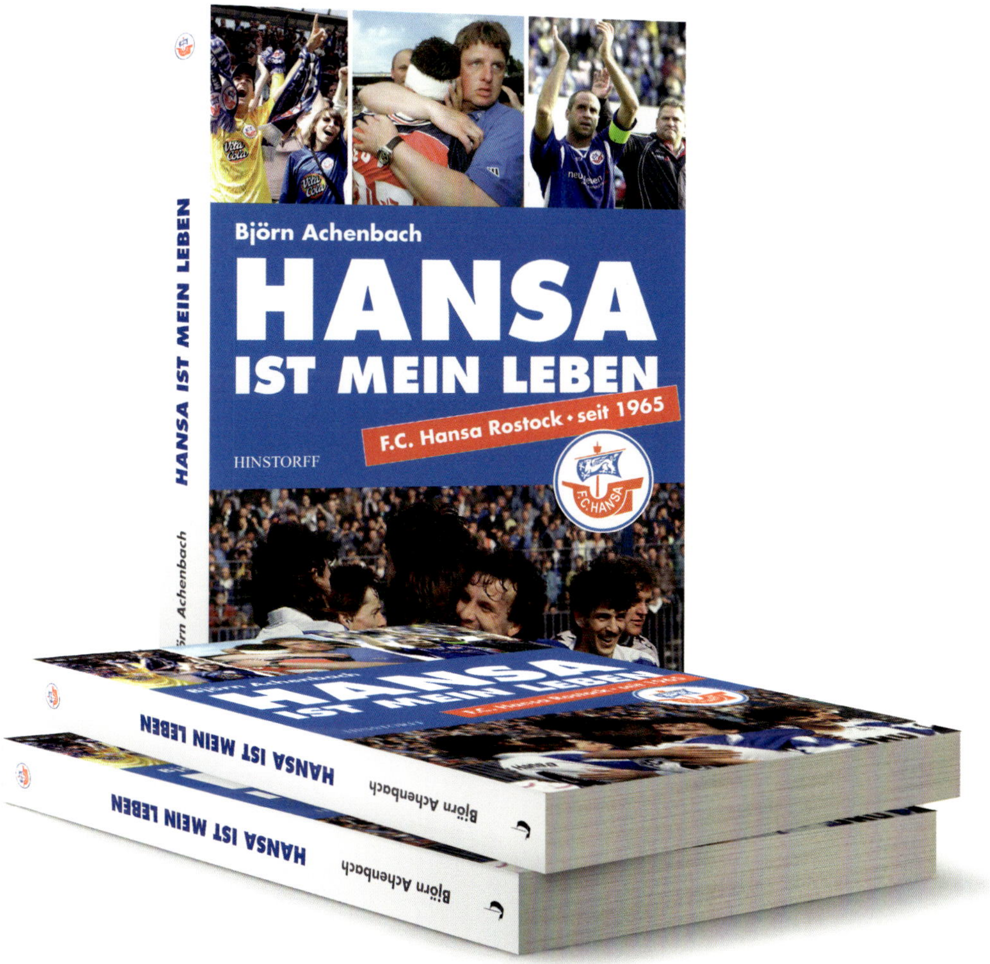

„Es ist beeindruckend, wie viel Herz und Leidenschaft zwischen den Zeilen schlummern. Nicht überbordend und dadurch lästig, sondern zu jeder Zeit so dosiert, dass man mitfühlen kann."

„Große Klasse, die den Wunsch weckt, noch mehr versteckte Geschichten zu erfahren."

- Blog trifft Ball -

ISBN 978-3-356-01867-7, 19,65€ **www.hinstorff.de** HINSTORFF

Fotonachweis

Frank Hormann / nordlicht S. 58 o., S. 70/71 | Frank Schlößer, Strohhalm S. 46, 47 | IMAGO / Contrast S. 92 | IMAGO / Hübner S. 65 | IMAGO / Team 2 S. 100 | IMAGO / Thorge Huter S. 91 | IMAGO / Rainer Schulz S. 64 | IMAGO / Werek S. 58 u., S. 59 o. | Kulturhistorisches Museum Rostock S. 26/27, S. 30 | Lutz Bongarts S. 8/9 | picture alliance / dpa | Danny Gohlke S. 51 | picture-alliance / dpa / dpaweb | Bernd Thissen S. 79 | picture alliance / dpa | Kai-Uwe Wärner S. 59 u. | picture alliance / dpa-Zentralbild | Bernd Wüstneck S. 60 | picture alliance / INSIDE-PICTURE | Selim Sudheimer S. 10 | picture alliance / Pressefoto ULMER S. 93 | picture-alliance / ZB | Bernd Wüstneck S. 72 | picture alliance / ZB | Hanns-Peter Beyer S. 16/17, S. 20 | picture alliance / ZB | Werner Schulze S. 21, S. 22/23 | Privatarchiv Dieter Schneider S. 24 | Privatarchiv Horst Degner S. 29 | Privatarchiv Magnus Arvidsson S. 5 o., S. 88 l. | Privatarchiv Marita Natzke S. 76 | Privatarchiv Peter Wibrån S. 5 o., S. 88 r. | Privatarchiv Rainer Jarohs S. 63 | Privatarchiv Timo Lange S. 68 | Steffen Kammler S. 2/3, 4, 5, 6, 12, 14, 18, 28, 32, 33 (+ Rücktitel), 34, 37, 38, 41, 42, 52/53, 54, 55, 56, 61, 62, 66, 74, 77, 78, 80, 82, 84, 87, 94, 96, 98, 102, 105, 106, 109 | Thomas Häntzschel / nordlicht S. 90

Liebe Leserin, lieber Leser, wie hat Ihnen die Lektüre gefallen?
Wir freuen uns über Ihre Bewertung im Internet!

Die Deutsche Nationalbibliothek verzeichnet diese Publikation in der Deutschen Nationalbibliografie; detaillierte bibliografische Daten sind im Internet über www.ddb.de abrufbar.

Lagerstraße 7, 18055 Rostock
Tel. 0381/4969-0
www.hinstorff.de

1. Auflage 2022
Gestaltung : Olav Raschke, Neumade
Umschlaggestaltung : Silke Herr
Lektorat : Thomas Gallien
Herstellung : Hinstorff Verlag GmbH
Druck : Grafisches Centrum Cuno GmbH & Co. KG
Printed in Germany
ISBN 978-3-356-02427-2